广西壮族自治区"十四五"职业教育规划教材

高等职业教育富媒体智能型教材·金融科技应用专业

金融科技基础

FOUNDATIONS OF FINANCIAL TECHNOLOGY

沈立君 韦雪凌 主编

东北财经大学出版社
Dongbei University of Finance & Economics Press

大连

图书在版编目（CIP）数据

金融科技基础 / 沈立君，韦雪凌主编. —大连：东北财经大学出版社，
2024.8

（高等职业教育富媒体智能型教材·金融科技应用专业）

ISBN 978-7-5654-5193-5

Ⅰ. 金…　Ⅱ. ①沈…②韦…　Ⅲ. 金融-科学技术-高等职业教育-教
材　Ⅳ. F830

中国国家版本馆CIP数据核字（2024）第053368号

东北财经大学出版社出版

（大连市黑石礁尖山街217号　邮政编码　116025）

网　址：http://www.dufep.cn

读者信箱：dufep@dufe.edu.cn

大连永盛印业有限公司印刷　　　　　　　　东北财经大学出版社发行

幅面尺寸：185mm×260mm　　　　　字数：301千字　　　　　印张：14

2024年8月第1版　　　　　　　　　　　　　　2024年8月第1次印刷

责任编辑：李丽娟　吉　扬　石建华　王芃南　　　责任校对：一　心
　　　　　周　慧　刘慧美　徐　群

封面设计：原　皓　　　　　　　　　　　　　　　版式设计：原　皓

定价：42.00元

教学支持　售后服务　　联系电话：（0411）84710309

版权所有　侵权必究　　举报电话：（0411）84710523

如有印装质量问题，请联系营销部：（0411）84710711

富媒体智能型教材出版说明

"财经高等职业教育富媒体智能型教材开发系统工程"入选国家新闻出版广电总局新闻出版改革发展项目库，并获得文化产业专项资金支持，是"国家文化产业资金支持媒体融合重大项目"。项目以"融通""融合""共建""共享"为特色，是东北财经大学出版社积极落实国家推动传统媒体与新媒体融合发展的重要举措之一。

"财济书院"智能教学互动平台是该工程项目建设成果之一。该平台通过系统、合理的架构设计，将教学资源与教学应用集成于一体，具有教学内容多元呈现、课堂教学实时交互、测试考评个性设置、用户学情高效分析等核心功能，是高校开展信息化教学的有力支撑和应用保障。

富媒体智能型教材是该工程项目建设成果之二。该类教材是我社供给侧结构性改革探索性策划的创新型产品，是一种新形态立体化教材。富媒体智能型教材秉持严谨的教学设计思想和先进的教材设计理念，为财经职业教育教与学、课程与教材的融通奠定了基础，较好地避免了传统教学模式和单一纸质教材容易出现的"两张皮"现象，有助于教学质量的提高和教学效果的提升。

从教材资源的呈现形式来说，富媒体智能型教材实现了传统纸质教材与数字技术的融合，通过二维码建立链接，将VR、微课、视频、动画、音频、图文和试题库等富媒体资源丰富地呈现给用户；从教材内容的选取整合来说，其实现了职业教育与产业发展的融合，不仅注重专业教学内容与职业能力培养的有效对接，而且很好地解决了部分专业课程学与训、训与评的难题；从教材的教学使用过程来说，其实现了线下自主与线上互动的融合，学生可以在有网络支持的任何地方自主完成预习、巩固、复习等，教师可以在教学中灵活使用随堂点名、作业布置及批改、自测及组卷考试、成绩统计分析等平台辅助教学工具。

富媒体智能型教材设计新颖，一书一码，使用便捷。使用富媒体智能型教材的师生首先需要下载"财济书院"App或者进入"财济书院"（www.idufep.com）平台完成注册，然后登录"财济书院"，输入教材封四学习卡中的激活码，建立或找到班级和课程对应的教材，就可以开启个性化教与学之旅。

"重塑教学空间，回归教学本源！""财济书院"平台不仅仅是出版社提供教学资源和服务的平台，更是出版社为作者和广大院校创设的一个教学空间，作者和院校师生既是这个空间的使用者和消费者，也是这个空间的创造者和建设者，在这里，出版社、作者、院校共建资源，共享回报，共创未来。

最后，感谢各位作者为支持项目建设所付出的辛劳和智慧，也欢迎广大院校在教学中积极使用富媒体智能型教材和"财济书院"平台，东北财经大学出版社愿意也必将陪伴广大职业教育工作者走向更加光明而美好的职教发展新阶段。

东北财经大学出版社

　　金融是国民经济的血脉，是国家核心竞争力的重要组成部分，金融高质量发展是走中国特色金融发展之路、建设现代化金融强国的有力支撑。在新一轮科技革命和产业变革的背景下，金融科技蓬勃发展，人工智能、大数据、云计算、物联网等信息技术与金融业务深度融合，提升了金融行业运转效率，为金融发展提供了源源不断的创新活力。党的二十大报告指出，"培养造就大批德才兼备的高素质人才，是国家和民族长远发展大计"。随着科技对金融业重塑力的增强，金融科技人才的培养越发重要。适应金融发展对经济发展的影响和推动的需要，不仅是社会成员自身素质的基本要求，也是当前高等职业教育金融专业人才培养必须完成的使命。

　　作为金融科技理论与实践相结合的教材，本教材以"职业化"为特色，以案例为载体，详细阐述了主要金融科技技术、金融科技在传统金融业态融合发展应用情况及金融科技监管现状。通过对金融科技领域知识的介绍，培养学生对金融科技业态的理论认识和分析水平；通过实践操作训练，提高学生对金融科技的认知以及分析金融创新问题的能力。

　　本教材的编写突出以下特色：

　　第一，本教材关注金融科技领域的新趋势、新变化、新政策，与国家金融发展战略和科技更迭同步，将该领域最新的发展和变化体现在教材中。

　　第二，本教材遵循高等职业教育理念，理实一体化，案例丰富，内容精练，通俗易懂。本教材既有"案例导入""知识链接""案例探析""实践操作"等栏目，还配套了微课、动画等丰富的可视化数字资源，具有较强的可读性、趣味性和可操作性。

　　第三，本教材有机融入课程思政，除了每个项目后的"金融微课堂"栏目，"案例探析"等内容均融合专业知识与现实问题，引导学生树立正确的价值观，全面落实立德树人根本任务。

　　第四，本教材深化产教融合，践行校企双元合作，联合商业银行、证券公司、保险公司和金融科技公司等企业组成校企双元编写团队，对教材内容进行深化、拓展，注重真实案例的转化、应用，使教材更具有实用性。

　　本教材由广西金融职业技术学院教师与行业企业专家共同编写而成，由沈立君、韦雪凌担任主编，欧捷担任副主编。具体编写分工为：沈立君负责编写项目一，韦雪凌负责编写项目二，欧捷负责编写项目三，陆曼曼负责编写项目四，刘晓庆负责编写项目五，谢梦琴负责编写项目六，王慧婵负责编写项目七。沈立君、韦雪凌、欧捷负责统稿。此外，广西农村联合银行柳州分行行长廖鸿敏提供了真实案例；深圳希思玛科技有限公司产品总监张凌霜参与教材编写；广西北部湾银行战略管理部发展研究中心研究员农一鑫参与教材内容审核。

　　虽然编者竭尽全力，但由于水平有限，书中疏漏在所难免，恳请广大读者批评指正，以便后续改进，我们将十分感谢！

编　者

2024 年 7 月

金融科技概述

学习目标

知识目标

认识金融科技产生的背景、概念与特征；了解金融科技发展历史与现状；把握金融科技发展趋势。

能力目标

能分辨金融科技的主要技术；能理解金融科技对未来金融业发展的重要意义。

素养目标

培养学生的开放精神和全球视野，强化社会主义核心价值观和爱国主义精神。

思维导图

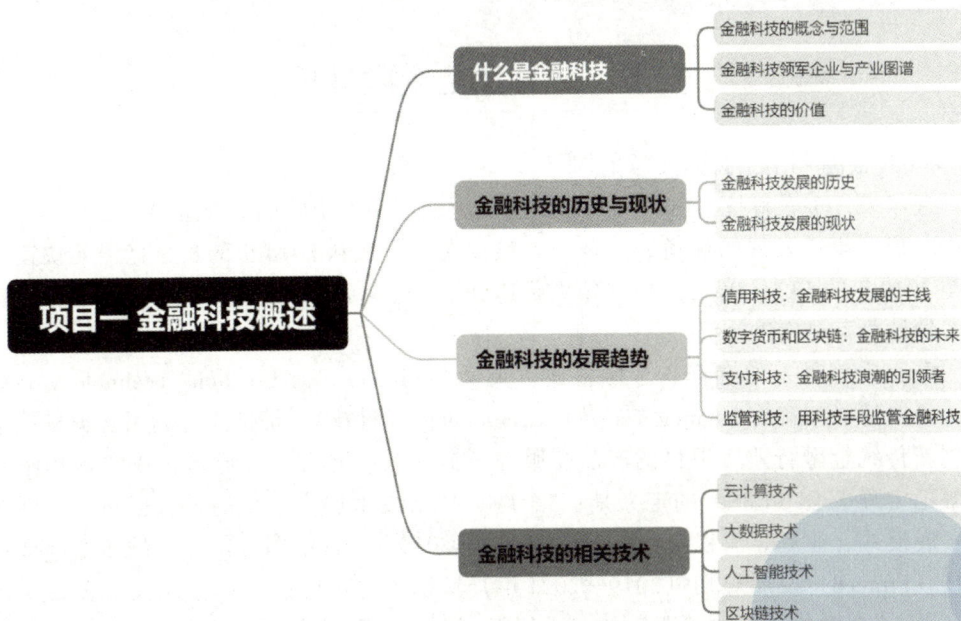

项目一 金融科技概述

- 什么是金融科技
  - 金融科技的概念与范围
  - 金融科技领军企业与产业图谱
  - 金融科技的价值
- 金融科技的历史与现状
  - 金融科技发展的历史
  - 金融科技发展的现状
- 金融科技的发展趋势
  - 信用科技：金融科技发展的主线
  - 数字货币和区块链：金融科技的未来
  - 支付科技：金融科技浪潮的引领者
  - 监管科技：用科技手段监管金融科技
- 金融科技的相关技术
  - 云计算技术
  - 大数据技术
  - 人工智能技术
  - 区块链技术

案例导入

未雨绸缪布局金融科技

2023 年以来，金融业数字化转型正在加速，科学技术持续推动金融业提质增效。以创新为核心动力，推动金融与科技加速融合，大力深化金融数字化转型，是当前金融业实现高质量发展、全面服务实体经济的必由之路。

当前，金融行业一直持续增加金融科技投入，积极推进数字化转型。从规模来看，银行机构的金融科技投入多于证券机构；从增速来看，证券机构金融科技投入增速相对更快。加强科技赋能业务、实现数字化转型正在成为各大金融机构的战略发展重点。

金融科技的应用空间广阔，可以极大地提升金融运营效率，降低金融服务门槛，提高金融服务质量和效率。在营销环节，金融机构通过运用大数据与人工智能技术，可以有效地完成精准的客户识别、导流与个性化服务。在风控环节，金融机构运用云计算、区块链等最新科技，强化客户信用管理，提高风险评估质量。在管理环节，金融机构综合利用信息技术手段改造业务流程与管理架构，实现数字化转型，降低业务差错和操作风险，提高组织运营效率。在协同环节，金融机构可以通过数据与流程的整合，探索全新的业务协作平台。在支付环节，金融机构着力基础设施建设，打造高效、多样的支付模式，助力金融服务体系建设。

资料来源：聂无逸. 未雨绸缪布局金融科技［EB/OL］.［2023-06-16］. http：//m.ce.cn/ttt/202306/16/t20230616_38592700.shtml. 有删减。

思考讨论：

1. 金融科技是什么？

2. 如何理解金融科技对传统金融的冲击？

任务一　什么是金融科技

一、金融科技的概念与范围

近年来，金融科技（Fintech）的概念被越来越多人所熟知，金融科技在全世界范围内开启了高速发展的通道，全球金融科技融资总额从 2014 年的 83.4 亿美元快速增长至 2019 年的 533 亿美元，2021 年更是达到 915 亿美元，几乎是 2020 年总额的 2 倍，相关领域投资热度迅速提升。

在百度百科上的解释：金融科技，英译为 Fintech，是 Financial Technology 的缩写，可以简单理解为 Finance（金融）+Technology（科技），是指通过利用各类科技手段创新传统金融行业所提供的产品和服务，提升效率并有效降低运营成本。2016 年金融稳定理事会（FBS）的定义是："金融科技指技术进步带来的金融创新，包括新的发展模式、业务、流程与产品的创造。"而 2019 年 8 月中国人民银行颁布的《金融科技（Fintech）发展规划（2019—2021 年）》中进一步明确了国家层面对金融科技的定义："金融科技是技术驱动的金融创新，旨在运用现代科技成果改造或创新金融产品、经营模式、业务流程等，推动金融发展提质增效。在新一轮科技革命和产业变革的背景下，金融科技蓬勃发展，人工智能、大数据、云计算、物联网等信息技术与金融业务深度融合，为金融发展提供源源不断的创新活力。"

（一）金融科技的国际定义

金融科技的定义究竟是什么呢？答案林林总总，国际上几个有代表性的定义见表1-1。

表1-1 **国际上几个有代表性的金融科技的定义**

沃顿商学院	2014年，宾夕法尼亚大学沃顿商学院的几位学生成立了Wharton Fintech Club（沃顿金融科技俱乐部）。值得一提的是，沃顿金融科技是第一个由学生主导的金融科技倡议。他们对金融科技给出的定义是"通过电子科学技术改造后的金融领域"
安永会计师事务所	2014年，英国政府请安永研究金融科技。安永是世界四大会计师事务所之一，其于2016年2月发布的报告称：金融科技正在从根本上改变金融服务运作的方式，也正在改变我们赚钱、借钱、保护钱和管理钱的方式
投资百科	在金融行业内著名的新闻和百科类网站Investopedia（投资百科）发布的2016年行业十大关键词中，金融科技"出镜率"非常高。Investopedia认为："金融科技于21世纪兴起，起初是指用于成熟的客户和贸易金融机构后台的科技，在21世纪第一个十年后期扩展到金融领域的所有技术创新，涵盖金融知识和教育、零售银行、投资以及比特币等加密货币等领域的创新。"
FinTech Weekly	FinTech Weekly是出版关于金融技术和金融的新闻和文章并提供金融领域的新闻与播客平台。在其发表的FinTech Definition中认为："金融科技是指一类基于软件来提供金融服务的行业。金融科技企业通常是指为颠覆现有对软件依赖较少的金融系统和企业而建立的初创企业。"爱尔兰的国家数字研究中心（National Digital Research Centre）把金融科技定义为一种"金融服务创新"，同时认为该词已经扩展到更宽泛的金融领域
维基百科	按照维基百科的定义，金融科技是指一群企业运用科技手段使金融服务变得更有效率，因而形成的一种产业
金融稳定理事会	作为全球金融治理的核心机构，金融稳定理事会（Financial Stability Boar, FS）将金融科技定义为：技术进步带来的金融创新，即利用新一代互联网信息技术对金融产品、业务流程及经营模式等方面进行创新和优化。金融科技主要是指由大数据、区块链、云计算和人工智能等新兴前沿技术带动，对金融市场以及金融服务业务供给产生重大影响的新兴业务模式、新技术应用和新产品服务等。这也是目前国际上一般公认的对金融科技的定义

（二）金融科技的国内定义

中国人民银行科技司司长李伟认为，金融科技是指科技推动金融创新，通过创新实现科技与金融的深度融合。他认为，金融科技发展势头迅猛，以大数据、人工智能、云计算、物联网和区块链为代表的新一代信息技术在金融业加速突破应用，全面渗透至诸多金融细分领域，正在改变金融生态的格局。

众多学者对金融科技定义的侧重点与角度不同，使得其定义也有所不同，但大部分专家学者对科技与金融之间的关系看法基本一致，均认为二者关系密切，相辅相成，并认为金融科技的发展对金融的创新具有极大的推动作用。

综合国内外各专家学者对金融科技的定义，本教材认为，金融科技是通过大数据的挖掘和利用，将科技应用于金融业，以此来提升金融服务效率并创造更多金融服务需求的金融创新。金融科技建立在大数据、人工智能、云计算和区块链等创新性技术基础之上，将这些创新性的技术应用于传统的金融行业，以降低运营成本、提高运营效率，最终实现传统金融行业的创新发展。凡是以数据和技术为核心驱动，为金融行业提供高质量服务、降低成本、提高效率的企业，都可以称为金融科技企业。在新技术革命的推动之下，金融科技必然会与传统金融体系融为一体。

☑ **实践操作 1-1**

请登录相关网站搜索金融科技，兴趣性地了解关于金融科技的最新知识及相关新闻。

（三）金融科技的范围

当前，在金融科技所覆盖的范围与领域方面，巴塞尔银行监管委员会区分出四个核心应用领域，即"存贷款与融资服务"、"支付与清结算服务"、"投资管理服务"以及"市场基础设施服务"。其中，"存贷款与融资服务"领域涵盖网贷、征信、众筹等产品；"支付与清结算服务"包括移动支付、P2P汇款等内容；"投资管理服务"的典型代表是智能投顾与智能投研等；"市场基础设施服务"的内容则最为广泛，意指人工智能、区块链、云计算、大数据、安全等技术所带来的金融产品的创新。金融科技应用领域范围如图1-1所示。

支付与清结算服务
移动支付/P2P汇款/数字货币
数字交易所/外汇批发

市场基础设施服务
大数据技术（大数据分析、机器学习、预测模型）
分布式样本技术（区块链、智能合约）
云计算技术
人工智能技术（智能对话机器人、自动化财务、算法技术）
安全技术（身份认证）
移动互联网/物联网技术
门户与数据复合
生态系统（基础机构、开源技术、API）
……

投资管理服务
高频量化交易/程序化跟单交易
互联网证券/智能投顾/智能投研

存贷款与融资服务
众筹/网贷/征信

图1-1　金融科技应用领域范围

图片来源：李斌. 金融科技追本溯源：从哪里来，到哪里去？［EB/OL］.［2019-01-17］. https://www.iyiou.com/news/2019011790264.有调整。

二、金融科技领军企业与产业图谱

近年来，随着金融科技的不断发展，金融科技的生态体系也在逐渐成熟。目前我国金融科技生态体系如图 1-2 所示。

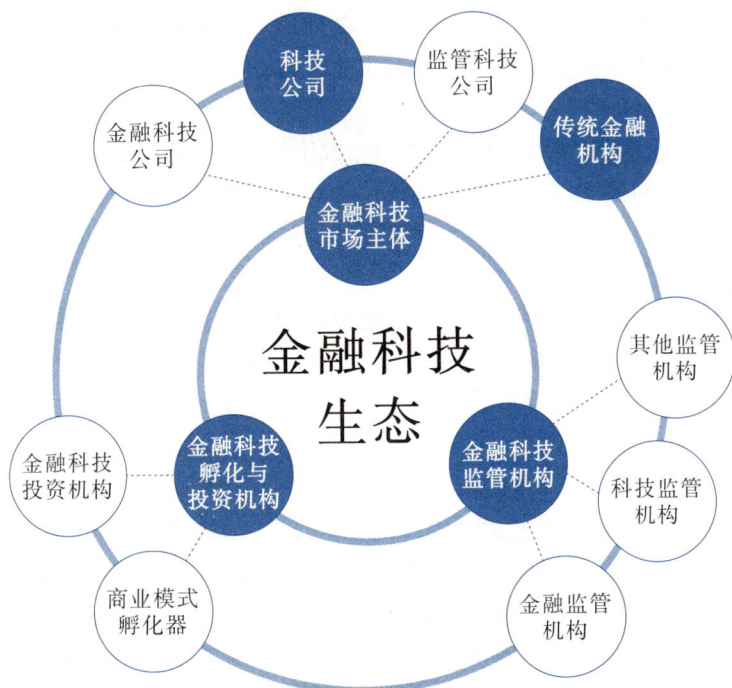

图1-2 我国金融科技生态体系

图片来源：李斌. 金融科技追本溯源：从哪里来，到哪里去？[EB/OL]. [2019-01-17]. https://www.iyiou.com/news/2019011790264.

从参与主体的角度，金融科技领域的领军企业主要分为三类：

一是科技公司，以科技赋能金融业务，甚至直接进军金融行业，成为金融科技市场的主要参与者。例如，海外有新兴企业"GAFA"（Google、Amazon、Facebook、Apple）和老牌计算机公司 Microsoft、IBM 及 Intel，中国则有"BATJ"（百度、阿里、腾讯、京东）等大型企业。

二是持牌金融机构，通过创新技术为客户提供更先进的金融服务。国内金融机构从 2017 年开始也加快在金融科技领域的布局。据报道，四大国有银行已分别与腾讯、阿里、百度、京东签订战略合作协议，此外，蚂蚁金服、财付通、微众银行、招商银行、平安银行、众安保险等也有较多的金融科技产品推出。

三是除大型科技公司与持牌金融机构以外，部分互联网金融公司、金融科技公司、网络小贷公司等也或多或少在从事金融科技业务。

动画 1-1

BATJ 的金融
科技业务布局

☑ **实践操作 1-2**

列举四家头部金融科技公司（百度、阿里、腾讯、京东）的主要业务板块并进行对比。

三、金融科技的价值

当前，金融科技已经渗透到金融业务各领域，以借贷、理财、保险、支付等为代表的典型金融领域在快速发展的同时仍面临不少业务问题，金融科技在各业务领域中的创新与应用使业务痛点得到了不同程度上的解决。在全球经济增速放缓、中国经济进入新常态的宏观背景下，金融科技可提供更优质的金融基础服务能力，在简化金融业务流程、降低金融服务成本的同时提升金融服务效率，不断驱动业务发展。

习近平总书记在2023年中央金融工作会议上讲道："科技金融要迎难而上、聚焦重点。引导金融机构健全激励约束机制，统筹运用好股权、债权、保险等手段，为科技型企业提供全链条、全生命周期金融服务，支持做强制造业。"

（一）智能营销实现精准营销

智能营销可精准捕捉用户画像，深度挖掘用户需求，通过整合多方数据，从多个维度实现对一个用户的深度理解和精准化定位，洞察用户潜在需求，并针对性地推出个性化品牌营销策略，有效降低获客成本，提高获客效率。

案例探析 1-1

获客经营一体化，平安开放银行模式让银行、客户、第三方实现多方共赢

开放银行是中国商业银行数字化转型的必经之路。2022年是平安开放银行发展的第四年，其产品和服务已嵌入更多客户旅程的场景中，包括民生生活、产业经营、政务服务等，实现获客经营一体化，使银行、客户、第三方实现多方共赢。

走出去——基于用户痛点，场景化获客

开放银行平台是平安银行以用户需求为导向，以场景服务为载体，以平台赋能、生态融合为目标打造的开放合作平台；通过组件化标准化输出平安银行的产品、金融、科技能力，供合作伙伴快捷接入，达到批量获客效果；打通企业产业链数字化的各个环节和服务场景，实现与产业的信息流、资金流、物流的全面联接及场景的共同经营。2022年第一季度，开放银行持续推动"稳量提质"，实现互联网获客48.89万户，基于相关产业链、供应链，为汽车行业、制造行业、物业管理、餐饮行业、外卖平台、货运、人力外包、线上教育等诸多行业的B端及其C端客户提供一站式服务。

聚焦校园场景，缓解就餐、收费与发薪等难题

深入洞察用户需求，一直是平安开放银行开展服务的前提与导向。以校园生活场景为例，平安开放银行发现传统食堂存在餐卡不便管理、充值查询排队慢的痛点，"线上充值、刷脸支付"更符合当下家长和学生的习惯，通过与服务商共同搭建口袋智慧食堂页面，让家长可以随时查看餐费余额、就餐记录，实时充值入账。此外，针对合作学校学杂费项目多、人工管理成本及风险高的难点，平安开放银行智慧校园提供智慧缴费方案，学校在后台上传缴费单、发送缴费通知后，家长在手机上即可完成缴费单复核、缴费动作，全程可线上快捷完成，学校随时可查询收缴动态。可以看到，智慧校园是开放银行重要业务场景之一，该业务发展一年半以来，持续与超80家服务商、400所学校展开"银校合作"业务，并借助平安银行金融科技赋能，持续迭代合作模式，成功升级至2.0时代。

引进来——生态化经营，有效盘活客户

除了"走出去"实现获客，还需要"引进来"经营，平安银行持续深化开放银行布局，强化基础能力建设，将金融服务与互联网场景深度融合，推动流量开放，助力实现场景化经营、生态化发展。

在流量开放上，平安开放银行通过小程序平台，引入客户高频使用的外部生活场景，与美团、淘票票、高德打车等数百家头部品牌开展合作。2022年暑假期间，平安开放银行助力暑期消费新需求，通过整合海量的优惠活动，覆盖吃、喝、玩、住、行等场景，为用户打造更省心、省时、省钱的暑期生活。平安开放银行"美团外卖"小程序推出了丰富的场景优惠；还有"叮咚买菜"小程序，满20元最高立减18元；"美团买菜"小程序，满30元立减8元；"淘票票"小程序，电影购票满30元最高立减18元……平安银行通过与多个场景方平台合作，构建开放银行生态，以全面的场景化经营，让客户服务变得无处不在、无所不能、无微不至。

"五位一体"模式下，开放银行是获客新抓手

开放银行作为平安银行"五位一体"的场景层，是零售业务发展的流量池，也是获客的新抓手。平安开放银行将金融服务融入个人客户的生活，也着眼于赋能小微企业，输出金融服务和打造场景化经营能力，通过"走出去"和"引进来"模式，实现获客经营一体化，使银行、客户、第三方实现多方共赢。

资料来源：曹蕊. 获客经营一体化，平安开放银行模式让银行、客户、第三方实现多方共赢[EB/OL].［2022-06-28］. https://news.iresearch.cn/yx/2022/06/437608.shtml.

思考讨论：

为了巩固现有的客户群体并拓展新的用户，增强获客能力，就要突破传统的银行营销模式，从"粗放营销"向"精准营销"转型，平安银行一体化营销获客平台具有哪些特点？

（二）智能风控助力风控升级

传统风控主要依靠人工进行身份信息匹配与查验，风控效果有待提升。随着金融科技的发展，利用多维度数据及 AI 风控模型实现智能风控的应用，帮助机构精准排查潜在风险用户，如微众银行推出了基于舆情的贷中风控平台，辅助识别贷中用户画像，提升风控效果。

案例探析 1-2

三只"科技之鸟"构成智能风控系统 网商银行将AI和大模型应用于小微金融

2023年金融街论坛年会数字普惠金融平行论坛在北京举行。会上，蚂蚁集团资深副总裁、网商银行董事长金晓龙表示，网商银行正在把AI和大模型应用于小微金融实践，相信在科技的引领下，中国普惠金融将迈入一个全新的发展阶段。

网商银行是由蚂蚁集团发起成立的首批互联网民营银行，通过科技驱动发展，为小微和"三农"用户提供纯线上的数字贷款。其成立8年，已累计服务超过8 000万小微经营者，近一年的新增客户中80%都是经营性贷款"首贷户"。这些客户通过获得网商银行贷款进入中国征信系统，为中国经营性贷款征信记录的丰富提供了有益帮助。

目前，网商银行正在把AI和大模型应用于小微金融实践，通过"大山雀""大雁""百灵"三只科技之鸟，共同构成了智能风控系统。

其中，"大山雀"主要应用于农村金融领域。通过卫星遥感技术识别农民种植的农作物，并结合气候、行业景气度等情况，通过几十个风控模型，预估产量和价值，从而向农户提供额度合理的还款周期。目前，"大山雀"已覆盖15大农产品产业，并支持全国32个省、自治区、直辖市超150万种植户获得无接触贷款。

"大雁"系统为数字供应链金融解决方案，依靠大规模图计算、知识图谱等技术，得以刻画海量的网络交易关系。网商银行通过构建企业和行业的认知，穿透下游经销商和零售商，使得链条上更下游的小微企业也能被看到、被服务到。目前，"大雁"已经飞入包括海尔、娃哈哈在内的1 000家品牌的供应链，品牌下游经销商及终端门店的经营性贷款可得率从30%提升到80%。

网商银行的第三只科技鸟，名为"百灵"人工智能交互式风控系统。"百灵"如同一位数字化的客户经理，7×24小时在线，接收客户自主上传的经营流水、账单等相对结构化的资料，还能处理合同文本、店铺照片、卡车照片等非结构化的信息，多模态综合分析，根据客户真实的经营需要，给予精准的额度，大大提升了客户满意度与适配性。目前，"百灵"已支持70多种自证任务，被超过800多万客户使用，成功提额客户，平均额度提升4.5万元。行业人士指出，"百灵"使金融机构第一次有可能在千万级规模上，为小微企业提供专家级的线上个性化信贷服务，打破了小微信贷的"不可能三角"。

相信在科技的引领下，中国普惠金融将迈入一个全新的发展阶段。作为一家科技银行，网商银行将继续加强科技创新，提升普惠金融的服务能力和效率，通过数字化、在线化等方式，提供便捷、高效的金融服务，并将强化风险管理和内控体系建设，确保普惠金融的风险可控和稳健经营。

资料来源：青瞳视角. 三只"科技之鸟"构成智能风控系统 网商银行将AI和大模型应用于小微金融［EB/OL］.［2023-11-09］. https://business.sohu.com/a/735062435_255783.

思考讨论：

请结合该案例谈一谈智能风控系统如何助力信贷风险治理提质增效。

（三）科技改善金融产品同质化

通常保险、基金等金融产品的品类较为固定，同质化严重，缺乏产品创新。通过移动端、物联网设备等多方终端数据采集，利用大数据与AI技术实现用户需求深度分析，进而在一定程度上改善产品同质化现象。该应用目前处于行业早期阶段，保险为主要的应用方向之一，虽无法形成"千人千面"的金融产品，但一方面可以通过更加精准的用户需求定位设计出更加符合大众需求的金融产品，另一方面，可在一定程度上增加产品品类，让金融产品在更加贴近用户需求的同时更加多样化。

✓ 实践操作 1-3

登录一家保险公司网站，就自己感兴趣的某类保险产品，选择几只产品并对比其优缺点。

（四）技术催化优化成本结构

随着金融科技在业务中的逐渐渗透与应用，银行、保险等传统金融机构对于大量人力的依赖正逐渐变小，冗杂的业务流程和运作逻辑正被优化，大量重复性、机械性的工作被技术工具承担或替代，与此同时，获客效率、风控效果、业务增长等方面也受到了科技的影响。金融科技极大地降低了金融业务的获客、人力和运营等成本，技术支出在企业成本结构中的重要性越来越强，金融企业的成本结构正被逐步优化，各板块的协同性越来越强，企业的工作效率也随之不断提高。

（五）区块链提升多方业务协作效率

如供应链金融、ABS 等业务都需要多方参与并进行业务协作。由于传统 IT 技术的数据存储方式无法满足各金融业务参与方需求，所以无法构建一套企业间的业务协作系统。而区块链通过联盟链组网，可构建一套便于多方参与的链上业务协作系统，数据可经授权查看，智能合约等技术使业务协作链上化成为可能。

微课 1-1

揭开金融科技
的面纱

知识链接 1-1

科技金融与金融科技

2023 年 10 月召开的中央金融工作会议上提出，做好科技金融、绿色金融、普惠金融、养老金融、数字金融五篇大文章。科技金融作为五篇大文章之首，备受关注。

2024 年开年，工商银行第一时间做出响应，在北京成立科技金融中心，以科技金融中心成立为契机，持续迭代金融服务模式，打造"科创金融领军强行"，促进科技、产业、金融良性循环，切实当好服务实体经济的主力军和维护金融稳定的压舱石。随后多家银行纷纷加码科技金融的服务供给，提档升级科技金融战略布局。提到"科技金融"，不得不谈及与之关联的"金融科技"。

科技金融指的是促进科技开发、成果转化和高新技术产业发展的一系列金融工具、金融制度、金融政策与金融服务的系统性、创新性安排，是由向科学与技术创新活动提供融资资源的政府、企业、市场、社会中介机构等各种主体及其在科技创新融资过程中的行为活动共同组成的一个体系，是国家科技创新体系和金融体系的重要组成部分。而金融科技是指基于大数据、云计算、人工智能、区块链等一系列技术手段，创新传统金融行业所提供的产品和服务，提升效率并有效降低运营成本。从字面分析看，前者强调金融对科技创新发展的支持作用，属金融服务范畴；后者则诠释科技赋能金融创新发展的作用，侧重技术引领金融创新。

伴随银行业数字化转型的高速发展，各家银行也加大投入力度专门建立金融科技中心，促进科技成果转化。为引入市场化运作机制，各家银行还发起设立金融科技子公司。在新一轮科技革命和产业变革中，我国正踏上建设科技强国的新征途，金融科技与科技金融相伴相依。金融需要助力科技发展，充分发挥金融资源配置优势，通过创新金融产品、改进服务模式，切实为从初创期到成熟期各阶段的科创企业提供金融服务。与此同时，科技可以引领金融创新，科技手段将加快金融产品创新、丰富金融服务场景、提升金融服务效率和优化金融风险管理，赋能各行业数字化转型。

相较于传统企业，科创企业高风险、高成长的发展模式，以及轻资产、缺抵押、缺担保、难评价等融资特点，意味着企业需要更加专业化的金融支持，银行业正加紧强化科创金融产品、科创准入评级模型、科创信贷审批模型的开发迭代和业务流程的数智化水平与服务能力。随着大数据、AIGC等新一轮科技深入发展，新供给和新需求持续释放，产业在变革，金融要适配，新质生产力的形成需要金融提供强有力的支撑，做好科技金融大文章，既是银行落实国家战略和服务实体经济的社会责任，也是银行驱动创新、增益价值的内在要求。

资料来源：刘畅．数字技术推动金融业算力爆发式增长［EB/OL］．［2024-01-26］．https://stock.hexun.com/2024-01-26/211771982.html.

✓ 实践操作 1-4

请登录网站搜索区块链，对比了解区块链的特点和优势。

任务二　金融科技的历史与现状

一、金融科技发展的历史

（一）信息革命时代（1866—1966年）

19世纪，海底电缆基础设施的建设是金融信息全球化的第一步，电报、电话、广播等通信工具的出现，逐渐取代了传统通信方式，极大地促进了金融业的发展。1866年，第一条跨大西洋海底电缆铺设成功，实现了欧洲和北美金融市场之间信息的即时传输。在之后的几年里，海底电缆的建设遍及全球，不仅将北美和欧洲金融信息联系起来，还将南美、中国、东南亚、非洲以及中东的金融信息都联系起来。

（二）金融逐渐从模拟产业向数字产业发展（1967—2008年）

早期人工智能密码破译和代码开发在第二次世界大战之后被商业化，电子化技术为金融机构广泛应用，金融服务效率大幅提高。1967年，第一台自动取款机和第一台手持式计算器问世。手持式计算器的安装使用，是过去几十年给老百姓生活带来最大改变的金融创新，如今的智能手机就是从手持式计算器直接衍生而来的。从传输金融功能的角度来看，手持式计算器是世界历史上的重要发明之一。

20世纪70年代初，纳斯达克证券市场在美国成立，成为当时第一个完全数字化的交易所，如今的高频交易实际就源自纳斯达克。另外，同一时期成立的环球银行金融电信协会（Society for Worldwide Interbank Financial Telecommunication，SWIFT），作为一个电子通信组织，将全世界几乎所有主要的金融机构连接起来，成为全球支付体系的支柱。数字化发展为如今的金融科技奠定了基础。

（三）金融和科技相互融合（2008年至今）

技术是金融科技发展的原动力，信息技术对金融的推动体现在以下几个方面：

1.传统金融在互联网时代触网

2005—2010年是互联网时代。世界互联互通，使得互联网商业迅速发展起来，同时也促进了金融业的改变，简单的传统金融业务通过IT技术应用实现了办公和业务的电子化、自动化，从而提高了业务效率。其典型代表为网上银行的兴起。网上银行将线下柜台业务转移至PC端，IT技术作为后台而存在，为部分金融业务提供技术支持，或是为科技企业提供技术服务。

2.互联网金融在移动互联网时代兴起

2011—2015年是移动互联网时代。智能手机的普及极大地提高了网络利用的效率，使人们随时随地沟通成为可能。在这一时期，传统金融机构搭建在线业务平台，对金融渠道进行变革，实现信息共享和业务融合，如P2P、互联网基金销售、互联网保险、互联网理财。同时，互联网公司的金融化逐渐凸显，如支付宝实现了移动支付。此时，互联网在金融业的渗透逐步提升，但传统金融的本质属性并没有改变。

3.金融和科技强强联合

2016年至今是人工智能时代。新兴科技（大数据、云计算、人工智能和区块链等）的进步将数字革命、通信革命和金融革命结合起来，给金融创新提供了新动力，从商业模式、业务模式、运作模式全面变革金融业，掀起了新一轮的金融创新浪潮。此时，金融科技初创公司强势崛起，传统金融机构主导优势渐失，两者从竞争颠覆中走向协同合作，金融服务的边界日益模糊。至此，金融和科技强强联合，使传统金融产生变革。

动画1-2

金融科技
发展史

二、金融科技发展的现状

随着前沿技术的迭代升级与金融机构数字化转型进程的逐步推进，国内金融机构对于金融科技的投入规模逐年递增，2019年增幅一度高达21%，整体规模突破2 200亿元，后续受到全球新冠肺炎疫情、中美贸易冲突、国际地缘政治等多方面影响，国内金融机构对于科技成本的使用愈加审慎，与此同时，国家倡导的信创建设推动了金融机构软、硬件产品的国产替代化浪潮，以国产软、硬件设备为基础的科技应用时代提升了金融机构传统IT系统的建设投入。此外，银行、保险等多领域纷纷颁布了2023—2025年科技投入发展规划，就未来3年金融科技投入提供量化指导，明确了科技团队的建设规模与投入的资金比例。2019—2027年中国金融机构科技投入情况如图1-3所示。

从金融科技行业视角来看，一是在银行业方面，目前多数银行持续加大金融科技投入，建设科技人才队伍，成立金融科技子公司并加码数字化之争。银行利用科技赋能的内生驱动力，对内强化合规管理能力，创新智能风控模式，对外从业务全链条积极探索产品服务与技术融合，在大幅提升金融服务效率的同时也解决了传统金融的痛点与难点，优化用户感知与服务体验，提升自身竞争力。

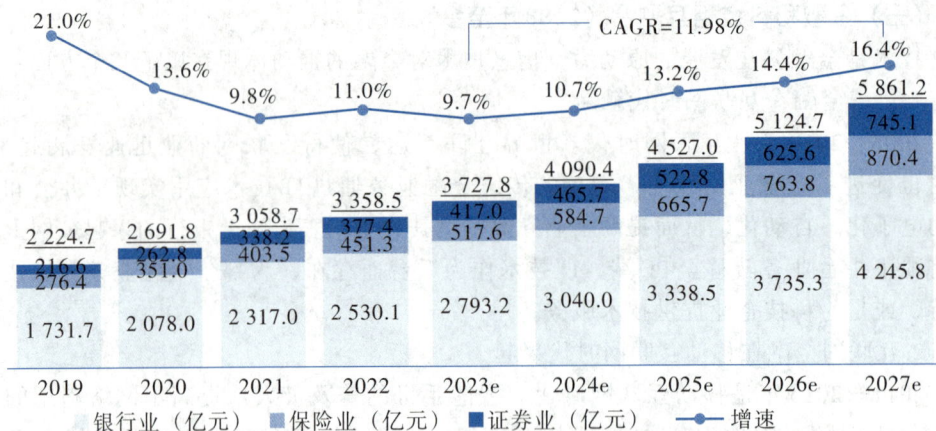

图1-3 2019—2027年中国金融机构技术资金投入情况

图片来源：艾瑞咨询. 2024年中国金融科技行业发展洞察报告［EB/OL］.［2024-03-28］.
https://report.iresearch.cn/report/202403/4330.shtml.

二是在证券业方面，也普遍加大了金融科技的投入。就机制来看，从科技监管体系和行业金融科技投入引导等层面进行了完善；同时，金融科技应用的监管，渠道以及前、中、后台等业务场景也不断深入，可以总结为监管全面智慧化、渠道远程便捷化、前台智能极速化、中台多元数据化、后台互联云化。证券行业聚焦网络安全、人才标准和行业金融科技生态等方面，持续发力，快速推进数字化转型，利用金融科技赋能业务创新，支持资本市场绿色、健康、可持续发展。

三是在保险业方面，疫情使得传统线下保险经营受到严重影响，保险线上销售、承保、理赔、客服等需求增长迅猛，助推保险线上化率快速提升，进一步坚定了保险行业推行数字化转型的决心和信心，为保险科技创新带来了新的发展机遇。同时，我国保险科技发展呈现出一些新特征：其一，疫情助推行业数字化转型加快升级；其二，保险行业逐步进入全域数字化阶段；其三，险企数字化转型探索呈现出差异化特征；其四，底层基础设施建设助力业务流程优化。金融科技应用正成为推动保险行业数字化转型以及实现保险行业高质量发展的重要驱动力。

案例探析 1-3

理赔额突破200亿元，这家互联网险企如何将"支付+服务"价值最大化

"对于我们一单一单送外卖的骑手来说，平时不敢生病，病了就先扛着呗，实在扛不住了才去医院。要不是这次理赔顺利，我都不敢停下来休息。"这是一位外卖骑手Z先生在获得快速理赔后的真情流露。在一次送餐途中，Z先生不幸发生车祸，导致右胫腓骨下端粉碎性骨折，需立即住院并进行手术治疗，而这笔费用对他而言无异于雪上加霜。好在他曾投保了一份泰康在线的新市民保险，并第一时间获得了医疗费用赔付及二次手术预估费用3万余元，伤残保险金4万元，经济压力得到了极大缓解。

这是一个外卖骑手的理赔经历，也是保险的价值所在。一张保单，一份承诺。作为互联网保险公司，泰康在线自2015年11月18日成立以来，积极兑现对客户的保险

承诺，目前已累计服务超 2 亿客户，累计赔付总额更是突破了 200 亿元的里程碑。

理赔金额突破 200 亿元背后，隐藏着泰康在线的核心经营理念，即始终以客户为中心，借助科技力量提升理赔质效，依托多元化业务拓展保障范围，并深入挖掘与发挥商业保险的"支付+服务"价值。

以客户为中心，科技助力理赔服务智能化、线上化

自成立以来，泰康在线持续深化科技驱动战略，不断加大对科技的投入，目前已累计申请科技专利超 400 件，平均承保自动化率达到 99%，核保自动化率达到 99%。尤其是在保险业最核心的理赔服务环节，泰康在线不断优化理赔流程，提升服务效率。在车险领域，"云端慧赔"通过远程查勘和视频定损模式，实现从报案到结案最快只要 9 分钟的高效率；"无忧协赔"则通过落实一体化处理，将理赔手续电子化率提升至 82%，为超过 6.3 万客户提供了一站式优质、便捷、贴心的服务。最新数据显示，泰康在线理赔自动化率超 97%，小额案件一日结案率为 99.8%。

大年三十的夜晚，7 个月 26 天的宝宝体温上升至 38.9℃，已属需药物干预的高烧。深夜就医不便，家中也没有退烧药品，好在宝妈张琳为宝宝购买了泰康在线门急诊医疗险，通过互联网快速完成了医生问诊、线上开方、保险直付、送药到家的整个流程。目前，泰康在线已打通线上问诊购药、保险支付、保险直赔等全流程服务，为用户提供便捷的服务体验。在泰康在线的视角中，科技金融、数字金融无疑是推动保险业高质量发展的核心引擎，作为具有科技基因的头部互联网保险公司，泰康在线通过不断推动服务全流程的线上化、数字化、智能化，为用户提供更加便捷的理赔体验。

业务发展多元化，最大化商业保险的支付价值

泰康在线实现了累计理赔额突破 200 亿元的里程碑，离不开车险、非车财产险、健康险等多个业务线齐头并进。这些业务线不仅有效撑起了保费增长，更是通过对各个险种的不断深入和细化，实现了保险服务在社会经济生活各个层面的价值最大化。在泰康在线看来，实现保险普惠，是发挥商业保险支付价值的重要路径。因此，面向中小微企业、个体工商户等"脆弱"群体，泰康在线积极开发了相应的责任保险产品，目前已覆盖超 4 000 家大中小型企业，2023 年提供财产保障超数千亿元、赔款超千万元。

面对风险保障普遍不足的新市民群体，泰康在线结合其生活工作特点推出"新市民保险"，提供包括工伤、医疗、失业在内的"一揽子"灵活普惠保障方案，目前已覆盖 34 个省级行政区、直辖市的 60 万新市民，累计赔付金额超 2.2 亿元；而在车险领域，面对突发事件，泰康在线也全力开展防灾减损工作，如在"杜苏芮""苏拉"等台风带来的极端暴雨灾害中，泰康在线受理报案近 700 起，车险直接赔付金额近 2 000 万元。

在百万医疗险方面，泰康在线通过互联网保险高杠杆的特性，更大程度地发挥商业健康险的支付价值。一名不到 60 岁的退休工人，在确诊肺癌后的 2 年时间里，他住院 20 余次，住院前后去门诊 110 余次，泰康在线为其理赔多达 140 次，累计赔付 68.6 万元，用户自掏腰包的治疗费用最终不足千元。

　　此外，泰康在线还持续基于特殊人群的保险保障需求发力产品供给侧创新。一方面，其针对乳腺癌、甲状腺癌、糖尿病等单病种患者推出了多款单病种患者保障;另一方面，其推出的"全人群保险方案"，突破了常规健康险健康告知严苛、承保人群有限的局限，让亚健康及已病人群也能够有机会获得保险理赔。47岁的Y女士患有乳腺癌，她知道乳腺癌一旦复发，医疗费用往往比初次患病治疗费高出很多，好在她购买了泰康在线已病人群保险产品，在乳腺癌Ⅰ期三阴型局部复发时，仅用2天时间收到20万元赔付，极大地缓解了其经济压力。

　　除了在普惠市场积极布局，泰康在线还在2023年开启了对中高端市场的探索。为了满足中产人群对高品质医疗的需求，泰康在线先后推出了"医药无忧·高端医疗险（全球版）""泰康优医保·高端医疗险"等多款中高端医疗险产品，前者提供包含PMA家庭私人医疗助理服务、全国找医、全球找药在内的系列优质医疗综合解决方案，后者则将门诊纳入理赔范围，让商业保险的理赔支出覆盖多元场景。

资料来源：刘瑞. 理赔额突破200亿元，这家互联网险企如何将"支付+服务"价值最大化［EB/OL］．［2024-02-23］．http://life.china.com.cn/gg/zixun/detail2_2024_02/23/4327586.html.

思考讨论：

泰康在线理赔200亿元意味着什么？是通过什么来实现的？

　　从金融科技本身的业务视角来看，新技术对于各类金融业务都带来深远影响，我们重点从消费金融和供应链金融的视角来"窥斑见豹"。

　　首先，互联网消费金融是最依赖场景的金融产品。随着消费金融监管的日趋严格和规范，互联网消费金融开始进入"精细"发展阶段。在监管机构"脱虚向实"的新要求下，各大互联网消费金融平台逐渐开始深耕消费场景设计领域，以期通过开拓更丰富、更优质、更持续的互联网消费金融场景来获取更多客户流量、拓展业务范围。一方面，随着科技与互联网消费金融业务的深度融合，特别是大数据风控、反欺诈技术得以广泛应用，扩大了互联网消费金融客户群体，使得原先无法享受正规金融服务的年轻、低收入群体可以分享金融发展带来的红利。另一方面，伴随国家出台一系列刺激消费政策、逐渐放开消费金融牌照管制以及消费能力提升和理念升级，互联网消费金融产品供给主体也呈多样化趋势。与此同时，金融科技拥抱消费金融过程中也存在诸多挑战，如金融消费者过度负债隐患较大、信息过度采集与数据泄露风险并存、技术本身的缺陷可能降低消费者体验等。鉴于此，需关注加强金融消费者教育、引导金融消费者树立理性消费和负债理念、规范互联网消费金融平台、逐步破解"数据垄断"和"数据孤岛"难题等。

微课1-2

金融科技发展
现状

　　其次，供应链金融呈现向数字化加速迈进的趋势。推动供应链金融发展已经成为金融机构、核心企业、第三方服务平台及中小企业的共识。应该说，数字化供应链金融体系正以信息流、商流、资金流、物流"四流合一"的形式汇聚成为新的商业评估模式，不断推动解决信息孤岛和信息不对称问题，为金融机构开展投融资活动提供了新场景。

知识链接 1-2

数字技术推动金融业算力爆发式增长

2023年11月24日，中国信息通信研究院发布了《中国金融科技生态白皮书（2023年）》（下称"报告"）。报告指出，金融业对智能算力需求呈现快速增长态势。分布式技术架构转型、业务多元化发展等对算力的性能和效率提出更高要求。大数据、人工智能等数字技术的广泛应用进一步推动了金融业算力的爆发式增长。架构灵活、高效调度、效能优越的智能算力服务成为金融领域数字化转型的关键生产力之一。

具体来看，数字原生理念在金融业逐步深化，算力能力成为金融业数智化发展的新焦点，大模型、数据智能技术加速金融业数据要素价值释放。同时，安全防护体系化、服务化发展，正在成为构建数字金融安全底座的新风向。另外，量子计算、5G-Advanced等前沿技术的发展，进一步丰富了金融科技体系的内涵。

在传统业务发展停滞的前提下，大型互联网平台企业将目光投向更多产业。大型平台公司加大与金融机构合作力度，共同推动金融业务的拓展；大型社交媒体、数字信息服务平台借助用户规模、技术能力等优势，加大金融业务的拓展力度。例如，2023年4月，苹果与高盛合作推出AppleCard高收益储蓄账户，第一周开卡用户超过24万人，截至8月，存款总额已超过100亿美元。同时，ChatGPT的出现强化了人工智能在内容和生产力两方面的有效联接，给金融场景应用带来了新的智能化机遇，将改进人机交互方式，如灵活生成行研报告等内容。

报告介绍，随着金融业数字化转型的深入推进，国际组织和市场主体主导建立新型平台，国际货币基金组织（IMF）正在开发一个全球央行数字货币平台去实现国家之间的数字货币交易，该平台将连接各国的数字货币系统，提升不同经济体的互操作性。例如，2023年5月，DigitalAsset（数字资产金融科技公司）宣布将启动一个支持隐私的可互操作区块链网络，作为未来数字和分布式金融市场基础设施的关键组成部分，其参与者包括法国巴黎银行、芝加哥期权交易所、高盛等大型机构。

未来，数字金融服务将延伸至各个行业，在弥合整个社会数字鸿沟问题上发挥重要作用，涉及的范围主要包括：缺乏数字素养和技能的低收入群体、老年群体等；以数字生态为入口的新闻资讯、社交通信、搜索引擎、生活购物、旅游出行、医疗健康等分享数字社会红利；帮助数字鸿沟群体获取数字资源，最大程度地享受数字社会红利，进而促进社会公平。

资料来源：孙庆阳. 数字技术推动金融业算力爆发式增长［EB/OL］.［2023-11-24］. https://baijiahao.baidu.com/s?id=17834239173934742366&wfr=spider&for=pc.

✓ **实践操作 1-5**

上网搜索了解主要发达国家金融科技发展情况。

任务三　金融科技的发展趋势

回顾人类的金融发展史，科技创新与金融创新始终紧密相连，金属冶炼技术的发展使金属货币取代了实物货币，造纸印刷术的成熟使纸币逐渐流通开来。进入信息社会以来，信息技术的运算速度及新技术的出现速度不断加快，金融与科技的共生式成长也使得现代金融体系伴随信息技术共同经历着指数级的增长。从"IT+金融"到"互联网+金融"阶段，再到现在我们正经历的以人工智能、大数据、云计算等为代表的"新科技+金融"阶段，每个金融阶段持续的时间越来越短，金融科技的创新速度越来越快，对于金融从业者及金融监管来说新时代下的金融科技发展充满了机遇与挑战。科技赋能现代金融业的发展历程如图1-4所示。

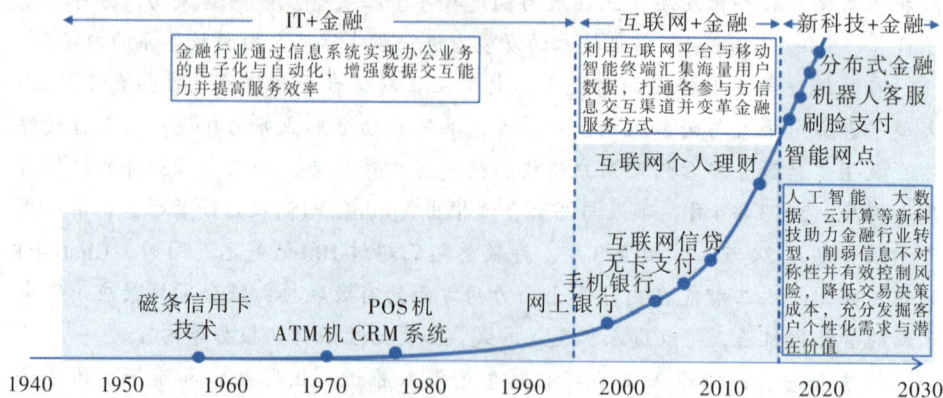

图1-4　科技赋能现代金融业的发展历程

图片来源：艾瑞咨询.2023年中国金融科技行业洞察报告［R］.2023.

一、信用科技：金融科技发展的主线

从风险角度来看，信用风险管理是金融业永恒的主题，更是未来金融科技发展的主线。信用科技内容丰富，包含和信用风管理相关技术，金融科技的发展往往沿着信用科技的发展而不断前行。根据金融实体的不同，消费金融和公司金融的信用风险管理差异较大，其中消费金融是最活跃的内容。近年来，国内消费金融突飞猛进，催生了两种新兴业态，金融科技信贷和大科技信贷。进行信用风险管理不是金融机构本身能够单独完成的工作，需要征信体系来做支撑，这样（个人）信用评分、信用报告和信用评级才能够真正发挥减少交易过程中信息不对称的作用。当前及未来，供应链是企业金融分析（包括企业的信用风险管理）的重要工具。

二、数字货币和区块链：金融科技的未来

数字货币与区块链是金融科技（Fintech）领域最热门的板块之一，主要是因为比特币、以太坊等区块链项目的崛起改变了传统金融保守的思维方式和森严的等级制度。区块链扎根于互联网自由、平等、分享的基因内核，承载价值互联与传递的功能，唤起人们对金融民主、普惠的憧憬。随着央行发行数字法币（DC/EP）、社交巨头Facebook"发币"（Libra），数字货币概念以及区块链技术再次触动科技界、投资

界的神经。不仅如此，以挖矿、交易、数字资产管理为核心的区块链商业也异常繁荣。各国监管政策虽有不同，但新兴技术向前的潮流是不可阻挡的。数字货币的未来实施会重塑金融服务和产品。区块链技术也会为金融行业提供新的技术框架。

三、支付科技：金融科技浪潮的引领者

支付产业是现代金融服务业的重要组成部分，历经基于黄金、白银的贵金属货币时代，如今正处于信用货币时代。信用货币的主要载体是电子化的货币和票据，前者一般由各国的货币当局发行，后者则与各国的商业信用体系相关，商业票据发行和交易规模庞大。与此同时，用于支付的银行账户也实现了电子化，并随着商业繁荣和技术进步出现了银行卡业务。银行卡种类繁多，借记卡、信用卡、预付卡等帮助消费者实现了各种消费场景中的支付便利，也极大地推动了世界商业银行体系的连接，并促进了电子支付网络和商业化的支付中介机构（如银行卡清算组织）和行业自律组织（如支付清算行业协会）的出现。支付科技是支付交易的"润滑剂"。支付是本次金融科技浪潮中的引擎，未来随着国际互联网的完善，电子支付必将迈入数字化的新时代，中央银行数字货币将成为货币的新形式，并赋予其更深刻的金融内涵。

案例探析 1-4

"无感"充电来了！充电时间即将缩短

对于广大新能源车主来说，充付费的操作流程非常熟悉。现阶段大部分公共充电桩需要下载专门的App，充付费时也需要扫码支付，整个过程比较烦琐。

近日，银联宣布，其新能源汽车无感充电业务在深圳龙华清荣充电站正式上线。银联新能源汽车无感充电业务是银联"物联网+无感支付"技术的创新应用，实现新能源汽车充电"插枪即充、拔枪即付"的新体验。

该业务是金融机构与科技企业合作打造的"无感充电"场景，通过物联网技术，实现了"插枪即充，拔枪即付"的全自动充电体验。持卡人购车后，通过支付App绑定银行卡和电动车车架号，完成在物联网支付平台的注册；后续在部署能力的充电站进行充电，充电枪自动读取车辆识别号，启动充电。充电结束后，拔枪即可生成消费订单，发卡行自动完成充电扣费。

银联新能源汽车无感充电业务依托银Token2.0与物联网定制安全芯片技术，对用户来说，在保障交易安全的同时，可以实现便捷支付的最大化；在充电站建设方面，可以促进充电场站建设集约化，以及车辆物联网身份认证；同时，可以在商户端提升商户数据运营能力，降低运营成本。

资料来源：太平洋汽车．"无感"充电来了！充电时间即将缩短［EB/OL］．［2023-02-16］. https://www.pcauto.com.cn/jxwd/3576/35762209.html.

思考讨论：
"无感充电"场景是基于什么技术在电动车充电场景开展应用创新的探索和实践？

四、监管科技：用科技手段监管金融科技

监管科技被提出的时间不久，但已成为近年来金融科技的一个热点。关于监管科技的定义目前还没有定论，但是普遍认为在具体表现形态上，监管科技有两大分支，

即运用于监管端的监督科技和运用于金融机构合规端的合规科技。监督科技主要被央行、监管机构和重要金融基础设施机构采用，可以提高监管有效性，降低监管成本；而合规监管科技主要是金融机构满足合规性要求所采用，可以提高合规效率，降低合规成本。监督科技和合规科技存在一一对应关系，可以说是一枚硬币的两面，既有共性目标，也有冲突的地方，但是对信息技术的应用是一致的。监管科技并非仅限于金融领域，例如医药、食品和市场等管理领域也存在监管科技，但是在金融领域的应用更为广泛。对于这两种不同形式的监管，人工智能、机器学习、数据挖掘、复杂网络和可视化都有很深入的应用。金融网络分析在2008年金融危机后引起全球学术界和专业人士的高度关注，不仅可用于宏观层面的监管科技领域（例如支付网络分析和系统性风险防范），而且在微观层面的反洗钱和欺诈分析方面有着多年的实践。

微课 1-3

金融科技发展
趋势

知识链接 1-3

金融大模型"落地开花" 前景可期

过去一年，大模型百花齐放，AI受到了前所未有的热捧，但通用大模型距离产业仍然遥远。在探讨大模型落地方向时，很多专业人士瞄准了金融行业，称大模型将带来金融业数字化的第二波浪潮。金融行业沉淀了大量高质量数据。各金融平台的用户数以亿计，各种用户画像数据、交易数据浩如烟海，利用大模型对上述数据进行分析处理，可提高金融服务的效率。比如，金融机构可以预测用户行为偏好，更高效、准确地评估客户风险；AI还可以实时监测交易和市场波动，及时制定策略。

事实上，金融行业也在主动拥抱大模型。IDC（国际数据公司）一项调研显示，超半数的金融机构计划在2023年投资生成式人工智能技术，只有10%的金融机构表示没有试验计划。不久前，两家国内科技公司联合推出的火山—智谱高性能金融大模型，也是为科技金融AI落地积极铺路。

大模型前景固然可期，但金融行业对安全和隐私要求极高。在推动大模型落地金融行业的过程中，安全、合规是最大的技术难题。开发金融AI，是技术和行业交叉融合的系统化工程。从火山—智谱高性能金融大模型的合作攻关背景可以看出，一方面，模型性能、功能及底层架构的升级迭代是基础；另一方面，高效的算力基础设施、开放安全的生态、丰富的金融行业实践以及完善的交付保障更是重要前提。

大模型是金融行业必争之地。但如果将AI进一步渗透到风控等金融核心业务，还需要在垂直领域进行磨合，还要经过时间的考验。在金融行业中，人们一般认为，现阶段最容易实现的应用，如AI投资顾问、自动化客服、风险评估、报告自动化生成、代码生成应用等，应从外围做起，逐步接近核心。

大模型带给金融界的冲击，必然超越了上一次数字化浪潮，金融工作模式的变革势不可挡。然而，大模型在金融场景落地的"最后一公里"，是充满变数的一公里。只有夯实科技的基础，未来的AI金融才能行稳致远。

资料来源：杨雪. 金融大模型"落地开花"前景可期［EB/OL］. ［2023-12-25］. http://digitalpaper.stdaily.com/http_www.kjrb.com/kjrb/html/2023-12/25/content_564629.htm.

任务四　金融科技的相关技术

金融科技涉及的技术具有更新迭代快、跨界、混业等特点，普遍主流的认定包括云计算、大数据、人工智能和区块链等前沿科技与金融业务场景相融合，下面对这4种技术进行简单介绍，具体内容还会在后续章节详细介绍。

一、云计算技术

在很多领域，尤其是金融机构，对于大运算量的软硬件平台要求很高，其中最典型的是大型机。大型机具有高安全性、高可靠性、强大的事务处理能力等诸多优点的同时，其缺点也是很明显的，一方面是运行在其上的软件系统通常比较陈旧，另一方面是迁移和扩容的成本巨大。如果要实现巨大的计算量和复杂的算法，就需要超级计算机，简称超算，也称为巨型机。两种机器的区别在于，大型机具有稳定性和处理多事务的能力，在商业企业中有广泛的应用，而超算则能进行非常复杂的大规模计算，主要用于科研和军方项目。

无论是大型机还是超算，都是非常庞大的个体，购买或者租用都很贵，一般的企业很难承受，即使是金融企业，也很难保证充分的资源支撑。随着大数据时代的到来，需要处理的业务量和数据量越来越多，一个很自然的思路就是通过大量便宜的服务器实现并行计算。2006年8月，谷歌公司首席执行官埃里克·施密特在搜索引擎大会（SESSan Jose 2006）上首次提出"云计算"（Cloud Computing）的概念。同年，亚马逊公司将其弹性计算云服务也命名为"云计算"，后来"云计算"这个词就成了这种远程并行框架的代称。从2006年开始，云计算技术开始飞速发展，2008年的金融危机客观促进了云计算的广泛应用。当时大量受到金融危机影响的企业有很强的动力进行成本缩减，其中IT成本是一个很重要的部分，云计算的成本优势非常明显，而且能够更好地控制IT成本，因此从美国开始，整个云计算产业蓬勃发展。

中国最早的公有云提供商是阿里巴巴集团，其旗下阿里云计算有限公司成立于2009年，于2011年正式提供公有云服务，现已成为中国云计算市场的龙头企业。近年来，越来越多的服务商能提供不逊于国外服务商的云服务，无论是性能还是成本都具有很强的竞争力，这也非常有利于初创公司发展，也是这些年中国互联网行业能够异军突起的重要原因之一。

云计算技术是以分布式技术、虚拟化技术、平台管理技术为核心，将多个计算机乃至服务器的资源整合起来，以按需分配的方式提供给用户使用的技术。云计算技术以其易用性强、灵活性高、可用性高和编程便利性等特征被广泛地运用于现代商业模式中，行业年均发展速度超过40%。以云计算为主导的新应用层出不穷，越来越多的产业名称上出现了"云"字，云物联、云安全、云存储、云游戏、云教育、云社交、云会议等，云计算作为这个时代的主流技术之一，正深刻改变着人类的社会结构，重新塑造我们的生产与生活。淘宝能在"双十一"支持每秒30万笔交易，12306能在一天卖出900万张火车票，百度能支持每天上百亿次搜索服务，这些都有云计算技术的功劳。

金融机构业务要求基础平台存储大量的数据以及具有实时计算的能力，每天都会汇集大量的企业和个人的数据，包括用户行为、用户信用、市场状态、行业研究等信息，同时很多新业务如风控、交易预警、反欺诈、精准营销等都需要实时计算的能力，如何高效地利用好这些数据，是金融企业发展和转型的关键，而底层的基础设施则是重要的支撑。在实际操作中，很多金融企业都经历了或者正在经历大规模的系统改造，由于不同的企业差别很大，为了更灵活地应用好大数据，通常都会定制化地设计和开发技术平台，还可能需要将之前存储在很多不同信息系统的数据进行整合，重新设计并搭建数据采集、存储、传输的架构。

基于云计算的架构成了首选。中大型金融机构由于资金较为充裕并且具有很强的研发能力，往往会选择将技术平台部署在私有云环境中，这样总体上更加可控，还可以针对具体的业务需求配置定制化的软硬件，在总体上更能节约成本，同时还可以提升平台的整体性能。小微金融机构通常对成本更加敏感，研发能力也相对较弱，由于公有云具有按需扩容、按使用量收费的特点，有些小微金融机构会从建设初期开始就将系统全部部署在公有云上，由于业务初期的用户和数据量通常较少，这种方案具有明显的成本优势。

案例探析 1-5

深度讲透云计算

如果每个用户都分配了5T甚至更大的空间，那么1亿用户的空间究竟有多大呢？

其实背后的机制是这样的：分配你的空间，你可能只用了其中很少一点儿，比如说它分配给你5个T，这么大的空间仅仅是你看到的，而不是真的就给你了。你其实只用了50个G，那么真实给你的空间就是50个G，随着文件的不断上传，分给你的空间会越来越多。

当大家都上传，云平台发现快满了的时候（例如用了70%），会采购更多的服务器，扩充背后的资源，这个对用户来说是看不到的。

从感觉上来讲，这样就实现了云计算的弹性。其实有点儿像银行，给储户的感觉是，什么时候取钱都有，只要不同时挤兑，银行就不会倒闭。

资料来源：刘超. 通俗云计算 [EB/OL]. [2019-04-12]. https://www.cnblogs.com/popsuper1982/p/8505203.html.

思考讨论：

你听说过云计算技术吗？上网搜索云计算技术在生活中有哪些应用。

二、大数据技术

"大数据"是当今的一个热门词汇，纯粹数据量的多寡不足以描述其中的内涵，我们究其根源，其技术基础主要来自统计学和计算机科学这两个支柱学科。在不同时代、不同的技术环境下，实现的方式有所不同。在早期阶段，统计学专注于小样本的分析和推断计算机科学专注于规则和逻辑的计算。随着互联网和移动互联网的兴起，人们处理的数据的规模迎来了爆发式的增长，海量数据已经不足以描述新时代的数据，"大数据"这个概念应运而生。2012年《纽约时报》有篇专栏写道"大数据时代已经降临"，掀起了"大数据"的热潮。中国也称2013年为"大数据元年"。这一年里官方媒体和各种民间的声音都开始热议大数据的未来，热度一直持续到现在。即使是近年被特别关注的"人工智能时代"，也被认为是大数据时代的一个延伸，因为业内人士都认为当今人工智能的成功实际上是深度学习+大数据的成功。

大数据技术是指对与目标事物相关的一切数据集合进行采集与预处理、存储与管理、计算分析与挖掘、可视化分析与应用、数据隐私与安全保障的一系列数据专业化处理行为。大数据重点关注金融大数据的获取、储存、处理分析与可视化。大数据技术有着可存储巨量数据、可以抓取收集类型繁杂的数据、可以分析具有较高的商业价值和应用价值、计算速度快等特点，被广泛运用于评估客户风险、股市行情预测、精准营销和交易欺诈识别等场景。大数据金融往往还致力于利用互联网技术和信息通信技术，探索资金融通、支付、投资和信息中介的新型金融业务模式的研发。例如，统计学中的时间序列模型可以用来研究股票价格和市场的走势与波动，运筹学可以用来研究最优资产组合，聚类方法可以实现客户细分，决策树、支持向量机等分类方法可以实现客户标签，异常识别算法可以检测异常交易，推荐算法可以实现精准营销，自然语言处理和知识图谱技术可以开发投顾机器人。这些方法分别来自不同的学科领域，但都是大数据分析方法，都可以在Python和R语言中找到工具，并能在主流的云计算平台中实现。

案例探析 1-6

大数据的历史

虽然大数据这个概念是近几年才提出的，但大型数据集的起源却可追溯至20世纪六七十年代。当时数据世界正处于萌芽阶段，全球第一批数据中心和首个关系数据库便是在那个时代出现的。

2005年左右，人们开始意识到用户在使用Facebook、YouTube以及其他在线服务时生成了海量数据。同一年，专为存储和分析大型数据集而开发的开源框架Hadoop问世，NoSQL也在同一时期开始慢慢普及开来。Hadoop及后来Spark等开源框架的问世对于大数据的发展具有重要意义，正是它们降低了数据存储成本，让大数据更易于使用。在随后几年里，大数据数量进一步呈爆炸式增长。时至今日，全世界的"用户"不仅有人，还有机器仍在持续生成海量数据。如今，随着物联网的兴起，越来越多的设备接入了互联网，收集了大量的客户使用模式和产品性能数据。同时，机器学习的出现也进一步加速了数据规模的增长。

然而，尽管大数据已经出现了很长一段时间，但人们对大数据的利用才刚刚开始。如今，云计算进一步释放了大数据的潜力。此外，图形数据库在大数据领域也变得越来越重要，它们能够以独特的形式展示大量数据，帮助用户更快速地执行更全面的分析命令。

资料来源：甲骨文中国．大数据介绍［EB/OL］．［2019-04-12］．https://www.oracle.com/cn/big-data/what-is-big-data/.

思考讨论：

存在我们身边的海量的数据是有价值的吗？

三、人工智能技术

人工智能是计算机科学中涉及研究、设计和应用智能机器的一个分支。它的主要目标包括研究用机器模仿和执行人脑的某些智能功能，并开发相关理论和技术。关于人工智能的边界目前没有定论，但通常认为人工智能技术是利用数字计算机或者数字计算机控制的机器模拟、延伸和扩展人的智能，感知环境、获取知识并使用知识获得最佳结果的理论、方法、技术及应用系统。人工智能技术的发展是以大数据技术、算力以及算法的发展为基础的，是从人工知识表达到大数据驱动的知识学习技术，具有智能性和广泛性的特点。人工智能技术的应用范围非常广，包括医疗、诊断、金融贸易、运输、远程通信、法律、科学发现等领域。在金融领域，刷脸支付、智能投顾、智能理赔、智能投研、股票价格预测、评估消费者行为和支付意愿、信用评分、智能投顾与聊天机器人、保险业的承保与理赔、风险管理与压力测试、金融监管与识别监测等方面都有涉及人工智能技术。

案例探析 1-7

保险销售 AI 助手

客知音是一家智能对话分析平台，也是一家语音语义人工智能公司，致力于语音智能和大数据研究等科技和落地产品。客知音为电话销售和客服团队推出了一系列的人工智能产品，提高了客户满意度，提高了销售转化率。

目前，客知音主要有"客知音外呼机器人"和"智能坐席助手"两款产品。"客知音外呼机器人"自动呼叫目标听众，通过播放录音和语音合成的方式，自动跟目标听众交流并解答问题，主要应用在客户回访、关怀、销售线索初筛、通知、提醒等场景。"智能坐席助手"在通话过程中实时将语音转成文字，根据对话内容自动为销售和客服推送相关信息。推送的内容包括思路导航、话术推荐、业务知识、表达规范、成单预测等。

除了运用人工智能解决保险定价和索赔结算的流程，客知音销售对话智能分析系统能够针对保险营销员销售技能和专业素养不足的问题，利用 AI 和大数据技术为保险公司打造精英化、专业化的保险销售形象，实时指导销售打电话，根据客户的提问提示销售员如何交流互动，增加与客户的有效沟通，提高服务水平，从而快速提升营销能力。

资料来源：韩宗英，朱钰. 金融科技［M］. 北京：清华大学出版社，2021.

思考讨论：

保险销售现代化有什么具体的表现？谈谈自己的感受。

四、区块链技术

区块链是分布式数据存储、点对点传输、共识机制、加密算法等计算机技术。简单来说，区块链技术就是一种开放的分布式分类账，能够以可验证的、永久的方式有效记录双方之间的交易，是可信任的、透明的、去中心化的可靠数据库。分布式技术其实就是指点对点的信息传输，没有第三方的撮合参与，通过区块链和智能合约的技术来达到分布式的效果。采用区块链记账的交易系统没有中心崩溃的风险。在区块链系统里面，每一次交易都直接发生在交易双方之间，交易双方会把交易信息广播到整个交易系统里，然后会有很多志愿者把这些交易信息记录下来，整理成一个账目分明的账本，再把这个账本广播回系统，这样做的结果就是区块链系统当中的账本并不是由一个单一的交易中心掌管，而是同时由系统当中的所有参与者共同掌管，除非黑客可以同时攻击世界上所有的参与者，否则这个账本就不会消失。

区块链技术不是一种单一的技术，而是多种技术整合的结果，包括密码学、数学、经济学、网络科学等。这些技术以特定方式组合在一起，形成了一种新的去中心化数据记录与存储体系，并给存储数据的区块打上时间戳，使其形成一个连续的、前后关联的诚实数据记录存储结构，最终目的是建立一个保证诚实的数据系统，可将其称为能够保证系统诚实的分布式数据库。在这个系统中，只有系统本身是值得信任的，所以数据记录、存储与更新规则是为建立人们对区块链系统的信任而设计的。诚实意味着系统可以被信任，这正是商业活动和应用推广的前提，因为有了区块链技术，在一个诚信的系统里，可以省去许多烦琐的审查手续，许多因数据缺乏透明度而无法开展的业务得以开展，甚至社会的自动化程度也将大幅提升。

知识链接 1-4

区块链到底是啥？

区块链的诞生具有很强的神秘色彩，其创始人中本聪就是一个非常神秘的人物，直到今天人们都不知道他的真人是谁。中本聪第一次出现是在 2008 年 11 月 1 日，他在一个秘密讨论群"密码学邮件组"里发了个帖子："我正在开发一种新的电子货币系统，采用完全点对点的形式，而且无须受信第三方的介入。"该帖的署名就是塞托西·中本聪（Satoshi Nakamoto）。这样的电子货币系统是"密码朋克圈"（一群钻研密码技术的发烧友）数十年来的梦想，有许多人进行过尝试，但都失败了。当时最积极的反应也只是持怀疑态度，因为"密码朋克圈"已经看过太多低水平的新手想出来的宏伟计划，他们的本能反应就是怀疑。当时有不少人表示，这样的系统是不可能实现的。

中本聪细致入微地回答了所有疑问，最终在白皮书中提出了一个可行的方案。白皮书里写道："本文提出了一种完全通过点对点技术实现的电子现金系统。它使得在线支付能够直接由一方发起并支付给另外一方，中间不需要通过任何的金融机构。"中本聪选择在 2008 年全球金融危机的时候将比特币公布于世，他在介绍其创新时说道："传统货币最根本的问题在于信任。中央银行必须让人信任它不会让货币贬值，但历史上这种可信度从来都不存在。银行必须让人信任它能管理好钱财，并让这些财富以电子货币形式流通，但银行却用货币制造信贷泡沫，使私人财富缩水。"

与"密码朋克圈"的文章相比，比特币"创世"论文的语言非常冷静和去政治化，仅将比特币描述成一个区别于传统金融的支付系统。两个月之后也就是2009年1月3日，中本聪发布了开源的第一版比特币客户端，宣告了比特币的诞生。他同时通过"挖矿"得到了50枚比特币，产生第一批比特币的区块就叫作"创始区块"。中本聪将区块链技术作为构建比特币数据结构及交易体系的基础技术，将比特币打造为一种数字货币和在线支付系统，利用加密技术实现资金转移，而不再依赖于中央银行。比特币使用公钥地址发送和接收比特币，并进行交易记录，从而实现个人身份信息的匿名。交易确认的过程则需要用户贡献算力（俗称"挖矿"），共同对交易进行共识确认，从而将交易记录到全网公开账本中。用户可以利用电脑、手机等发送或接收比特币，并选择交易费用。

资料来源：顾晓敏，等. 金融大数据发展报告［M］. 北京：中国财政经济出版社，2020.

项目小结

1.金融科技是技术驱动的金融创新，旨在运用现代科技成果改造或创新金融产品、经营模式、业务流程等，推动金融发展提质增效。

2.金融科技覆盖四个核心应用领域，分别为存贷款与融资服务、支付与清结算服务、投资管理服务以及市场基础设施服务。

3.金融科技具备的价值包括：智能营销实现精准营销、智能风控助力风控升级、科技改善产品同质化、技术催化优化成本结构、区块链提升多方业务协作效率。

4.云计算技术是以分布式技术、虚拟化技术、平台管理技术为核心，将多个计算机乃至服务器的资源整合起来，以按需分配的方式提供给用户使用的技术。

5.大数据技术是指对与目标事物相关的一切数据集合，进行采集与预处理、存储与管理、计算分析与挖掘、可视化分析与应用、数据隐私与安全保障的一系列数据专业化处理行为。

6.人工智能技术是利用数字计算机或者数字计算机控制的机器模拟、延伸和扩展人的智能，感知环境、获取知识并使用知识获得最佳结果的理论、方法、技术及应用系统。

7.区块链技术就是一种开放的分布式分类账，能够以可验证的、永久的方式有效记录双方之间的交易，是可信任的、透明的、去中心化的可靠数据库。

项目训练

一、单项选择题

1.金融科技的本质特征是（　　　　）。

A.强调金融中介的重要性

B.金融价值创造、传递、交换

C.试错、快速迭代金融产品、高频率推陈出新

D.科技

2.以下说法错误的是（　　　）。

A.传统金融注重金融服务维度　　　　　B.金融科技注重技术服务维度

C.互联网金融注重技术服务维度　　　　D.金融科技是由技术带来的金融创新

3.金融科技 3.0 的业务特点是（　　　）。

A.数据驱动　　　　B.业务驱动　　　　C.场景驱动　　　　D.服务驱动

4.传统金融服务偏向"二八定律"，即 20% 的高端客户给银行带来 80% 的利润，所以传统金融市场或机构重点关注高端客户，而金融科技可以服务另外 80% 的大众或中小企业，以消费需求驱动金融服务模式转型，将长尾客户纳入服务对象，其本质是（　　　）。

A.降低信息不对称　　　　　　　　　　B.普惠金融

C.减少交易成本　　　　　　　　　　　D.科技金融

5.在互联网经济背景下，传统的交易成本的变化是（　　　）。

A.大幅降低　　　　B.大幅升高　　　　C.保持不变　　　　D.不确定

6."人工智能（AI）"这一术语是麦卡赛、明斯基等为首的一批年轻科学家（　　　）年在美国达特茅斯学院举办的学术研讨会上首次提出的。

A.1956　　　　　　B.1964　　　　　　C.1960　　　　　　D.1966

二、多项选择题

1.平台经济的特征是（　　　）。

A.多边性　　　　　B.规模效应　　　　C.网络效应　　　　D.单一性

2.金融科技 3.0 的技术驱动力有（　　　）。

A.大数据　　　　　B.云计算　　　　　C.人工智能　　　　D.区块链

3.金融科技的机构主体包括（　　　）。

A.金融机构　　　　　　　　　　　　　B.互联网企业

C.监管机构和新兴科技公司　　　　　　D.通信机构

4.区块链技术包含了多种技术，比如（　　　）。

A.P2P 网络　　　　B.加密技术　　　　C.智能合约　　　　D.共识机制

5.云计算的服务层次包括（　　　）。

A.IaaS——基础设施即服务　　　　　　B.PaaS——平台即服务

C.SaaS 软件即服务　　　　　　　　　　D.云上的一切皆是服务

三、判断题

1.大数据、云计算、人工智能、区块链等新兴技术是金融科技的重要后端支撑。

（　　　）

2.大数据不仅指数据的量大，而且要求数据维度丰富，信息范围广泛。（　　　）

3.金融科技脱胎于传统金融和互联网金融，但与二者并无本质的区别。（　　）

4.金融科技能有效降低信息不对称，帮助中小微企业解决融资难的问题。

（　　）

5.互联网降低了界定和保护知识产权的交易成本、监管成本、安全成本。

（　　）

6.云计算只是一种分布式计算。（　　）

7.大数据与云计算是互惠互利、共同发展的关系。（　　）

8.人工智能是对人的意识、思维的信息过程的模拟。（　　）

四、简答题

1.请简要描述金融科技的发展历程。

2.分别从技术发展、业务发展的角度阐述金融科技带来的影响。

五、实践应用题

"信易贷"建行重庆分行：数据增信 助力乡村振兴

2022年初，重庆市发展改革委和银保监局在年初联合共建了"信易贷·渝惠融"平台，平台采集了全市农户的户籍、种植、养殖以及农业保险等信息，并初步对相关数据的采集标准进行了统一。在此基础上，中国建设银行重庆市分行利用本机构的金融科技优势，依托全市农户的海量经营数据，通过构建模型来为农户线上测额、授信，从而实现线上放款等全流程操作，化解农户贷款难的问题。在对数据进行分析的基础上建立模型，从平台的户籍人口信息、种植、养殖险种信息、种粮大户补贴、耕地地力保护补贴信息等26个维度、514个因子的数据中筛选出家庭基本信息、家庭资产、生产经营收入、转移性收入、财产性收入等大类，涉及24个维度、168个因子，实现对农户全方位画像深度建模。根据农户种植、养殖的农作物种类、面积、投保种植险情况、家庭收入等维度数据，测算信用贷款额度，调用中国建设银行总行"裕农快贷"系统在征信、反洗钱等方面的底层模型完成风控后，在平台上快速完成贷款申请审批全流程。同时，在整个产品开发和数据使用过程中，采取数据可用不可见模式，落实数据安全和隐私保护要求。

2023年5月，中国建设银行重庆市分行联合重庆市发展改革委正式推出裕农快贷新产品——"裕农快贷·重庆信易贷"，并在重庆市云阳县试点。试点以来，"裕农快贷·重庆信易贷"已完成授信1 100余万元，发放贷款292万元。中国建设银行"信易贷"的推出，是全国首创数字金融有效服务"三农"新产品，实现了数据全归集、模型全创新、系统全直通、流程全线上，昔日繁杂、凌乱的农业农户数据，在金融科技的加持下，成了农户的信用资产，为农户带来了真金白银的好处。

一是降成本、降利率。最低融资利率从4.35%下降至3.55%，有力地降低了农户融资成本，让农户也尝到了金融"活水"的甜头。

二是减材料、减环节。农户登录裕农通App、"信易贷·渝惠融"平台即可实现全线上申请、全线上审批、全线上授权签约、全线上放款，无须再提供任何纸质材料，农户贷款耗时大大缩减，金融服务的一小步让城乡融合发展又迈出了一大步。

　　三是增信用、提额度。试点以来，云阳县农户的平均授信额度已由原来的2 200多元提高到40 000多元，平均授信额度提高约20倍，农户获得感进一步提升，昔日的种植大户再也不用担心资金紧缺无法获得贷款的问题了。

　　资料来源：普惠金融研究院.金融科技+数据助力农户解决融资难题［EB/OL］.［2023-10-12］.https：//www.163.com/dy/article/IGS18TC90552DMW3.html.

　　要求：

　　1.阅读并讨论以上案例。

　　2.请分析中国建设银行重庆市分行是如何破解农户融资难题的。

项目二

云金融

项目二

学习目标

知识目标

认识云计算与云金融；了解云计算的概念、维度与发展现状；了解云计算在金融领域的应用及发展情况。

能力目标

能辨识云计算在金融领域的应用场景；能针对云金融解决方案进行初步分析。

素养目标

具备对云金融的基础认知；培养学生对云计算与云金融发展和应用趋势的洞察力、理解力。

思维导图

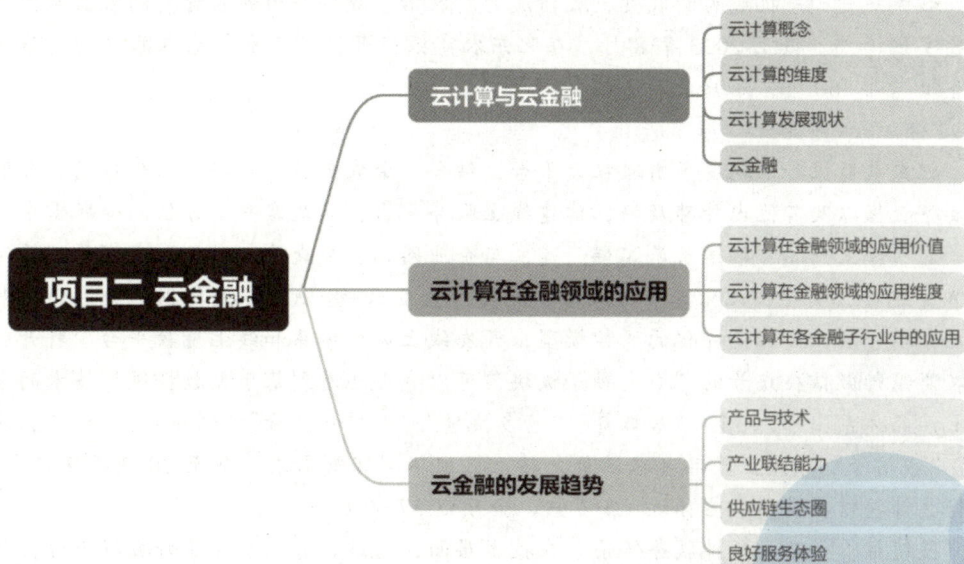

项目二 云金融
- 云计算与云金融
  - 云计算概念
  - 云计算的维度
  - 云计算发展现状
  - 云金融
- 云计算在金融领域的应用
  - 云计算在金融领域的应用价值
  - 云计算在金融领域的应用维度
  - 云计算在各金融子行业中的应用
- 云金融的发展趋势
  - 产品与技术
  - 产业联结能力
  - 供应链生态圈
  - 良好服务体验

案例导入

当乡村振兴遇上云金融，是怎样的故事？

"身在银行做金融，跳出银行做服务"，这是安徽肥东农商银行的经营心得。多年深耕农村金融领域让肥东农商银行认识到，只有建立强大的服务平台，搭建云化金融服务体系，通过"云行、数治、慧用"精准触达乡村振兴进程中的边边角角，才能让金融服务真正响应"三农"需求，让"大政策"触达"小农户、微企业"，推进各项惠农利民政策精准滴灌，真正践行农商银行支农惠民的使命担当。

"云行、数治、慧用"响应需求更快

"县域联动"畅通"云行"。为打破"数据孤岛"、实现数据共享，肥东农商银行积极与当地政府及部门共建"政务云+金融云"体系，总行党委及41个基层党组织与政府、各单位的430个党支部开展结对共建，打开"县域联动"新局面。截至2023年7月末，肥东农商银行为民办实事共计5 000余件；与各乡镇微信公众号建立链接，与各乡镇互通资源信息。在村级层面，肥东农商银行一体化推进整村授信工作；通过大数据及微信群与各行政村产业主体及老乡建立联系，以提供精准服务。

搭建体系实现"数治"。"数治"的核心目标是真正做到惠民利民，肥东农商银行选择以群众家门口的"政务+金融+民生"服务为发力点，构建"基础金融不出村、综合金融不出镇"的服务体系，切实做到"让信息多跑路，让群众少跑腿"。把脉场景金融热潮，聚焦老百姓衣食住行、医疗健康、智慧文旅等，通过搭建"金融云+百姓云"场景，村民可在公众号上一站式办理婚姻、生育、户籍全线上化的金融服务，服务内容还包括景区购票、医院预约等。

平台互通做好"慧用"。通过加强大数据与农业生产经营活动深度融合，推进相关业务处理系统与"三资"平台互联互通，实现村级资金、资源、资产线上一站式管理，形成一种"手机成为新农具、直播成为新农活、数据成为新农资"的农业生产经营数字化模式。截至2023年8月，在肥东农商银行开设"三资"基本账户的村集体经济组织近260个，账户余额2亿余元。

"金融云+产业云"赋能产业更远

肥东农商银行依托安徽省联社大平台，结合"金农云数"数据、二代征信、合肥市政务数据以及其他内外部数据，构建线上服务平台，满足客户全方位的金融需求。

创新线上产品，触达长尾客群。建立与企业网站、公众号、财务和人事管理系统的API链接，实现彼此信息资源共享，构建"企业云+金融云"大数据平台。还要对客户分类分层，建立差异化的风控模型，开发线上风控体系和线上贷款平台。打开肥东农商银行微信公众号的"微金融"板块，可以直观地看到基于大数据风控技术的全线上产品体系，"快e贷""房抵贷""老乡快贷""老乡产业贷""创业担保贷""社区贷""诚信贷"等线上产品琳琅满目，精准匹配不同客群需求。截至2023年7月末，全行共计授信各类涉农主体近1.5万户、金额超37亿元。

围绕核心企业，延伸服务链条。在技术层面，通过大数据平台建好数据中台，打造DSP平台，特别关注客户行为数据的分析与应用，畅通供应链和产业链金融服务，

为更多产业客户壮大腾飞赋能。在业务层面，一方面，获得核心企业及其上下游的经营数据和金融需求；另一方面，核心企业及其上下游可随时通过农商银行平台获得金融资源，或直接通过线上申请融资，银行在线受理并实现放款。推进产业金融服务从单一主体服务转向依托产业链、供应链的集群式服务。

开展"五进"活动，直达市场主体。2022年，肥东农商银行全面开展金融服务"进园区、进街道、进社区、进乡镇、进商圈"，覆盖园区、街道、社区、乡镇、商圈中的企业、个体工商户、新型农业经营主体、农户等各类主体，将金融助企纾困政策和产品推送至小微企业等市场主体。截至2023年7月末，全行共拓展"信e付"商户1.3万余户；办理手机银行近35万户、云收单200余户；走访企业近1500户、个体工商户2000余户。

不弃微末、久久为功，肥东农商人正向着实现金融云与产业（企业）云生态融合的未来稳步迈进。

资料来源：郭涵，吴玲. 当乡村振兴遇上云金融，是怎样的故事？［EB/OL］.［2024-08-12］. https://www.cnki.com.cn/Article/CJFDTotal-ZGNC202316018.htm.

思考讨论：

1. 什么是云金融？
2. 云金融对金融业态会产生什么影响？

任务一　云计算与云金融

在2006年的世界搜索引擎会议上，谷歌对于未来信息发展趋势提出了云计算的设想。时至今日，较为公认的云计算的定义是指一个系统能够达到随时随地、便捷地、随需地在可配置信息资源共享池中得到所需资源的能力。云计算是一种不断演进的范式。它的定义还在不断发展之中，一定会随着时间而改变。

一、云计算概念

"云"是对网络的一种比喻，是互联网和底层基础设施的抽象表示。云计算（Cloud Computing）是分布式计算的一种。狭义上讲，云计算就是一种提供资源的网络。广义上说，云计算是与信息技术、软件、互联网相关的一种服务，这种计算资源共享池称为"云"，就像大量的水雾飘浮在空中聚合成了云一样，云计算把许多计算资源集合起来，通过软件实现自动化管理。用户可以随时随地按需从可配置的计算资源共享池中获取网络、服务器、存储器、应用程序等。这些资源可以被快速供给和释放，将管理的工作量和服务提供者的介入尽量减少。

（一）云计算的计算能力是一种商品

以往，一家公司要建信息系统来支撑自身业务，需要自己建机房、买服务器、搭系统、开发出各类应用程序，还要设专人维护。这种传统的信息系统具有如下问题：一次性投资成本很高；公司业务扩大的时候，很难进行快速扩容；对软硬件资源的利用效率低下；平时的设备维护麻烦。而云计算则解决了上述的问题。

首先，云服务的基础设施由第三方提供，企业不再需要为一次性或偶发性的计算任务而购买昂贵的计算设备。用户按需付费，也不需要具备很高的IT技能，从而大大降低了成本和使用 IT 服务设施的准入门槛。

其次，云计算体现出超强的运算功能，可达到 10 万亿次/秒，因此云技术可以有效支持信息数据的运行、计算、存储、管理等。同时，云计算的物质资源虚拟化和硬件兼容性特征能够确保用户在不同工作情境下都可以访问云端资源，并且可以轻松实现不同设备间的共享。

最后，云上的一切硬件维护、软件升级、病毒防范等都可以由另一端的云服务商来完成，因此云空间是相对可靠、安全的，即使使用者终端丢失也不会失去数据。云服务商为企业提供巨大的数据信息存储和运行空间，极大地提高了企业日常运营的效率和安全。

知识链接 2-1

我国金融云相关政策梳理

近年来，云计算的发展前景被不断肯定，并成为金融行业数字化转型的必备能力。中国人民银行、国家发展改革委、中央网信办、国家金融监督管理总等部门陆续出台金融行业云计算发展的指导意见，既从宏观战略层面指明云计算的发展方向，也从微观视角引导具体实践内容（见表 2-1）。同时，应用规范和标准的建立也给金融机构上云提供更加"有据可依"的良好环境。

表 2-1　　　　　　　　　　　我国金融云相关政策

时间	政策文件	主要内容
2017 年 6 月	中国人民银行印发《中国金融业信息技术"十三五"发展规划》	明确要求落实推动新技术应用，促进金融创新发展，稳步推进系统架构和云计算技术应用研究
2019 年 8 月	中国人民银行印发《金融科技（FinTech）发展规划（2019—2021 年）》	提出加快云计算金融应用规范落地实施，充分发挥云计算在资源整合、弹性伸缩等方面的优势，探索利用分布式计算、分布式存储等技术实现根据业务需求自动配置资源、快速部署应用，更好地适应互联网渠道交易瞬时高并发、多频次、大流量的新型金融业务特征，提升金融服务质量
2020 年 4 月	《关于推进"上云用数赋智"行动，培育新经济发展实施方案》	深化数字化转型服务，推动云服务基础上的轻重资产分离合作。鼓励平台企业开展研发设计、经营管理、生产加工、物流售后等核心业务环节数字化转型
2022 年 1 月	中国人民银行印发《金融科技发展规划（2022—2025 年）》	提出加快云计算技术规范应用，稳妥推进信息系统向多节点并行运行、数据分布存储、动态负载均衡的分布式架构转型，为金融业务提供跨地域数据中心资源高效管理、弹性供给、云网联动、多地多活部署能力，实现敏态与稳态双模并存、分布式与集中式互相融合
2022 年 1 月	《"十四五"数字经济发展规划》	推行普惠性"上云用数赋智"服务，推动企业上云上平台，降低技术和资金壁垒，加快企业数字化转型

（二）云计算的目的就是建立一个大数据中心

云计算以互联网为中心，提供安全、快速、便捷的数据存储和网络计算服务，其目的是让互联网这片"云"成为每一个网民的数据中心和计算中心。

知识链接 2-2

什么是云计算？

首先，云是什么？

大量的水雾飘浮在空中，聚合成云。互联网这片"云"与之类似，只不过是由大量的存储数据、计算资源和应用程序组成的。

第一次听到云计算服务，会让人感到很高深，其实不然，我们生活的周围处处都是云，网站在线浏览的视频，随时可以查看的邮箱和网盘等，这些都是云服务。它就像我们日常生活中的水电煤气一样，已经变成了基础设施，任何人任何企业都可以通过网络接入云服务，从云那头获取源源不断的计算服务和应用程序等。

其次，为什么会出现云计算？

打个比方吧，以前人们为了满足生活用水需要打一口井，而现在有了自来水就方便得多，打开水龙头就能随时使用（当然水费还是要交的），现在的云计算服务就是"自来水"，我们不需要自己构建数据中心和服务器，只需要接入云便可以享受到云计算服务了。

2006年，亚马逊弹性计算云（Amazon Elastic Compute Cloud）横空出世，成为全世界最早的商用云计算服务，也是从这一刻开始，世界真正进入了云时代。

最后，云计算的未来是什么？

说到这里，便要提到一个东西——手机。手机的发展之快大家有目共睹，从早期的诺基亚到现在的智能手机可谓是质的提升，未来将会是智能终端的时代，越来越方便的随身传感设备将会代替现在的网络，成为信息交流的新载体，正如谷歌执行董事说的：未来网络将会消失。那么云计算服务的一个方向便是引导设备接入云，实现信息共享和交互，未来将会是云的江湖。

实践操作 2-1

请登录网站搜索云计算，学习并了解关于云计算的最新知识及相关情况。

二、云计算的维度

如图 2-1 所示，美国国家标准与技术研究院（NIST）从三个维度描述了云计算的五个基本特征、三个服务模型和四个部署模型。

（一）云计算的五个基本特征

1.广泛的网络接入

供应商通过标准网络和异质性设备，主要是互联网，提供云计算资源。网络提供的计算机资源，可通过统一标准机制从多样化的瘦客户端或者胖客户端平台（如移动电话、笔记本电脑、智能手机）获取。

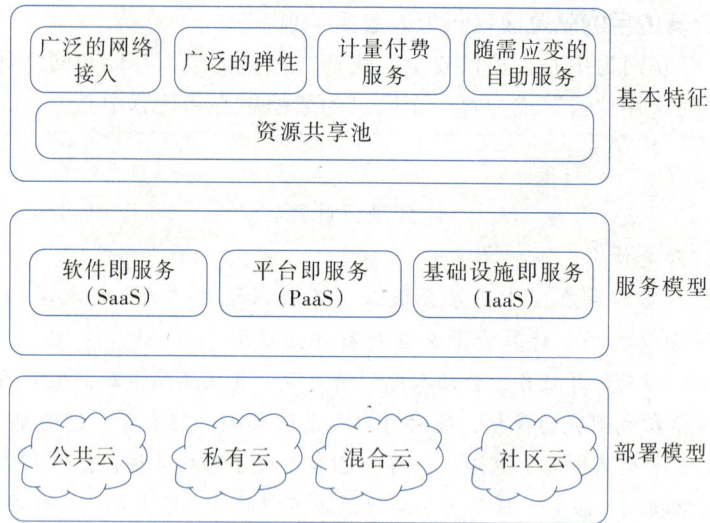

图2-1 云计算的三个维度

2.广泛的弹性

计算机资源能够被快速提供以实现扩展，或者被快速释放来实现收缩。对于用户来说，可取用的功能是应有尽有的，并且可以在任何时间进行任意数量的购买。

3.计量付费服务

计算机资源供应商根据每个租户的每次使用情况，通过公共云计费或私有云进行扣款。云系统利用一种计量功能来自动调控和优化资源利用，这种计量根据不同服务类型（如存储、处理、带宽和活跃用户账户）进行。资源的使用情况得以监控和上报，为服务供应商和用户提高了透明度。

4.随需应变的自助服务

对于计算资源的提供、监控和管理，用户不需要与人工管理员进行交互。用户可以单方面地按需自助获取计算资源，如服务器处理时间、存储等，从而免去了与服务供应商进行交互的过程。

5.资源共享池

计算机资源供应商使用多租户模式为所有的用户提供服务。根据用户需求对不同的物理资源和虚拟资源进行动态分配或重新分配。资源类型包括存储、处理、内存、带宽和虚拟机（VM）等。

（二）云计算的三个服务模型

1.基础设施即服务（IaaS）

基础设施层注重提高存储能力、网络服务能力和计算能力。基础设施的硬件也经常是虚拟化的。虚拟化、管理以及运营系统软件也是IaaS的组成部分。

2.软件即服务（SaaS）

供应商通过云即服务（CaaS）向终端客户提供应用程序。当前有着无数可供利用的SaaS，涵盖了从垂直型组织应用程序到特定行业的专门应用程序，以及基于Web

的电子邮件等的用户应用程序。

3.平台即服务（PaaS）

该平台针对的是应用程序的开发和部署。此项服务旨在云中创建、部署和管理应用程序。该平台通常包括数据库、中介软件和开发工具。网络是交付托管应用程序的媒介。在云计算这个大背景下，PaaS 代表 IaaS 与 SaaS 之间的中间步骤。

三种云服务的差异在于提供服务层级不同。IaaS 是由云服务商提供偏基础架构类云资源服务，提供访问云基础设施的服务接口。虚拟机、对象存储、负载均衡等基础设置是典型的 IaaS 资源。PaaS 是指云服务商直接提供中间件资源的服务模式。在 PaaS 模型下，云服务商向云用户推出适用于云端基础建设上的开发部署平台，用户能够利用该平台研发与部署自身的应用软件。SaaS 依托于上述二者，可以直接向使用者推出更完善且能够直接使用的软件服务，如我们常见的邮箱服务、网盘服务。三种云服务模型如图 2-2 所示。

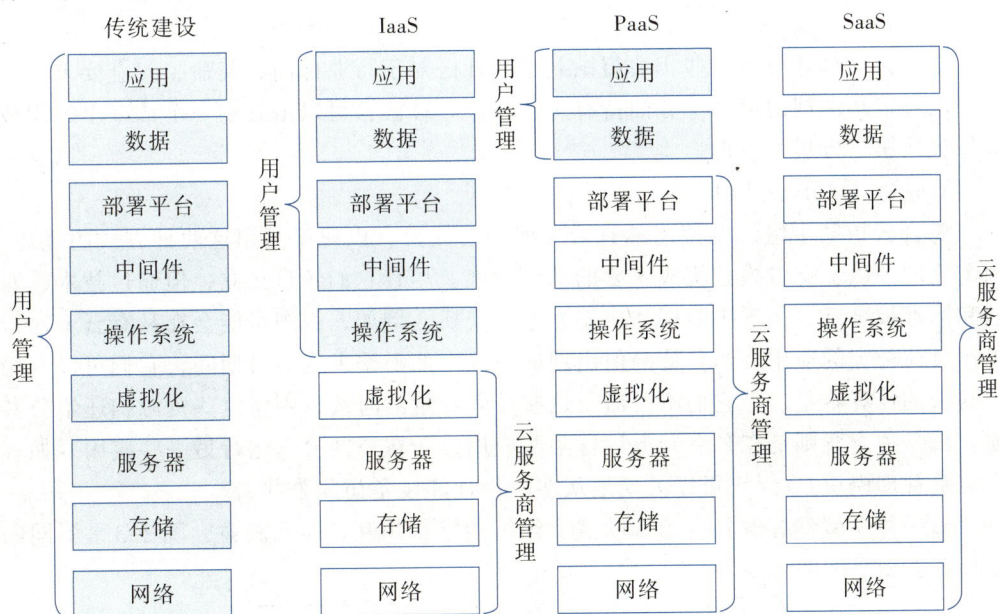

图2-2　三种云服务模型图

（三）云计算的四个部署模型

在谈及云服务时，我们一般指的是"公共云"交付模式。事实上，云计算有四个部署模型：

1.私有云（Private Clouds）

某个组织单独使用的专门云设施。可由该组织自己来管理私有云。私有云的托管和操作也可以外包给第三方服务供应商或交由第三方管理。私有云与传统的数据中心有着很大差别。私有云具备以下特点：

（1）服务器整合与虚拟化。

（2）计算、存储和网络资源的共享池。

（3）迅速、便捷地停止使用资源的方式。

（4）集中控制和可见性。

（5）基于角色的访问控制与许可。

（6）用户自助服务门户。

（7）标准化服务选项目录。

（8）集成开发平台。

（9）自动供应与编制。

（10）基于政策的控制与治理。

（11）基于使用的计量和计费服务。

（12）公共云资源的可能接口。

2.公共云（Public Clouds）

公共云由多个组织（租户）在共享的基础上使用，由第三方服务供应商进行管理。用户可以使用云基础设施。公共云由出售云服务的组织机构所有。

3.社区云（Community Clouds）

这种云计算环境由一些相关组织共享。社区对于行业部门、使命、安全要求、政策，以及依从法规的途径等方面持有一致观点。社区云可以由其中一个或多个组织或者外包给第三方进行管理。

4.混合云（Hybrid Clouds）

混合云指某个组织既使用私有云又使用公共云，以便于利用这两种方式的优势。两个或两个以上交付模型构成了云的基础设施。尽管它们各自独立，但通过技术、专利和标准被绑定，实现了数据和应用程序的交换。例如，组织可能会在私有云上运行工作负荷稳定的应用。当负荷峰值出现的时候，如财季末或节日期间，它们可以利用公共云的计算容量。当它们不再需要这些计算容量的时候，则将这些资源归还给公共池。另一种方案则是在私有云上运行某些应用，而在公共云上运行另一些应用（如客户关系管理模块）。组织可以方便地从多个地址和设备访问公共云。

每一种模型都有着各自的优缺点，组织能够在相互转换间获益，图2-3是不同的云计算类型之间的转换图。

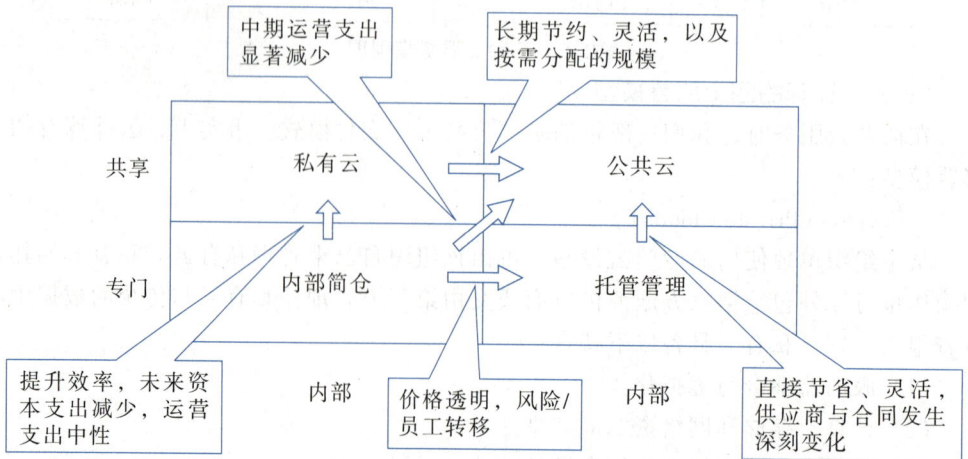

图2-3　不同的云计算类型之间的转换图

　　一般来说，和其他用户相比，银行因其数据安全性、私密性、服务可用性和政策等要求较高，通常采用自行搭建私有云的方式。随着目前私有云的云技术成熟，越来越多的银行金融业同时使用多家私有云服务平台，即采用混合云的方式。

知识链接 2-3

我国云计算持续增长 赋能各行业转型升级

　　2023 年以来，我国云计算业务保持快速增长，基础设施不断完善，产业链条不断拓展，融合应用不断涌现，加速赋能各行业的数字化转型升级。

　　工业和信息化部数据显示，2023 年上半年，我国云计算市场规模达到 2 686 亿元，同比增长 40.11%。国内互联网、云计算企业均加大在人工智能、大模型领域的研发投入，在大规模并发处理、海量数据存储等关键核心技术上不断突破，部分指标已达到国际先进水平。

　　2023 年以来，各地云计算布局不断提速。数据显示，2023 年上半年，以云计算为代表的新型基础设施建设投资同比增长 16.2%，其中智慧能源、智慧交通等融合类新型基础设施投资增长 34.1%。

　　如今，云端技术正加速赋能生活。在湖北宜昌，数字孪生和智能化技术相结合，可以为交通疏导提供数据决策支持，最高能够节约 50% 的通行时间。

　　在生产方面，企业上云、用云也在持续深入。目前，我国已建成跨行业跨领域工业互联网平台 50 家，平均连接工业设备超 218 万台，服务企业数量超过 23.4 万家。上海刚刚推出了《万企上云中小企业快成长加速包》，中小企业可以根据自身业务需求和成本，灵活选择数字化、智能化升级所需的资源项目，并一站式完成上云所需的各项配置。

　　随着数字化转型的加速和云计算技术的不断成熟，我国云市场将继续保持快速增长，预计 2025 年，整体市场规模将超万亿元。

　　资料来源：佚名. 我国云计算持续增长 赋能各行业转型升级［EB/OL］.［2024-08-12］. https://www.gov.cn/yaowen/shipin/202309/content_6904812.htm.

三、云计算发展现状

（一）我国云计算发展整体态势

　　2022 年我国云计算市场规模达 4 550 亿元，较 2021 年增长 40.91%。其中，公共云市场规模为 3 256 亿元，增长了 49.3%；私有云市场规模为 1 294 亿元，增长了 25.3%。相比于全球 19% 的增速，我国云计算市场仍处于快速发展期，在大经济颓势下依旧保持较高的抗风险能力，预计 2025 年我国云计算整体市场规模将突破万亿元，如图 2-4 所示。

　　从细分领域来看，PaaS、SaaS 增长潜力巨大。2022 年，IaaS 市场收入稳定，规模在 2 442 亿元，是 PaaS+SaaS 的 3 倍，增速达 51.21%，较 2021 年同比下降 29.24%，预计长期增速将趋于平稳；PaaS 市场受容器、微服务等云原生应用的刺激强势增长 74.49%，总收入达 342 亿元，结合人工智能大模型等发展趋势，预计未来几年将成为增长主战场；SaaS市场保持稳定增长，营收472亿元，增速27.57%，作为中小型企业上云的典型模式，在政策对中小企业数字化转型驱动下，SaaS市场预计将迎来一波激增，如图2-5所示。

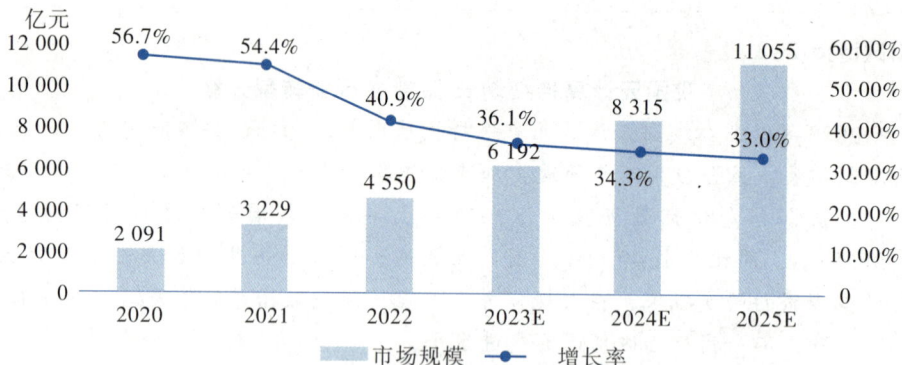

图2-4　中国云计算市场规模及增速

图片来源：中国信息通信研究院．云计算白皮书（2023年）［EB/OL］．［2024-08-12］．http：//www.caict.ac.cn/kxyj/qwfb/bps/202307/P020240326634505750782.pdf.

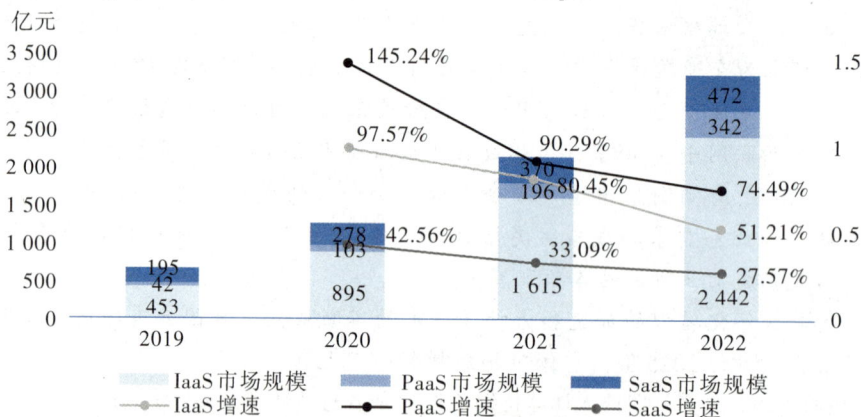

图2-5　中国云计算细分领域市场规模及增速

图片来源：中国信息通信研究院．云计算白皮书（2023年）［EB/OL］．［2024-08-12］．http：//www.caict.ac.cn/kxyj/qwfb/bps/202307/P020240326634505750782.pdf.

（二）传统行业借"云"转型

云计算频繁地进入人们的视野，它不再是高深莫测的科技名词，而正在成为新的商业基础架构。大量的传统企业依靠云计算实现了转型，政府机构也开始谋求通过云计算达到信息业的变革。而对于中小创业企业来说，云计算更已成为互联网创业中不可或缺的力量。阿里云、腾讯云等优秀云服务企业为创业者提供了各种一站式云服务产品，帮助创业者轻松上云。

1.政府机构的信息化建设

政府由于自身的特殊性，在选择云服务时往往十分谨慎，需要云服务商有足够的实力来保证信息处理工作的安全和万无一失。对于政府机构而言，一方面庞大的信息数据规模需要更高效的运算方法，另一方面其数据安全至关重要。显然云计算技术正是眼下解决政务问题最有效的办法，近几年，我国各级政府也在积极拥抱云计算，与国内优秀的云服务商寻求合作。

阿里云、华为云、浪潮云瞄准了政务云这个市场，帮助各省市政府部门建设电子政务云和公共服务云，以逐步替代传统的 IT 架构，提高公共服务的效率和信息安全的可控性。阿里云先后与中国气象局和 12306 网站达成战略合作。在天气预测、春运抢票等直接关系到人民生活的场景上应用云计算，能够帮助政府相关部门更好地为百姓服务，使服务更贴近百姓的生活。在未来数年，随着我国云服务商的成长，云计算将在我国政务信息化建设中发挥更加重要的作用。

2.医疗与教育

医疗与教育是关乎人民生活的两大重要内容，云计算在这两方面的渗透可以说将直接提升民生幸福指数。在医疗领域，云计算真正开启了医疗智能新时代。云计算技术的应用将提高各医疗机构间的协同能力，医疗云通过信息化服务的新模式可以实现医院各业务系统的快速部署和统一运维，提升医疗过程的效率和精准度，还可以实现医生的远程治疗，即全球范围内的资源共享。在个人健康管理上，利用云计算结合可穿戴设备和大数据处理等技术，可以让用户随时监控自己或家人的体征、运动数据，并获得免费的数据存储服务。369Cloud 孵化的"妈咪 100 分"应用关注母婴健康，小米 iHealth 血压测量计、腾讯"糖大夫"血糖仪等众多智能健康医疗产品也纷纷上市。

云计算在教育领域掀起了一场远程教学和数字教室的改革，有望解决一直以来教育资源不均衡的困境。平板、手机、计算机等代替了黑板、粉笔，这些智能教学设备将把学生和老师更加紧密地联系在一起。在线教育领域，涌现了阿里的淘宝同学、网道等在线教育平台，传统的线下教育机构如新东方、学而思纷纷推出了自己的线上教育平台，优质的教学资源将不再受距离和时间的限制。

3.文娱产业

在全民娱乐时代，云计算的高速计算能力和超大的存储能力无疑为大众带来了更好的娱乐体验。在游戏云领域，阿里云、腾讯云、盛大云、金山云、网易云等云服务商通过云计算技术构筑运营基石，打造自动化、可视化、标准化游戏运维，利用网络架构保证愈发庞大的用户群体在跨网络、跨运营商访问时保有流畅的游戏体验。愤怒的小鸟、开心消消乐，以及火遍大江南北的阴阳师、王者荣耀等手游都有云平台在提供技术。

4.电商与金融行业

云计算的发源地亚马逊就是一个电商企业，因此也可以说云计算最先就是被应用在电商平台上。阿里也同样通过云计算保证了自家的淘宝、天猫平台一步步发展壮大，支撑着平台在每年的"双十一""双十二"这样极具挑战性的场景下的平稳运营。国内另一家电商巨头京东也面向传统企业发布了电商云解决方案，试水公共云市场。除了为传统零售企业以及品牌商提供自有品牌商城、全网营销体系、多平台运营等服务，京东电商云还为客户提供伙伴式电商咨询服务。

金融行业的跨界在近几年已经屡见不鲜。与政务云相似，金融行业也是非常需要保证信息数据安全的行业。云计算作为金融科技关键技术，除了提供基础设施服务之外，还在不断探索与金融业务的深度融合，为金融发展提供新的活力。在传统的公共云、私有云之外，出现了金融行业云、专属云、团体云等云计算的新形态。混合云部署在可靠性、安全性、稳定性、扩展性等保障下，实现从机房、网络到数据，再到应用、管理层面的互联互通，为用户提供更为协调一致、灵活敏捷的云环境。此外，金融关键业务也在持续进行分布式改造、云原生改造；容器化技术栈部署得到进一步普及，新增业务系统也多采用云原生方式完成开发部署。云原生、混合云、边缘计算这些技术方兴未艾，又进一步促进金融领域的数字化转型。

四、云金融

(一)云金融的含义

近年来，我国金融行业信息化建设快速发展，助力金融机构不断提升业务效率、降低运营成本，已成为数字化建设的重要应用领域之一。金融信息系统需要实时处理、分析海量的信息数据，云计算因具备强大数据运算与同步调度能力，在提供弹性的信息基础资源方面具备天然优势，"云金融"的概念应运而生。

云金融是指面向银行、券商、保险等金融机构的业务需求，集互联网、行业解决方案、弹性 IT 资源为一体的云计算服务。具体而言是指金融机构通过利用云计算技术与服务，提升运算能力、重组数据价值，为客户提供更高水平的金融服务。

(二)云金融的发展历程

我国金融行业前期经历了漫长的信息化建设阶段，虚拟化技术在金融行业的广泛渗透为中后期云计算的蓬勃发展做了良好铺垫。互联网巨头相继布局云计算，以及传统金融机构围绕新型技术的新一轮 IT 改革，加速了云计算在金融行业的应用实践。同时，相关政策与标准的完善，也使我国金融云行业进入到有据可依、有序发展的新阶段。未来，伴随金融信创带来的巨大机会敞口，以及云原生应用的成熟和金融云产业协同生态的建立，金融云市场有望迎来新的需求爆发。

从金融云的发展演进路径来看可以分为三个主要阶段。

1.虚拟化/超融合阶段

该阶段金融云通过虚拟化/超融合架构实现承载部分金融业务系统，主要用于提高资源利用率，并实现统一管理和动态维护。在此阶段，金融云作为 IT 支撑中心以提供 IaaS 层面服务为主，有效帮助金融厂商降低运行和维护成本。

2.数据中心云化阶段

该阶段金融云提供了对金融业务应用完整生命周期的支撑，逐步实现了完整的数据中心云化，并将中间件深入融合云平台，保证业务的高可靠性和智能化。在此阶段，金融云作为 IT 服务中心以提供 PaaS 层面服务为主，有效提升了金融业务的运转效率。

3.多云统一管理阶段

该阶段金融云通过混合云或多云架构的统管理，直接面向金融客户提供业务支撑。在此阶段，金融云作为 IT 创新中心以提供 SaaS 层面服务为主，向金融业务提供轻量化、服务化的创新驱动。

金融云的发展演进路径如图 2-6 所示。

数据中心云化阶段

· 服务模式：以提供 PaaS 层面服
务为主
· 角色与作用：IT 服务中心，提
升了金融业务的运转效率

多云统一管理阶段

· 服务模式：以提供 SaaS 层面服
务为主
· 角色与作用：IT 创新中心，提
供轻量化、服务化的创新驱动

虚拟化/超融合阶段

· 服务模式：以提供 IaaS 层面服
务为主
· 角色与作用：IT 支撑中心，降
低运行和维护成本

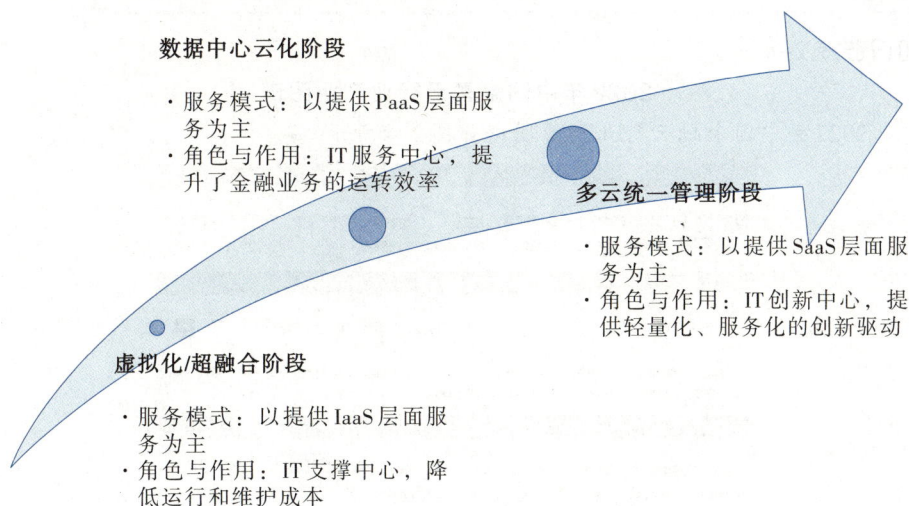

图2-6　金融云的发展演进路径

图片来源：中国信息通信研究院.金融云安全体系建设与实践研究报告（2022年）［EB/OL］.
［2024-08-19］.http://www.caict.ac.cn/kxyj/qwfb/ztbg/202212/P020221202509779249643.pdf.

（三）云金融行业市场规模

当前，金融机构加速云计算在业务领域的应用并持续推动技术创新，存量系统上
云率进一步提升。头部金融机构对自主可控及底层技术能力建设的要求较为严苛，通
常采用自研与外采两种模式并行的方式；中小型金融机构相对更加注重金融云解决方
案带来的收益，往往以解决方案为切入点布局云计算技术实践；互联网金融机构对公
共云的接受度相对较高，基于公共云搭建的渠道管理及营销获客系统的应用效能也逐
步扩大。2018—2025年中国金融云行业市场规模及预测如图2-7所示。

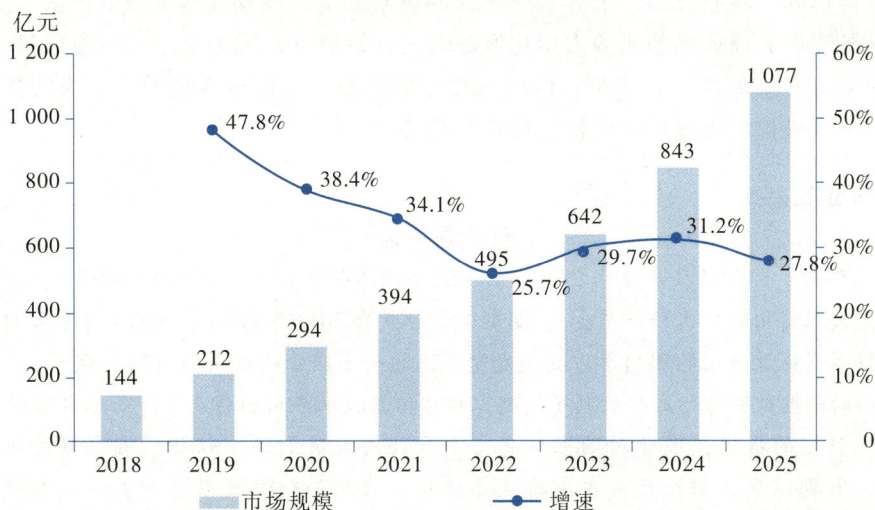

图2-7　2018—2025年中国金融云行业市场规模及预测

图片来源：周冬福.2022年金融云行业市场竞争格局及发展趋势分析，云化架构对金融行业有
重要应用价值［EB/OL］.［2024-08-12］.https://www.huaon.com/channel/trend/841510.html.

知识链接 2-4

2022年中国金融云行业产业图谱

2022年中国金融云行业产业图谱如图2-8所示。

图2-8 2022年中国金融云行业产业图谱

图片来源：周冬福. 2022年金融云行业市场竞争格局及发展趋势分析，云化架构对金融行业有重要应用价值［EB/OL］.［2024-08-12］. https://www.huaon.com/channel/trend/841510.html.

（四）云金融存量市场技术路线

1.信创浪潮革新底层基础设施，国产自主技术路线成为采用趋势

我国金融行业IT转型早期，以VMware为首的虚拟化服务受到广大金融机构的青睐。2015年左右，以OpenStack为代表的云计算开源项目的持续火热，使云端的强大服务能力得到进一步释放，国内大量基于云计算开源项目的服务商相继涌现。但近年来，伴随国际上核心技术"卡脖子"事件的频繁发生，以及我国金融信创试点的不断深化，外资服务商提供的闭源虚拟化服务及云计算服务，成为金融云行业存量市场的转型重点。自主研发、自主可控的国内技术路线被金融机构逐渐采纳成为大势所趋，为我国金融机构云化发展提供稳定持续的动能。

知识链接 2-5

什么是信创？

信创，即信息技术应用创新产业，这个词最早来源于"信创工委会"（全称是信息技术应用创新工作委员会），信创工委会是在2016年由24家专业从事软硬件关键技术研究及应用的国内单位共同发起成立的一个非营利性社会组织。后来，大大小小的一些软硬件行业被放到了一起，称作信息技术应用创新产业，简称"信创"。

信创的提出，源于对国家信息安全和经济发展的深刻认识。在信息技术领域，长期以来，国外巨头占据着主导地位，我国的信息技术产业在一定程度上依赖于国外技术。这种依赖不仅存在安全风险，也制约了我国信息技术产业的发展。因此，信创的提出，就是要通过自主创新，实现信息技术的自主可控，确保国家信息安全，推动信息技术产业的健康发展。

资料来源：作者根据相关资料整理。

2.云原生成为重要战略技术趋势，驱动资源云化解耦至业务云化

云原生作为一套先进架构理念与管理方法的集合，已被越来越多的金融机构作为下一代核心技术架构的重点方向。伴随实践应用的逐渐成熟，企业对云原生的运用呈现出容器、服务网格、无服务器环环相扣的阶梯式发展。容器作为云原生架构的底层技术，可以实现毫秒级的弹性响应和异构环境部署的一致性，为上层服务交付与应用开发做良好铺垫。云原生将云端资源层层抽象，将通用技术能力模块化下沉至云平台，使云服务的重心更加聚焦于上层业务的逻辑实现，使业务开发人员可以更加专注于高价值的业务开发。云原生轻量化、松耦合、强韧性等特点，大幅降低了金融机构上云、用云的心智负担，极大地释放了云端的发展红利，使未来应用可以更多地在云上进行开发。

知识链接 2-6

云原生加速金融数智化

进入数字经济时代，金融市场更加复杂多变，金融机构迫切需要借助先进的科技加快数字化转型，不断提升经营管理效率和产品创新能力，更好地满足日益多元化的客户需求，从而确保市场竞争优势。近年来，云原生分布式架构作为一项突破性的技术革新，因其具备使用简便、部署快捷、伸缩灵活的优势，逐步成为金融机构核心系统转型技术架构的趋势和方向，为金融业数字化转型注入了新的动力。

所谓云原生（Cloud Native），从字面上理解就是生长在云上。这一概念在2013 年被 Pivotal 公司首次提出，后经云原生计算基金会（Cloud Native Computing Foundation，CNCF）进一步发展和提炼，形成狭义云原生概念，其内容包括容器技术、服务网格、微服务、不可变基础设施和声明式 API 等。如今，云原生不仅仅是一项技术，还意味着一套敏捷架构方法，既包含技术范畴（如云计算、微服务、DevOps、云原生芯片、云原生大数据、云原生 AI 等），也包含管理和架构范畴（如架构体系设计、中台化、编排重组、持续交付、无服务化等）。

从本质上看，金融级云原生包括规范用云的架构模式、技术标准、管理理念、应用实施的工具和方法，其目标是提升基础设施利用率和敏捷弹性，使金融机构将资源集中到业务创新和产品研发上来。借助云原生理念和工具，金融机构可以像使用水电气等公共设施那样，使产品设计、开发调试、部署测试、资源消费等业务能够即插即用地对接到任何一朵云上，从而在节省资源的同时实现灵活的部署运行，并获得强大的算力支持和安全保障。

大模型时代，金融机构应用大模型的能力将成为关键生产力，也是新的分水岭，数字化时代的差距，在智能化时代将进一步拉开。迈向深度用云，构建无处不智的金融服务，基于云原生和 AI 重塑金融的智能产品、体验及商业模式。

资料来源：张林. 云原生加速金融数智化［EB/OL］. ［2024-08-12］. https：//www. sohu.com/a/757206018_481887.

任务二　云计算在金融领域的应用

作为金融科技的重要技术之一，云计算的主要功能是为传统机构解决信息存储和运营问题，提供计算服务，帮助用户从海量数据中获得决策信息。金融机构应用云计算的首要目的是缩短应用部署时间、节约成本、使业务升级不中断。

一、云计算在金融领域的应用价值

云应用是云计算技术在应用层的体现，是直接面对客户、解决实际问题的产品。云应用所具有的跨平台性、易用性、轻量性等技术特征可以提供银行级的安全防护，将传统上由木马病毒所导致的隐私泄露、系统崩溃等风险降到最低。

（一）加速金融行业分布式架构转型

云计算能够帮助金融机构弹性扩容，大大缩短应用部署时间，实现故障自动检测定位以及业务升级不中断，从而更好地适应数字金融的服务模式。金融业经过多年发展已经形成了一套基本成熟的集中式架构运维系统，但数字化转型的快速深入，对其运维系统的高效敏捷运行提出了严峻挑战。与之相比，云计算的特点是在低成本、标准化的开放硬件和开源软件的基础上，通过分布式处理架构实现系统处理能力的无限扩展。在分布式架构实现中，云计算以其资源池化、应用开发分布式架构的特点，可以满足信息化系统自动扩容、底层硬件兼容、业务快速部署的需求；通过数据多副本容错、计算节点同构可互换等措施，满足系统高性能、高可用和数据容灾备份等方面的要求，有效保障运维系统的可靠性。

（二）有效降低金融机构IT成本

除稳定性目标外，金融业系统运营的目标便是最大化地减少物理成本和费用，提高线上业务收入。云计算可以帮助金融机构构建"云金融信息处理系统"，减少金融机构在诸如服务器等硬件设备上的资金投入，使效益最大化。在IT性能相同的情况下，云计算架构的性价比远高于以大型机和小型机作为基础设施的传统金融架构。

（三）提高运维自动化程度

云计算操作系统一般设有监控模块，通过统一的平台管理金融企业内部服务器、存储和网络设备；通过设备集中管控，可以显著提升企业对IT设备的管理能力，有助于实现精细化管理。此外，云计算操作系统通过标签技术可以精准定位出现故障的物理设备，通过现场设备更换可以快速实现故障排除。而在传统集中式架构下，若设备发生故障，需要联系厂家进行维修，金融企业缺乏自主维护能力。

（四）数据联通与信息共享

云计算采用了分布式中间件或分布式数据库来满足联机交易处理的一致性等事务管理要求，可以帮助金融机构通过统一平台，承载或管理内部所有的信息系统，消除信息孤岛。此外，信息系统的连通可以将保存在各系统的数据集中到一起，形成"数据仓库"，从而实现内部数据的集中化管理。

传统架构下，不同金融机构的网络接口标准大相径庭。通过构建云系统，可以统一接口类型，最大简化诸如跨行业务办理等技术处理的难度，同时也可减少全行业硬件系统构建的重复投资；通过构建云系统，还可以使其扩展、推广到多种金融服务领域，诸如证券、保险及信托公司均可以作为云金融信息处理系统的组成部分，在整个金融系统内分享各自的信息资源。

（五）资源优化

云计算具备资源高效聚合与分享、多方协同的特点，它能够整合金融产业链各方参与者所拥有的面向最终客户的各类服务资源，包括产品、网点服务、客户账户信息等，为客户提供更加全面、整合、实时的服务信息与相应的金融服务。

得益于云计算这种创新的计算资源使用方式以及基于互联网标准的连接方式，金融企业可以利用云计算，将依赖计算资源进行运作的业务，以一种更便捷、灵活的方式聚合，并按需分享，实现更高效、紧密的多方协同。而基于云计算技术的云业务模式，可以通过资源聚合、共享和重新分配，实现资源的按需索取。

☑ 实践操作 2-2

利用网络、专业图书报刊等渠道了解我国云金融近年来发展情况及取得的成果，分小组进行交流探讨。

动画 2-1

金融云是
一朵什么云？

微课 2-1

漫话金融云

二、云计算在金融领域的应用维度

云计算在金融领域中的应用主要包括：金融数据处理系统的云应用、金融机构安全系统的云应用、金融机构产品服务体系的云应用。

（一）金融数据处理系统的云应用

1.构建云金融信息处理系统，降低金融机构运营成本

网络金融机构运营的核心之一，便是最大化地减少物理成本和费用，提高线上（虚拟化）的业务收入。通过构建"云金融信息处理系统"，从而帮助金融机构降低成本，提质增效。

2.构建云金融信息处理系统，使不同类型的金融机构分享金融全网信息

金融机构构建云化的金融信息共享、处理及分析系统，可以将其扩展、推广到多种金融服务领域。诸如证券、保险及信托公司均可以作为云金融信息处理系统的组成部分，在全金融系统内分享各自的信息资源。

3.构建云金融信息处理系统，统一网络接口规则

目前国内金融机构网络接口标准大相径庭。通过构建云金融信息处理系统，可以统一接口类型，最大降低诸如跨行业务办理等技术处理的难度，同时也可减少全行业硬件系统构建的重复投资。

4.构建云金融信息处理系统，增加金融机构业务种类和收入来源

上述信息共享和接口统一，均可以对资源使用方收取相关费用，使云金融信息处理系统成为一项针对金融系统同业企业的产品，为金融机构创造额外经济收入来源。

（二）金融机构安全系统的云应用

基于云技术的网络安全系统也是云概念最早的应用领域之一。现在，瑞星、卡巴

斯基、江民、金山等网络及计算机安全软件全部推出了云安全解决方案。其中，占有率不断提升的360安全卫士，更是将免费的云安全服务作为一面旗帜，使之成为其产品竞争力的核心。

将云概念引入到金融网络安全系统的设计当中，借鉴云安全在网络、计算机安全领域成功应用的经验，构建"云金融安全系统"具有极高的可行性和应用价值。这在一定程度上能够进一步保障金融系统的信息安全。

（三）金融机构产品服务体系的云应用

通过云化金融理念和金融机构线上优势，可以构建全方位客户产品服务体系。例如，地处A省的服务器、B市的风险控制中心、C市的客服中心等，共同组成了金融机构的产品服务体系，为不同地理位置的不同客户提供同样细致周到的产品体验。这就是"云金融服务"。

事实上，基于云金融思想的产品服务模式已经在传统银行和其网上银行的服务中得到初步应用。金融机构可通过对云概念更加深入的理解，提供更加云化的产品服务，提高自身市场竞争力。

例如，虽然各家传统银行的网上银行都能针对客户提供诸如储蓄、支付、理财、保险等多种不同的金融服务，但作为客户，其同一种业务可能需要分别在多家不同银行平台同时办理。当有相应需求时，就需要分别登录不同的网上银行平台进行相关操作。

案例探析 2-1

阿里腾讯都盯上了金融云，基础软件国产化加速

2023年5月8日，阿里云宣布发布"金融级云原生"，阿里巴巴在2009年提出去集中式架构，在2013年基本完成"去集中式架构"，阿里云也开始为金融机构核心系统从传统架构转向分布式云平台架构转型提供技术支持。在阿里云看来，云原生已经成为打造数字经济发展新动能的重要保障。

当前，腾讯与阿里频繁的金融云动作的背后，是基础软件国产化加速的行业趋势。软件国产化的下一阶段工作将横向覆盖更多领域，纵向涉及更多环节。随着以银行为代表的金融行业的业务发展和转型，IT系统整体架构经历过多轮的迭代演化，如今的改造并非易事，尤其金融行业数字化与国产化替代任务最初确立与启动时，是最难的时期。最早期在底层硬件领域，每个国产芯片都面临供应链压力；早期生态构建也面临硬件生态不完备的挑战；软件侧需要考虑数据库产品能否取代国外数据库产品等。

发展至目前，腾讯云已与中国人民银行、六大国有行建立了合作关系，客户覆盖头部商业银行、券商、大型保险集团等。虽然业务覆盖面逐渐铺广，但合作业务程度有深有浅。在金融业具体技术落地过程中，过去行业普遍认为，金融业一般会从周边系统进行改造，再切入渠道与核心系统。事实上，最初确实是这样的路径，通过OA系统（办公自动化系统）等边缘业务进行替换试验，但在大行方面，在OA系统基本完成整个分布式架构或国产化架构工作后，大行的工作重点落在核心业务。只有整个

技术平台或业务平台能够支撑银行核心系统的体量，银行才会放心地慢慢将核心与渠道进行迁移。

今后几家大行传统核心业务几乎都会全量迁移至分布式核心上，其客户信息、信用卡等传统核心业务会逐渐迁移至分布式平台上。但值得注意的是，核心系统对银行而言是命脉，不同地方技术架构不同、开发商不同，因此会有一个比较长期的工作需要去做。

资料来源：吕倩．阿里腾讯都盯上了金融云，基础软件国产化加速［EB/OL］．［2024-08-12］．https://www.yicai.com/news/101753933.html.

思考讨论：

结合案例，分析金融云在系统搭建方面传统的做法是怎样的？未来会有什么趋势？

微课 2-2

金融行业的
上云之路

三、云计算在各金融子行业中的应用

随着云计算的不断深入，近年来，金融行业加快了云计算的应用步伐。目前我国银行、证券、保险机构正分批次将所有的系统，先从不重要的再到核心的，全部部署在自行搭建的私有云或由云服务商搭建的私有云或公共云上。在金融行业中，银行云计算应用居首，保险次之，但后续发展劲头强劲，中小金融机构对金融云的需求也在提升。

（一）银行业云计算应用

从全球范围看，最近几年，越来越多的国外银行开始考虑将传统 IT 基础设施迁移到云平台上，国内商业银行也纷纷启动云平台建设项目。部分银行已将云计算作为重要的创新工具，开展业务模式创新、收入模式创新、运营创新。众多银行出于业务和技术的发展需要，从私有云开始广泛地接纳和应用混合云和公共云。

1. 银行私有云与行业云

（1）大型银行私有云。银行私有云适用于技术实力和经济基础比较强的大型机构。这是银行业云化的特点，数据安全、隐私保护、容灾备份等必须满足监管要求。核心、主要业务上私有云，少量业务会采用公共云，未来可能会形成混合云模式。

银行私有云基于银行内部网络，采用云计算相关技术和产品，部署云计算平台，提供云服务，从而实现银行 IT 资源池化、敏捷部署和灵活调度，推动 IT 建设和服务转型。

银行私有云架构包括云服务、云管理、资源池等部分，同时还与配置管理、监控管理、流程管理、容量管理等相结合，共同实现云管理的相关功能。其中，基础设施资源层面内容包括管理计算型服务器（包括 X86 服务器和小型机）、存储资源及网络资源；在资源之上，构建弹性计算资源池、网络资源池、存储资源池，并通过云管理平台对各个资源池进行统一管理、统一调配，将各类资源整合为各种云服务，为应用提供快速的资源供给。

（2）中小银行行业云。行业云适用于中小型银行。银行业信息系统一般包含渠道服务、客户服务、产品服务、风险管理、信息管理、核心银行、内部支持和基础平台八个主要的业务系统领域。

中小型银行确定业务系统上云优先级的主要考虑有成本收益比、安全保护要求、监管机构管理要求、应用系统上云难度等因素。

原则上，对于新部署的业务系统，且云服务商已有与之相对应的比较成熟的业务，从价值收益的角度不分业务类型，都首选云服务；已有的信息化系统，上云后价值效益明显的，也宜尽快上云，尤其像访问流量有突发变化特征或对数据融合处理有较高要求的系统，上云后能够带来明显的效益提升；对于已有信息化系统，按照非核心系统和核心系统的区分确定优先级，先上非核心系统，后上核心系统。

使用行业云的关键是选择云服务商。金融机构在选择云服务商时应充分考虑云服务商的服务能力、稳定性等因素，根据行业准入标准，以金融业务特性与行业监管为出发点，考虑能够在安全与合规、创新和共建生态等方面具有一定实力和影响力的云服务商。对基础设施安全、数据安全、内容安全、运行安全等要素进行综合考察，审核云服务商在安全与合规方面的资质与资格。

2.云计算在银行业务模式上的应用

云计算在银行业务上的应用称为银行业务云化。包括：云上银行、零售业务、特约商户服务、小微企业服务、供应链金融等，以及其他类别金融服务。

（1）云上银行。云上银行由直销银行（互联网银行）上云而来，在这种模式下银行没有营业网点，不发放实体银行卡，客户主要通过电脑、电子邮件、手机、电话等远程渠道获取银行产品和服务。

一般情况下，用户在云上银行App完成注册，通过已持有的他行借记卡（I类账户）生成一个云上银行账户（II类账户），用户不用亲临银行柜台，就可以购买产品（部分产品因监管要求需在柜台进行风险评估）、享受服务等。因没有网点经营费用，云上银行可以为客户提供更有竞争力的存贷款价格及更低的手续费率。

云上银行面对的主要客群包括两大类：一类是以平台企业为纽带，与核心平台企业相互连接的各类互联网平台企业，另一类是使用互联网平台服务的个人用户。云上银行通过创新客群经营模式，为这两类客户提供便捷的支付结算、融资、财富管理等金融服务。

（2）零售业务。零售业务属零售银行业务范围，这方面云计算可以用于产品销售、网点服务、账户信息、个人委托贷款等。

①产品销售。云计算可用于一站式产品营销，客户可通过统一的界面，在不同渠道（无论是网银、手机App还是其他渠道）查询到所有银行及其他金融机构发布的可购买的金融产品，并可用任何一张银行卡购买所需的任何金融产品。客户还可以建立圈子，加强同类客户之间的理财交流，可向银行提交产品创新建议，由银行收集后针对这群客户专门设计产品并定向销售。

②网点服务。通过云实现不同银行之间的网点服务资源共享。客户可根据所要办理的业务品种，通过个人笔记本电脑、手机等联网设备实时查询离他最近、预计排队等待时间最少的网点，并实时了解网点业务资源。客户可以通过联网设备进入网点排队系统，并完成某些业务的预填单。

③账户信息。客户可通过一个界面获得其名下所有银行、基金、保险的账户实时

信息，包括整合的资产、交易明细（如商家名称、金额）等。客户还可以获得基于对其本身以及同类的消费与理财行为智能分析得出的具有针对性的消费建议、理财建议，甚至相应的产品推荐。

④个人委托贷款。为客户建立贷款自主服务平台，借款方与出借方基于金额、期限、利率、贷款用途、风险等级等条件进行撮合，并提供贷款审批、发放、归还、催收全流程自主服务。利用云的多方协同特点，与征信系统等进行实时协同，协助客户自主完成服务。而银行收入模式可以从原有的贷款利息收入转变为提供贷款服务平台的中间业务收入。

（3）特约商户服务。

①预付卡管理。特约商户无须亲自搭建预付卡管理体系，可从银行获得基于云的标准化的商业预付卡支付清算业务处理支持。同时，银行通过云提供弹性的业务处理支持，服务能力不受商户业务处理规模增长的限制。

②积分管理。特约商户可以从银行获得标准化的积分管理运营支持，无须亲自建立积分管理体系。银行从促进银行卡消费的角度，利用云的特点，围绕各家特约商户积分进行进一步的创新，例如，联合不同类型的商户，为银行卡客户建立积分通兑的商户联盟。

③客户消费信息。改变当前银行只能从特约商户处获取简单的交易流水的现状，在交易发生时，银行从商户处获取更为全面的实时业务信息，例如，航空订票服务中的缴费金额、价格折扣、行程等。银行基于其所聚合的来自内外部的多方位、实时客户信息，通过云的智能分析，在为商户营销提供深入洞察与营销线索的同时，也可将相关信息反馈给客户，帮助其更合理地消费，甚至推荐合适的银行产品。

（4）小微企业服务。除了贷款业务，银行还可以利用云的可扩展性、资源共享和标准化服务的特点，为小微企业提供支付结算、现金管理等服务。

①收款与对账。针对某些需要服务人员向客户收取费用的服务型小微企业，提供具有特殊功能的移动POS设备，员工在完成刷卡交易的同时，自动向云端提交相关客户信息与对应的银行卡交易信息。同时，小微企业的管理人员通过云可以实时了解每个员工及每个客户的收款情况，如每个员工已经完成的客户业务、需收取的金额、已付待付状态、银行卡交易信息、资金到账情况等。

②现金管理。为小微企业提供基于云的现金流管理服务，汇总企业整体收付款情况，应收、应付计划，并与企业的财务信息进行整合，提供在线财务分析工具（如现金流分析），便于小微企业的财务人员准确、高效地进行资金管理，并发起支付等银行业务操作。

（5）供应链金融。

在供应链核心企业及其上下游企业之间，通过云实现上下游企业在采购、销售、物流等环节的流程协同，实现整个交易链条的信息实时传输与共享，实现高效的端到端供应链协同。银行根据云提供的端到端供应链信息，为上下游企业在从采购到付款的各环节提供各种融资服务，以及支付结算、现金管理、保险代理、税务管理等解决方案。

（6）客户信用信息与合规性应用。

①客户信用信息。银行可以通过云获取更全面的客户信用信息，包括来自公安、税务等政府机构的客户信息；由于云能够支持建立信息实时获取与分享机制，银行可以根据业务需要选取相关信息，定制报告模板；云的可拓展性特点使得它能够支持大量用户的同时使用，通过云建立客户各类身份信息之间的关联关系后，银行可以获得唯一的客户身份识别，并通过云与银行内部管理的客户身份信息实现协同，由此，银行不再需要各自投入资源清理客户身份信息。

②监管报告。通过云，银行无须各自为监管报告投入 IT 建设与业务运营资源，而能够使用兼容的监管报告接口与标准化报文服务。银行与监管方可获得分析报表及历史数据检索，可基于同一数据源形成不同报告，避免银行为符合各级监管的要求重新提供各种报表与信息。同时，云能够实现强大的扩展性，使得各银行可快速加入并使用该服务。

（7）后台业务处理。对于不同银行之间相似性较高的业务处理流程（如微型贷款业务处理），银行可以使用云提供的标准化的流程处理服务，而无须再投入资源去建设。

利用云资源聚合与分享的特点，银行可以将后台作业处理中心的人力资源与网点人力资源的使用进行优化，例如，网点柜员在网点繁忙时负责前台业务受理，而在网点空闲时负责后台作业中心自动派发的数据录入工作。

（8）房贷业务处理。单个银行或几家银行联合，可以针对房贷业务中银行需要协同的房产抵押登记机构、资产评估公司、地产中介等各类合作伙伴，建立标准化的业务流程协同云，同时基于聚合信息的智能分析，为参与银行以及所有合作伙伴提供业务洞察。

（9）银行卡反欺诈。银行可以通过云实时获取客户触发或与客户相关的非交易信息（如手机方位信息），并且将其纳入实时反欺诈监测模型，实时发现可能存在的银行卡欺诈风险，并实时向银行及客户发出预警信号，执行相关确认和反欺诈举措。

以上可见，云计算在银行业中可能的应用场景是多方面的，它将给银行业带来多维度的业务模式创新机会。

动画 2-2

工行金融云

案例探析 2-2

揭开中国光大银行"云上"生活的神秘面纱

数字经济席卷全球，各行各业的从业者都在积极探索如何通过数字化转型提前占领赛道，布局前瞻技术研究和应用，实现产业升级，"云技术"已经和我们的工作生活息息相关。中国光大银行从 2012 年开始探索云平台建设，励精图治，从以虚拟化技术为核心的 1.0 阶段，到以云管为核心的 2.0 阶段，现已进入云平台 3.0——全栈云平台建设阶段，"云上"生活正逐渐改变着传统银行的服务方式，也改变着人们的生活。

在未来"金融+科技"融合生态发展中，云计算是支撑银行场景及生态的底层技术。中国光大银行顺应数字经济时代的要求，确立了"123+N"数字化银行发展体系，即"1 个智慧大脑+2 大技术平台+3 项服务能力+N 个数字化名品"，如图 2-9 所

示。其中，2大技术平台指的就是云计算平台和大数据平台，是支撑整个光大数字化
战略的底座。

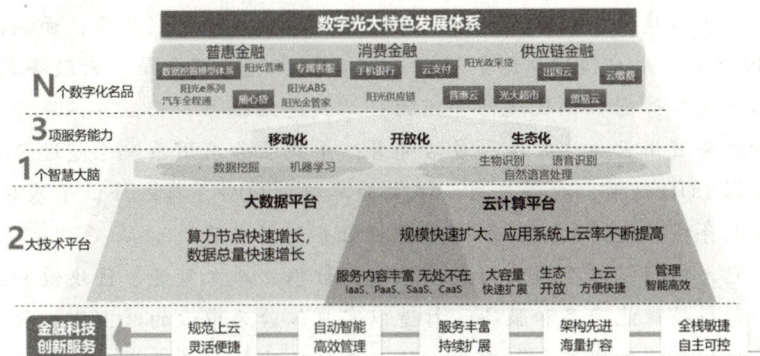

图2-9　"123+N"数字光大发展体系

　　2019年底，光大银行提出了发展全栈云平台的想法，"全栈"意味着"全行"
"全资源""全服务""全业务"。光大银行全行统一规划建设全行生产云、开发测试
云、金融生态云；基于全栈云平台底座提供X86算力、ARM算力、GPU算力、对象
存储、分布式文件存储、软件定义网络和多可用区灾备等资源；在计算、存储、网络
等IaaS的基础上，提供容器集群、自研数据库、中间件等PaaS，并由云管平台统一
管理，服务化输出技术资源和技术能力，如图2-10所示。此外，在云平台的1.0和
2.0阶段，业务上云通常是"边缘业务在云上，关键系统在云外"。而在光大云平台的
3.0阶段，基于全栈云和分布式架构实现的全资源与全服务，可提供支持包括全行核
心账务系统在内全部业务上云的能力，改变了传统金融业务"云内云外"分离部署的
上云模式。

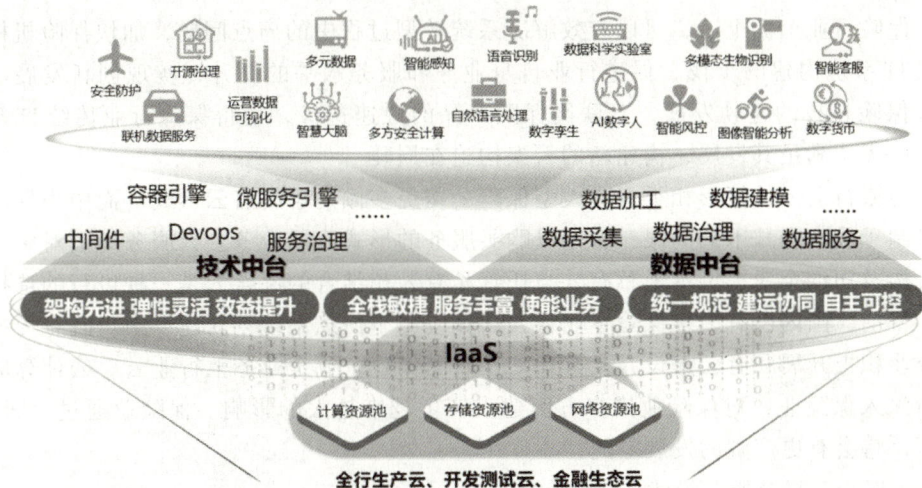

图2-10　全栈云平台支撑业务创新发展

　　光大银行希望通过全栈云平台实现无处不在的服务，提升资源的敏捷交付能力，
实现业务上云、数据上云、创新上云，最终实现统一的云管理。依托强大的云底座，
实现创新业务快速上线、迭代和发展。2021年，光大银行多套应用系统在全栈云正

式投产上线，业务的可用性和效率有了大幅度提升。

目前，光大银行全栈云平台已初步完成了"双栈并举、一栈多芯"两地多中心分布式云化数据中心建设，构建了全行级统一的数字化基础设施体系，面向总行、信用卡中心和39家分行用户提供9大类35种云服务，实现了裸金属、云服务器、云存储、云网络和容器集群等国产化软硬件资源的一站式运维服务，云上IaaS资源支持分钟级交付，支持业务应用云原生改造和多活部署，承载业务应用系统已超过3万台云主机和3万个容器POD规模，业务应用系统上云率接近90%，有效降低了基础设施投入，极大提升了业务投产交付效率，加速了金融业务创新发展。

未来，光大银行将以全栈云为底座承载大数据、人工智能、区块链和云原生等技术，通过金融科技赋能产品和服务，打造以客户体验为中心的线上化、数字化、智能化服务体系，践行"数字光大"理念，让以全栈云为核心的云原生技术体系成为推动光大银行信息科技高质量发展的核心力量，助力实现"一流财富管理银行"的战略愿景。

资料来源：光大银行. 揭开中国光大银行"云上"生活的神秘面纱［EB/OL］.［2024-08-19］. http：//www.njdaily.cn/news/2022/0919/4965615753531571537.html.

思考讨论：

结合本案例，谈谈光大业务上云的发展路径。

（二）保险业云计算应用

云计算可应用于保险产品设计、定价承保、生态分销、理赔服务和技术系统等不同环节。目前，保险业对云的需求正在积累，随着技术的不断完善，云计算在保险行业的应用将不断深化，对整个保险业的信息化建设产生巨大影响。

1.保险企业上云

保险行业全面上云，可以有效解决系统转型过程中的痛点问题，加快保险机构新一代IT系统构建的步伐，促进行业自身业务和服务水平的提升，实现创新发展。同时，保险科技的蓬勃发展，互联网保险产品的快速迭代，使得保险行业传统IT基础架构已无法满足其发展，构建新的云架构迫在眉睫。

与银行上云的情形相类似，大型保险公司更多倾向于私有云形式。而中小保险公司受制于成本和技术的局限，希望以购买服务的形式开展业务。云服务商面对中小保险机构及初创企业提供本地私有云与托管私有云相结合的混合云是一种可行的选择。

目前，国内已有诸多保险企业将云计算应用于信息系统创新建设中。既有传统保险企业积极开展私有云建设，又有新兴互联网保险企业全业务上行业云。云计算应用不断深入保险业，对保险业诸多方面建设产生越来越大的影响。保险业通过"云化"创新，将会有更广阔的发展空间。

2.保险云平台服务模式

云计算在保险业务中的应用是服务平台化。从传统业务模式转变为平台业务模式，可以推动保险企业从"面向产品"向"以客户为中心"转型。云计算支持的大数据平台，以安全、可靠、高效的技术特性决定互联网保险的承保、理赔能力。保险云平台可由一个或多个保险公司拥有，也可由保险公司和云服务商共建。

平台业务模式具有以下特点：

（1）创造有助于各方建立联系、进行互动和开展合作的环境。保险平台需要稳定的架构和强有力的监管，以确保生态系统中所有合作伙伴之间的互动安全可靠。

（2）推动实现产品与服务一体化和个性化。由互为补充的产品和服务所组成的生态系统构成的业务平台，可及时为广大保险消费者解决常见问题，为他们提供价格实惠、多样化的产品和服务。

（3）开放性。开放性平台可吸引新的参与者，从而进一步提升整体客户价值。开放平台接口的标准化，有助于在各方之间以及在整个生态系统中建立信任。业务平台所有者负责提供底层基础架构，网罗互为补充的企业，如供应商，其目的是不断扩大生态系统。

（4）安全性。保险行业构建立体、全面的云安全保障体系十分必要。云平台可通过编排调用现有内/外网云数据中心网络安全设备、防火墙、IPS组建网络安全，通过流量引导以编排的形式为各种应用场景自定义不同的安全机制。

在业务功能上，保险云平台可以实现新产品快速部署、高流量客户甄别等功能。

3.云计算在保险企业中的具体业务场景

（1）云投保。云投保是应用云计算进行的移动展业模式创新。它将移动展业场景与智能手机、远程电子签名技术创新融合，通过浏览器签名、升级版加密算法及影像合成等新技术应用，打造移动投保新流程。投保者通过PAD端的一键触发和智能手机端的四个简单步骤，即可交互完成远程投保。

云投保突破了投保时间和空间的制约，解决了长期出差员工、留守老人、求学学生等异地人群不能远程投保签名的行业性难题。

（2）云理赔。借助云平台，保险公司能快速反应或主动采取行动，提高业务敏捷性。例如，当发生自然灾害时，保险公司可以通过云平台和移动技术迅速开展后台理赔流程，以提高理赔效率并快速响应客户需求。

云平台客户索赔操作简便。在赔偿申请时限内，客户只需按以下操作步骤就可完成索赔申请：①登录保险公司管理平台；②勾选目标实例，单击申请赔付；③在赔付管理页面，提交申请，单击确定申请赔偿。

提交申请后，客户可以在已申请赔偿页面查看申请记录；如果对赔偿金额有疑问，可以在赔付管理页面单击申诉，或者在实例列表页面单击申请复议，提交工单，进行赔偿申诉。

在提交的索赔材料真实齐全的情况下，保险公司根据保险合同的约定和相关的法律法规进行保险赔款的准确计算和赔案的内部审核工作，并与客户达成最终赔偿协议，根据商定的赔款支付方式和保险合同的约定支付赔款。

（3）新产品开发与销售。云计算使保险企业进行多种保险新产品的开发与销售。云计算能够充分满足互联网保险业务场景需求，包括快速渠道接入、快速产品发布、全面渠道综合管理、综合数据分析等，为保险企业快速获得互联网保险业务核心竞争力提供了强有力的系统支持。云计算灵活、动态、智能，可以进行从场景到数据链的全面整合，解决营销效果反馈、量化的问题，精准量化评估营销效果，针对消费者的变化，实时支持不同的业务场景，进行场景拓展。

（4）普惠保险与微型保险后台处理服务。云计算技术可以针对低收入消费者打造"微型保险"服务。

此外，应用云技术，通过多渠道采集实时数据，将成为保险企业的业务核心和主要创新来源。深入分析客户数据，长久以来一直都是保险企业的核心业务。车载信息技术的应用又为保险企业的数据采集工作打开了一扇大门，例如，财产保险公司在被投保的厂房与仓库内放置温湿度感应设备，被投保的房产内放置住房数据收集设备，等等。通过对这些实时数据进行分析，保险企业将会改变其客户群体细分、赔付率确定，以及制定承保政策的方式。

与过去做法所不同的是，保险企业现在不再依赖历史数据，而是应用持续不断的大数据流来评估风险。这样，保险企业的风险评估将会更加准确，并且能够为低风险客户提供定价更优的合同。

案例探析 2-3

新疆保险业"保险云"数据共享小程序正式发布

"只需动动手指，就可以直观地查询和了解到所属公司险种维度保费、人力等指标的多角度数据分析。"新疆保险行业协会相关负责人介绍。

近日，新疆保险行业协会正式发布"保险云"数据共享小程序。据介绍，"保险云"数据共享小程序是统计信息平台移动端的可视化展示，界面以柱状图、条形图、环形图、旋风图等充分展示了行业关注的地区、公司、险种、保费及各指标的增速、占比等数据，通过后台分析，所属保险机构根据专属账号和密码，就可以清楚地看到"行业整体＋公司"的数据分布，帮助管理人员迅速找到反映区域内保险行业运营情况的当前或历史数据信息，并从复杂的信息中迅速找到数据信息之间的关系，获得多维度统计结果和分析判断。

2020年新疆保险行业协会数据统计信息平台全面改版升级，"保险云"数据共享小程序则是移动端的充分展示。在改版升级过程中，就报表类型、报送管理、统计管理、查询功能、移动及PC端共享呈现等模块进行重点优化，实现会员公司通过平台上传数据、系统校验、数据修改、数据汇总、数据呈现等功能，满足协会、会员公司数据分析需求，实现数据统一管理。

资料来源：新疆保险行业协会. 新疆保险业"保险云"数据共享小程序正式发布［EB/OL］.［2024-08-18］. http://www.xjbxw.org.cn/Article_Show.asp?ArticleID=53567.

思考讨论：

结合本案例，分析新疆保险行业协会发布"保险云"小程序的积极意义。

（三）证券业云计算应用

证券企业上云可以克服业务挑战，降低网络安全风险，减少IT建设成本。证券企业上云一般是从私有云做起，逐步云化。云计算可应用于证券交易、行情系统、后台业务管理等不同业务领域。

1.证券企业上云要考虑的主要因素

证券企业对数据安全非常敏感，也非常关注云安全。上云步骤一般是从私有云做起，逐步云化。在做云计算之前先把数据进行分类，分离私密性、敏感性数据，根据业务类型实际需要，有序地部署虚拟化和云计算来改善业务和管理流程。

证券业务可以大致分为核心业务、账户业务、内部业务、前端业务、数据业务。核心业务系统主要指证券机构的核心应用系统，这类应用在机构的整体架构中处于关键位置。账户业务系统主要指与核心业务直接关联、会涉及账户等业务的系统。内部业务系统主要指辅助证券机构开展业务工作的应用系统，是处理一些基本流程、数据的应用系统。前端业务系统主要指部署在系统架构前端的那些系统，用于处理外部的数据。数据业务系统主要指大数据应用等系统，对外部收取的数据进行采集、挖掘、分析。由于各类业务应用系统的需求各不相同，因此证券机构在建云时，还应该考虑为各类应用配置合适的基础设施资源。

2.证券私有云与行业云

证券私有云具有以下五个特征：一是应用虚拟化技术构建共享数据中心，实现了资源的按需分配和海量数据的可靠处理；二是构建了基于多点冗余和有效隔离原则的云计算可信网络平台；三是提供了面向证券行业的标准化业务平台云服务；四是架构了高性能应用基础平台云服务；五是实现了多种网上应用系统的部署和运行，形成了以统一化、标准化和自动化为特征的企业云计算平台运维管理体系。

行业云是专门为证券业等特定行业设计的云服务平台，它结合了行业特征和需求，提供了更加适合的云应用和服务。行业云可以用处于全球领先地位的阿里金融云进行说明。

阿里金融云是与公共云完全隔离的行业云，可满足硬件与机房、网络通信、安全合规、运行管理等标准化要求。阿里金融云提供整体架构解决方案，赋能证券交易行业IT体系平稳、有序地切换到新技术体系。金融合规保障了容灾能力和稳定性；多运营商BGP优质网络接入为客户提供了流畅的网络体验。阿里金融云行业解决方案包括：

（1）交易所核心云上架构方案。阿里金融云帮助交易所核心在云上部署，实现交易的稳定可靠。

（2）行情资讯云上架构方案。阿里金融云为证券公司、财经门户的行情/资讯系统提供云端扩展方案，解决随着行情起伏而出现的业务波动大的难题。

（3）委托交易云上架构方案。阿里金融云为证券行业提供委托交易上云方案，实现客户的业务升级以及业绩提升。

云计算在证券业中的应用主要是云平台解决方案，平台的运行能够很好地满足业务量的爆炸性增长，并保证长期业务发展需要。从行业发展、业务逻辑和技术应用的可能场景来看，云计算在证券行业有着进一步发展的巨大空间。

☑ 实践操作 2-3 ----------------------------------

请通过查找资料，了解我国云计算在证券业中有哪些合作，取得了哪些成效，并在课堂上进行分享和讨论。

微课 2-3

金融云十年
蓬勃发展

任务三　云金融的发展趋势

微课2-4

数字化金融
转型：迈向
Cloud 3.0 时代

　　未来金融云所能提供给客户的价值，不仅是"云"产品，更是与业务生态乃至产业生态深度融合的商业价值。

　　产品与技术是金融云未来价值体系之一。"公共云+私有云+行业云"的混合云模式是未来金融云的发展方向。融合人工智能、大数据、区块链等生态系统的金融级公共云平台，为金融机构提供了稳定可靠的技术底座，拓展了金融机构业务生态圈。金融机构自建私有云平台为核心数据和系统提供安全、可控的云计算平台，搭载容器开发、测试、生产和运维一体的PaaS平台以及应用开发运行平台（DevOps）。符合监管机构监管要求的行业云为金融机构提供高弹性、高稳定性、高安全性的成熟基础设施，帮助金融机构快速从传统IT向云计算转型。金融机构可以根据自身的特点采用多种模式，建设融合"场景金融、合作营销、开放互联、共享服务"的数字化转型模式。

　　产业联结能力是金融云未来价值体系之二。未来金融云具有深度的产业诀窍，可以提供各种复杂场景下的最佳解决方案，如智贷云、资管云等。对于绝大部分中小金融机构来说，产业经济的数字化倒逼金融机构也必须走上数字化的道路，以满足不断提升的客户需求。但中小金融机构在数字化转型的过程中，往往面临着产品创新难、客户拓展难、风险控制难、系统升级难以及吸引人才难几大难题，而要解决这些难题，并不是某一点的能力补齐，而是需要一套可以覆盖营销、运营、风控、系统及生态搭建等场景从而为机构带来业务增长的整体解决方案，比如智贷云，就可以通过对区域银行数字农贷、自营消费贷业务等全金融场景覆盖，为中小金融机构提供集营销、运营、风控、系统和生态于一体的金融云服务，助力金融机构基于自身生态实现低成本、高效率的数字信贷服务。

　　供应链生态圈是金融云未来价值体系之三。金融云可以共享金融云服务商提供的完整的供应链生态，能直接助力客户的业务需求。随着产融结合以及全球化的发展，供应链金融已成为金融机构增强核心竞争力、打造产业生态系统的重要手段。通过互联网、大数据、云计算等技术，供应链由线下向线上延伸，基于产品业态发展服务业态，基于产品和服务业态发展互联网业态，是由线下向线上发展的突破，实现了传统产业与新兴产业的跨界融合，以全新的商业模式来推动供应链生态圈的建立。

　　良好服务体验是金融云未来价值体系之四。未来金融云应重视以问题为导向，以需求为牵引，为客户制订最适合的方案。"便捷高效"的服务对客户体验至关重要，金融机构应充分利用云计算等技术，使用智能客服助手等实现基于自然语言的人机交互智能产品推荐、业务咨询等智能化场景服务，并要具备快速学习及迭代优化能力，确保"人机交互"服务体验与服务质量稳步提升。利用科技赋能远程业务，可以进一步提升金融机构线上业务远程化、智能化，实现客户服务数字化转型，深化客户服务体系的数字化建设。

金融微课堂

2023年召开的中央金融工作会议提出做好科技金融、绿色金融、普惠金融、养老金融、数字金融五篇大文章，对数字金融高质量发展提出了新要求。请问如何理解云计算与科技金融之间的关系？

项目小结

1.云计算以分布式计算为核心，通过整合网络上的海量资源，在方便用户随时随地取用资源的同时，提高了资源的利用效率。正因为云计算有着超强的实用性，所以它仅在十多年间就从一个新兴概念逐步发展成为信息技术产业的战略重点，而且在金融领域得到了广泛运用。

2.金融机构应用云计算的首要目的是缩短应用部署时间、节约成本和业务升级不中断。金融行业使用云计算有两种模式：私有云和行业云。私有云适用于大型机构，行业云适用于中小机构。云计算主要分为三种部署形式，分别为公共云、私有云及混合云。

3.云计算在金融领域中的应用主要包括三大维度：金融数据处理系统的云应用、金融机构安全系统的云应用、金融机构产品服务体系的云应用。

4.云计算可应用于保险产品设计、定价承保、生态分销、理赔服务和技术系统等不同环节；云计算在保险业务中的应用是服务平台化。

5.云计算可应用于证券交易、行情系统、后台业务管理等不同业务领域。

项目训练

一、单项选择题

1.通过互联网提供按需软件付费应用程序的是（　　　）。

A.IasS　　　　　　　　B.PasS　　　　　　　　C.SasS　　　　　　　　D.IPasS

2.关于私有云说法错误的是（　　　）。

A.私有云是机构自建云端

B.受经济基础强大的大型机构青睐

C.可以存储自身重要敏感数据

D.更受综合实力较弱的中小机构的偏爱

3.下列不属于云计算服务模型的是（　　　）。

A.软件即服务　　　　　　　　　　　B.平台即服务

C.基础设施即服务　　　　　　　　　D.资源即服务

4.下列受综合实力较弱的中小机构偏爱的是（　　　）。

A.公共云　　　　　　　B.私有云　　　　　　　C.行业云　　　　　　　D.混合云

5.（   ）这种模式一般部署在企业的数据中心，由企业的内部人员管理。

A.公共云　　　　　　B.私有云　　　　　　C.行业云　　　　　　D.混合云

6.微软的云计算服务属于云计算的（   ）层次。

A.IaaS　　　　　　B.PaaS　　　　　　C.SaaS　　　　　　D.IPaaS

7.关于云计算说法不正确的是（   ）。

A.虚拟化　　　　　　B.高可用性　　　　　　C.不可扩展性　　　　　　D.服务代价小

8.以下不属于云计算特点的是（   ）。

A.规模小　　　　　　B.虚拟化　　　　　　C.高可靠性　　　　　　D.高扩展性

9.以下不属于云计算产生的价值的是（   ）。

A.规模化　　　　　　B.精细化　　　　　　C.成本高　　　　　　D.效率提高

二、多项选择题

1.云计算随时随地从可配置计算资源共享池中获取的所需资源有（   ）。

A.网络　　　　　　B.服务器　　　　　　C.应用　　　　　　D.存储

2.云计算模式具备的基本特征有（   ）。

A.按需自助服务　　　　　　　　　　B.广泛的网络访问

C.资源共享　　　　　　　　　　　　D.快速的可伸缩性和可度量的服务

3.云计算的服务模式有（   ）。

A.SaaS　　　　　　B.PaaS　　　　　　C.CaaS　　　　　　D.IaaS

4.由于金融与云计算的结合，在手机上简单操作就可以完成以下（   ）业务。

A.银行存款　　　　　　B.购买保险　　　　　　C.基金买卖　　　　　　D.大额贷款

5.IaaS可以把（   ）作为一项服务提供给客户。

A.服务器　　　　　　B.网络技术　　　　　　C.存储　　　　　　D.数据中心空间

6.关于SaaS说法正确的有（   ）。

A.SaaS最接近于终端用户　　　　　　B.SaaS是我们每天生活都能接触到的

C.SaaS是具体的应用服务　　　　　　D.SaaS是基础设施

7.按照不同的部署模式，云平台可以分为（   ）。

A.公共云　　　　　　B.私有云　　　　　　C.混合云　　　　　　D.行业云

8.企业架构私有云需要具备（   ）。

A.自行设计数据中心　　　　　　　　B.拥有专业的顾问团队

C.布设网络　　　　　　　　　　　　D.准备存储设备

三、判断题

1.阿里金融云是中国第二大云计算公共服务平台，运行着几十万家商户的电子商务网站/ERP/游戏/移动App等各类应用和数据。（   ）

2.目前中国人民银行还未发布云计算金融的行业标准。（   ）

3.与分布式系统相对的是集中式系统，集中式系统采用单节点部署，很可能由于系统过大而难以维护，发生单点故障，即单个节点发生故障波及整个系统，导致整个系统或网络的瘫痪。（   ）

四、简答题

1.什么是云金融关键技术构架？

2.金融云应用可分为几大维度？并分别说明。

五、实践应用题

"指尖授信 云上金融"

——湖北荆州农商银行荆州支行"301"贷款模式按下金融服务"快捷键"

近年来，湖北荆州农商银行荆州支行大力推广"301"贷款服务模式，积极创新产品，按下小微金融服务"快捷键"。截至2023年6月末，该支行通过"301"贷款服务模式累计发放贷款2 174笔、金额1.53亿余元，有力解决了小微客户"融资难、融资慢、融资贵"的问题。

收款"扫一扫"流水也能办贷款

"农商银行收款57元……"正值学生下课高峰期，地处荆州中学旁的明天便利店超市朱老板正在收银台前忙得不亦乐乎。

"用农商银行的'收银宝'，不用找零，也不担心假钱，而且还有'备用金'。"不久前，朱老板通过收款码的流水数据顺利申请到20万元"'码商e贷'备用金"，用于沙市中学附近的新店开业。"不需要抵押和担保，手机上就可以操作，这以后进货呀，真是太方便了。"

"有码可贷、多扫多贷、闲时办贷、忙时可用。"依托扫码商户，荆州农商银行荆州支行大力营销"码商e贷"。在"301"快贷模式下，该支行引导"收银宝"商户将扫码"现金流"变成信用"资金流"。截至6月30日，荆州农商银行荆州支行已为1 207家商户发放"码商e贷"8 100余万元。

手机"点一点"随时随地能提款

"现在手机提款真是太智能、太方便了。"在荆州中心医院工作的崔女士在荆州农商银行城南支行客户经理的指导下，通过"湖北农信"手机银行成功提款15万元。

荆州农商银行城南支行运用线上营销思维，创新工作思路，整合"码商e贷""白领e贷""天使e贷"等多款线上微贷产品，利用"301"（3分钟申贷、0人工干预、1键式提款）贷款模式，做到"一次授信、线上办理、随贷随还"，让客户获得方便快捷的办贷体验。2023年以来，荆州农商银行城南支行已累计发放各类线上贷款884笔、金额4 300余万元。

Pad "云审批"资金到账简单快捷

在"301"模式下，荆州农商银行荆州支行持续加强产品创新，以满足不同客户的资金需求；不仅"收银宝"流量，而且公积金数据和纳税信用数据都可转化为贷款。

在体验过"税e贷"申贷过程后，湖北某建筑工程公司负责人感到惊喜和意外。从100万元申请到提款仅用不到30分钟，速度之快让他连连夸赞："这么好的产品，我一定要推荐给我的生意伙伴。"

据悉，"税e贷"通过对接"'银税'互动平台"，根据客户在国家税务部门的纳税信息，结合荆州农商银行行内外大数据以及风险决策模型进行评级授信，客户可通过手机银行"一站式"完成申贷提款。截至6月末，荆州农商银行荆州支行已为14个纳税户授信1 100余万元，现有贷款余额600余万元。

自荆州农商银行荆州支行大力推广"301"贷款模式以来，大大地提升了信贷服务效率和客户获得感。相比于过去传统贷款审批模式，该支行依托大数据和"智慧微贷"平台上门办贷，将贷前调查、资料收集、提交审批等多个信贷流程大大简化，极大提高了工作效率，真正实现客户足不出户即可办理，着力提升服务实体经济质效。截至目前，该支行各项贷款余额达49.56亿元，比年初净增3.65亿余元，比去年同期增长106%，创历史同期新高。

资料来源：廖秋霞."指尖授信 云上金融"——湖北荆州农商银行荆州支行"301"贷款模式按下金融服务"快捷键"［EB/OL］.［2024-08-12］.https://www.sohu.com/a/708405481_121123795.

要求：

1．阅读并讨论以上案例。

2．请分析湖北荆州农商银行在云金融上有什么成功经验？

项目三

大数据金融

学习目标

知识目标

认识大数据与大数据金融；了解大数据的含义、特征与处理流程；了解大数据在金融领域的典型应用及其发展情况。

能力目标

能分辨大数据与数据；能辨识大数据在金融领域的应用场景；能对大数据金融的未来发展有初步的判断。

素养目标

培养学生对大数据技术与大数据金融发展的开阔视野和前瞻性意识。

思维导图

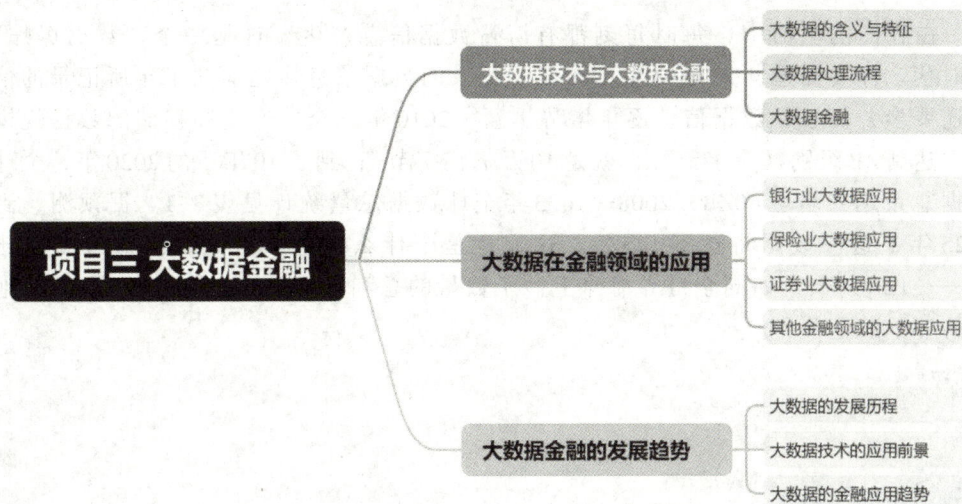

案例导入

电影《点球成金》背后的大数据应用：用数据拿冠军

2011年上映的影片《点球成金》，改编自迈克尔·刘易斯的《魔球：逆境中致胜的智慧》一书。该片获得第84届奥斯卡最佳影片、最佳男主角、最佳男配角、最佳改编剧本、最佳音响效果、最佳电影剪辑6项提名，以及第69届金球奖最佳剧情片提名和最佳剧本提名。该片讲述了精明的奥克兰运动家棒球队总经理比利·比恩如何采用统计学和数学建模的方式分析数字，从而取得最终胜利的经营哲学。他是逆向投资的表率，用极少的资金经营着这家俱乐部，并使用复杂的计算机程序分析比赛数据，用"数据"的方式将一个小球队打造成超级劲旅，使得这支球队取得了一场又一场的胜利，甚至有能力与大名鼎鼎的纽约扬基队竞争。

比利·比恩的成功之道是运用一整套数据分析法来代替传统的球队运作，他尽可能地将球员能力数据化，并以此作为衡量球员能力的唯一标准，而非某些基于主观经验的判断。最终，在全新理念的指引下，运动家棒球队在2000年后曾5次打入季后赛，4次获得分区冠军，共赢得了1 045场比赛。其间，运动家棒球队甚至还创下了美国职业棒球大联盟百年历史上连胜20场的空前纪录。

资料来源：统计学之家. 电影《点球成金》背后的大数据应用：用数据拿冠军〔EB/OL〕.〔2020-08-01〕. http://www.tjxzj.net/997.html.

思考讨论：

1. 什么是大数据？
2. 大数据分析如何让比利·比恩管理的棒球队获得巨大成功？

任务一   大数据技术与大数据金融

在我们的生活中，每时每刻都有海量数据信息产生，这是一个"数据爆炸"的时代。你要知道，人类在过去10年里记录的数据信息比之前几千年所记录的信息还要多，而且，数据信息逐年增势迅猛。2010年，全球产生和存储的数据规模首次达到ZB级别（泽字节，也就是10万亿亿字节）；到了10年后的2020年，全球数据总量迅猛增至60ZB，2008—2023年全球数据总量统计见表3-1。据预测，到2025年，这一数据将达到175ZB。这究竟是个什么概念？有人曾经做过一个比喻——1ZB的数量如同全世界海滩上沙子数量的总和；而175ZB就相当于175个地球的沙子数量总和。

表 3-1　　　　　　　　　**2008—2023 年全球数据总量统计**

年　份	当年全球数据总量（单位：ZB）
2008	0.5
2009	0.8
2010	1.2
2011	1.8
2012	2.7
2013	4.05
2014	6.075
2015	7.9
2016	18
2017	21.6
2018	33
2019	41
2020	60
2021	67
2022	81.3
2023	103.67

数据来源：作者根据公开资料整理。

　　"数据"已经成为现代社会的重要资源，能产生巨大的价值。据赛迪公司（CCID）统计，2021 年，为消费者直接提供产品的中国大数据分析市场与下游行业中，金融、政府、电信和互联网位居应用领域前四名，金融行业市场占比最高，为 19.1%，市场规模约为 44.1 亿元（如图 3-1 所示）。

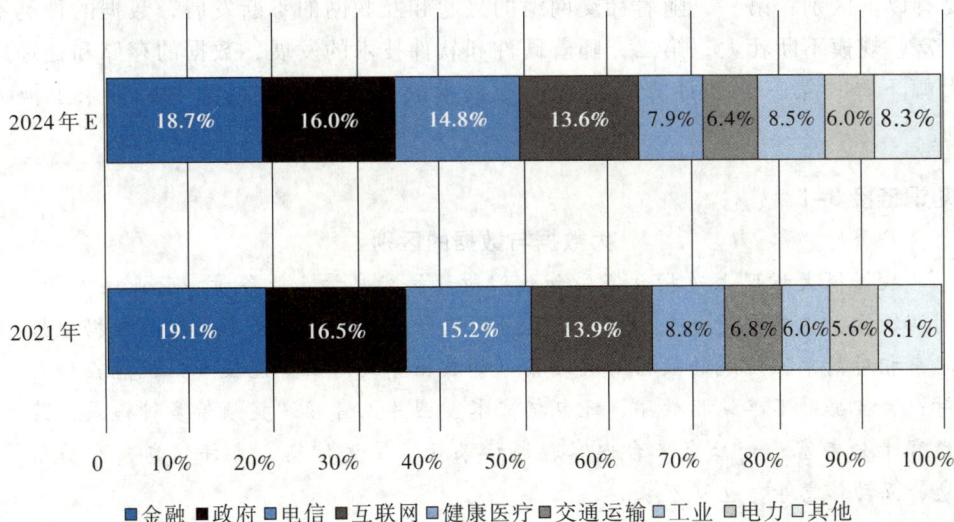

图3-1　中国大数据分析市场下游行业结构及预测

　　大数据与金融之间强大的价值关联，吸引着金融企业充分利用大数据技术，挖掘大数据产业潜力。而天生数据资源丰富的金融行业，在大数据技术的助推下，正经历着巨大的变革。

　　实践操作 3-1

　　请以小组为单位，查找数据规模的计量单位有哪些，以合作画图或类比等方式直

微课 3-1

大数据与
金融变革

观表达具体数量大小，并展示分享成果。

一、大数据的含义与特征

（一）大数据的含义

从狭义的角度看，根据研究机构高德纳（Gartner）给出的定义，大数据是指只有运用新的处理模式才能具有更强的洞察力、决策力和流程优化能力的海量、多样化和高增长率的信息资产。通过对大数据的分析，可以了解数据背后的相应用户行为规律等信息，有助于政府、企业等做出决策。

从广义的角度看，大数据则是一个综合性的概念，它囊括了狭义角度的大数据，对这些数据进行存储、处理、分析的技术，以及通过分析这些数据获得实用意义的人才和组织。

国际标准化组织（ISO）和国际电工委员会（IEC）下属的负责信息技术的大数据标准化委员会 ISO/IEC JTC 1/SC 42 在其文件中将大数据定义为"数据集合，它们因规模、复杂性或产生速度而难以用传统数据处理应用进行有效捕获、管理和处理"。中华人民共和国国家质量监督检验检疫总局和中国国家标准化管理委员会在 2017 年 12 月 29 日发布了《信息技术 大数据 术语》国家标准（GB/T 35295—2017），2018 年 7 月 1 日起正式实施。该标准提出，大数据是具有体量大、来源多样、生成极快且多变等特征，并且难以用传统数据体系结构有效处理的包含大量数据集的数据。

对数据的应用和分析其实早已存在，而当前的大数据与曾经的数据应用相比，主要有以下区别：第一，随着社交网络的兴起和互联网的不断发展，数据的种类不断丰富，规模不断壮大；第二，随着硬件和软件技术的发展，数据的存储和处理成本大幅下降；第三，云计算、物联网等技术的发展给大数据的发展带来了极大便利。

知识链接 3-1

大数据与数据的区别

数据很大程度上是指数字，如我们所说的客户量、业务量、营业收入额、利润额等，这些都是一个个数字或者可以进行编码的简单文本，这些数据分析起来相对简单，传统的数据解决方案（如数据库或商业智能技术）就能轻松应对；大数据则不单纯指数字，还包括文本、图片、音频、视频等多种格式，其内容十分丰富，如社交平台内容、通话录音、位置信息、点评信息、交易信息、互动信息等，包罗万象。

对于旧石器时代的原始人类来说，山洞的一幅壁画就足以构成他们当时的知识库，壁画就是那个时期的大数据；后来记录的数据多了，承载数据的媒介由木简发展到纸张，一堆纸、一间房的书就成了大数据；当今社会，数据需要用庞大的计算机群去存储。所以说大数据本身是一个相对的、抽象的概念。

资料来源：微策略中国. 大数据与数据的区别［EB/OL］.［2019-09-04］. https://www.zhihu.com/question/23896161/answer/813167545.

（二）大数据的特征

狭义的大数据的特征可以归纳为5个"V"：volume（大体量）、variety（多样性）、velocity（时效性）、value（价值性）、veracity（准确性）。

1.大体量

当前我们的世界已经逐渐被数据包围，互联网、物联网、社交网络、科学研究等源源不断地产生数据，使得数据规模呈爆炸式增长。按储存对象，数据可分为环境数据、医疗数据、金融数据、交通数据等；按照结构，数据可分为结构化数据、半结构化数据、非结构化数据，用来衡量数据量的单位也逐渐从MB转向TB再到PB，甚至逐渐转向ZB，"海量"是大数据的基本特征。大数据一般指10TB规模以上的数据量。现在的大数据概念和以往的数据库概念并不相同，传统数据库时代的数据量远远小于大数据时代数据库的数据量。

2.多样性

随着互联网技术的发展，传感器、智能设备和各种社交网络不断兴起，数据类型也变得更加复杂，不但包括传统的关系型数据，还包括来自网页、互联网日志文件（包括点击流数据）、搜索引擎、社交媒体论坛、电子邮件、音频、视频、主动和被动系统的传感器数据等未加工的半结构化或非结构化数据。

以往的数据以结构化数据为主，它们一般运用关系型数据库作为工具，可以通过计算机软件和设备很容易地进行处理。结构化数据的处理是将某一类事物的数据数字化，以便进行存储、计算、分析，在某些情况下可以忽略一些细节，而专注于选取有意义的资讯和信息。在数据处理的过程中，只需要确定好数据的价值，设置好各个数据的格式，构建起数据间的相互关系进行保存即可，一般不需要进行更改。

而非结构化数据的大小、内容、格式不同，不能用一定的结构来进行构建，如我们在上网冲浪的过程中所看的视频、在旅游过程中上传的照片、在朋友圈发的文字、记录日常的微博等，这些人们在日常工作生活中接触到的文件、照片、视频都包含大量的数据，蕴含大量的信息。

知识链接 3-2

"大数据"从哪里来？

数量庞大的"大数据"，其来源是多渠道的，主要有以下几类：

来源一：传感器与物联网设备

任何可以监测、数据化、传输的工具都是传感器，通常运用在手机、可穿戴设备、工业设备和汽车等终端设备中。例如手机、手环、马路上的摄像头、智能家用电器、智能温度控制器、智能照明等都是传感器，传感器探测和集成包括温度、湿度、压力、速度、位置、设备状态、使用情况等数据。2005年，全世界使用的传感器只有1.3亿个，2010年发展到30亿个，预计到2030年将有100万亿个传感器连接在物联网上。

来源二：互联网与社交媒体

互联网数据是通过搜索引擎、社交媒体、新闻网站等渠道收集的。这些数据包括用户搜索历史、网页浏览记录、社交媒体上的评论和分享等。每时每刻都有网友在浏览信息、聊天、发帖子、购物等，留下了海量的数据。

2023年法新社报道称，全球社交网络用户近50亿，占世界总人口的60.6%；全球用户平均每天花在社交网络上的时间达2小时26分钟，社交网络用户平均使用的平台数量超过7个。10年前的网络数据即显示，Facebook每天处理23TB的数据，Twitter每天处理7TB数据，腾讯每天新增加200～300TB数据，中国电信大概每天有10TB的话单、30TB的上网日志和100TB的信令数据（信令是指在无线通信系统中，除了传输用户信息之外，为使全网有秩序地运行，用来保证正常通信所需要的控制信号）。从1994年我国第一个网民上网，30年来网民数据量增长迅猛。2024年3月22日，中国互联网络信息中心（CNNIC）在北京发布第53次《中国互联网络发展状况统计报告》。报告显示，截至2023年12月，我国网民规模达10.92亿人，互联网宽带接入端口数量达11.36亿个，移动电话用户总数为17.27亿户，微博平均每日活跃用户数在2023年9月即达到了2.6亿个。

来源三：企业与政府部门

企业在采购、生产、销售、财务等方面产生的数据，如交易记录、销售额、库存量等，可以用于企业的业务分析和决策支持。政府部门在人口统计、经济发展、环境监测等方面产生的数据，如人口普查数据、GDP数据、环境污染数据等，可以用于社会管理和政策制定。这些政府和企业数据具有较高的可信度和完整性，为大数据分析提供了可靠的基础。

资料来源：作者根据相关资料整理。

3.时效性

大数据的速度并不限定为数据的增长率，而应动态地理解为对数据的处理速度与数据的流动速度。数据的产生和更新的频率，也是衡量大数据的重要特征之一。大数据时代，数据的获取是随时随地进行的。新数据不断涌现，对数据处理提出了更高的要求。只有做到对数据的处理速度跟上甚至超越大数据的产生速度，才能使大量的数据得到有效利用，否则不断激增的数据不但不能为解决问题带来优势，反而成了快速解决问题的负担。大数据的时效性是指在数据量特别大的情况下，能够在一定时间和范围内及时处理数据。这里的"速度"应动态地定义，即数据流动的速度：在有效处理大数据的过程中，需要对它的数量和种类执行分析，而不是只在它静止后执行分析。只有对大数据做到实时创建、实时处理和实时分析，才能及时有效地获得高价值信息。对大数据快速、持续的实时处理要求，也是大数据与传统海量数据处理技术的关键差别之一。

4.价值性

数据价值密度低是非结构化大数据的重要属性。数据采集的不及时、样本的不全面、数据的不连续、数据失真等都有可能导致大数据的价值密度降低，但大数据时代非结构化数据的处理是造成数据价值密度低的主要原因。

　　大数据包含很多深度价值，对大数据的分析挖掘和利用将产生巨大的商业价值。在数据量呈现指数级增长的趋势下，隐藏在大数据中的有价值的信息却没有成比例地增长，真正可用的数据信息只有一小部分。价值密度的高低常常与数据总量的大小成反比，这样便加大了我们获取有用信息的难度。例如，监控视频在连续不断的监控过程中记录了大量视频数据，但很多数据可能是无用的，在某些特定应用需求下，比如获取犯罪嫌疑人的体貌特征时，有效的视频数据可能仅仅只有一两秒钟，大量不相关的视频信息会增加获取这有效的一两秒钟数据的难度。

　　大数据的价值密度低是指在特定的应用环境下，有效的信息相对于数据整体偏少，但对某种应用无效的信息可能对另一种应用反而是有效信息。因此，尽管数据价值密度低会为我们带来很多不便，但为了保证新产生的应用有足够有效的信息，通常必须保存所有数据，从而做到更真实全面地反馈信息。

案例探析 3-1

大数据如何实现价值化？
福建首单场内健康医疗数据产品完成交易

　　大数据时代，数据能够像普通商品一样通过"上架销售"实现价值化。作为一种新型商品，它既不能论斤按克计量，也不能简单标价，那么是如何完成销售和购买的呢？

　　3月15日，在福建大数据交易所内，一款基于内分泌代谢病真实世界研究的健康医疗数据产品，顺利完成了场内交易，实现了数据供需两侧的"双向奔赴"。

　　数据产品从何而来？

　　"本次交易，实现了福建省健康医疗领域数据产品场内交易'零'的突破，意义十分重大。"福建大数据交易有限公司董事长李喆在当天的交易签约仪式上介绍说，这是一次通过数据价值化，赋能医疗健康产业发展的有益探索和生动实践。

　　那么，如此"有份量"的一次交易，其数据从何而来、产品如何生产呢？

　　2023年12月31日，国家数据局等17部门联合印发了《"数据要素×"三年行动计划（2024—2026年）》，医疗健康作为十二大重点行业领域之一，已经成为各类市场积极参与数据开发利用、挖掘典型应用场景的主阵地。

　　"基于区域健康医疗大数据的真实世界循证医学研究，可为相关疾病的预防、诊疗管理优化、科研创新和医疗卫生政策制定等提供有力支撑。"厦门市健康医疗大数据中心主任荣飚认为，先天性疾病、重疾、慢性非传染性疾病等在全球范围内对人类健康产生显著影响，该领域的数据研究与开发应用，具备多重社会效益和经济效益。作为国内首个区域级健康医疗大数据平台，中心持续在真实世界和循证医学相关领域开展研究，已整合了一批具有开发利用价值的数据资源。

　　2020年厦门市卫健委建立授权运营机制，在该机制下，厦门健康医疗大数据有限公司基于厦门市健康医疗大数据中心的真实世界研究平台进行数据计算，并对数据进行有序开发利用和市场化运营，赋予了数据成为"商品""上架销售"的可能。

数据商品如何完成交易？

在此次交易过程中，厦门健康医疗大数据有限公司是数据产品的提供方，北京智能决策医疗科技有限公司是需求方，而福建大数据交易所为本次交易提供平台和流程保障。

据了解，福建大数据交易所是福建大数据交易有限公司旗下的省级大数据交易平台，也是全国为数不多的合规数据交易场所。它依托全省一体化公共数据体系优势，搭建安全合规的数据流通交易基础设施，可面向各类市场主体提供数据交易全流程一站式服务。截至目前，该平台已入驻核心数商超400家，服务合作数商超500家，累计完成数据交易金额突破15亿元，拉动数据要素市场规模化增长超100亿元。

"上架交易的所有数据产品，在数据的采集、汇聚、清洗、分析、销售、购买、应用等全过程中，必须遵循合法合规性原则，以'可用不可见'的方式，确保数据安全和尊重隐私。"福建大数据交易有限公司副总经理卞羽说。

据了解，此次交易的内分泌代谢病真实世界研究数据产品，是在经历了交易所的确权、登记、上架、撮合等一系列流程后，经过律师事务所的合规审查，才完成了交易的全流程。

对于这款"看不见摸不着"的数据产品，本次交易的数据购买方北京智能决策医疗科技有限公司首席运营官王博表示，他们将以合规交易的数据产品为基础开展相关领域研究，并通过与相关科研院所、高校的产学研合作，推动内分泌代谢病等相关诊疗探索。

资料来源：蒋巧玲. 大数据如何实现价值化？福建首单场内健康医疗数据产品完成交易［EB/OL］.［2024-03-17］. https://www.fujian.gov.cn/zwgk/ztzl/sxzygwzxsgzx/sdjj/szjj/202403/t20240317_6415453.htm.

思考讨论：

金融行业在哪些方面需要大数据的支持？需要怎样的大数据产品？

5.准确性

数据处理的结果必须具有准确性，即只有真实而准确的数据才能对数据的管控和治理具有真正意义。原始数据需要经过预处理，解决可能存在的噪声、异常、缺失、偏差、可信度差等质量问题，从而使结果的准确性更高。随着社交数据、企业信息、交易与应用数据等新数据源的兴起，传统数据源的局限性被打破，企业也更加需要通过有效的信息治理来确保其真实性和安全性。

大数据的特征表明：大数据不仅数据量大、种类多，而且分析和处理起来也更加复杂，更加追求速度，更注重时效性、准确性和价值性。大数据技术描述了新一代的技术和架构，即通过高速（velocity）采集、发现和分析，从超大容量（volume）、多样化（variety）的数据中准确地（veracity）提取价值（value）。大数据不仅意味着数据总量的快速增长，其更大的意义在于通过对数据的交换、整合和分析，及时识别和发现新的知识，创造新的价值。

二、大数据的处理流程

大数据的处理流程是一个复杂且精细的过程，它涉及从数据的产生到最终应用的全生命周期。大数据的处理主要包括数据采集、数据存储、数据清洗和预处理、数据集成和转换、数据分析、数据可视化、数据应用等环节，以及不可忽视的、每个环节都会涉及的数据安全与隐私保护问题。

（一）数据采集

数据采集是大数据处理流程的起点，是指通过各种技术手段和方法，从各种数据源中收集、提取和整合大量数据的过程。大数据采集的方式多种多样，包括数据库采集、系统日志采集、网络数据采集和感知设备数据采集等。每种方式都有其独特的优势和适用场景，在实际应用中需要根据具体需求进行选择和组合。

1.数据库采集

数据库采集是大数据采集的基础方式之一，主要通过关系型数据库（如 MySQL、Oracle）或非关系型数据库（如 Redis、MongoDB、HBase）来存储和采集数据。企业通过在采集端部署大量数据库，并在这些数据库之间进行负载均衡和分片，来完成大数据采集工作。

以电商平台为例，每天用户产生的订单信息、商品浏览记录、支付信息等都会被存储在数据库中。这些数据库可能包括关系型数据库，用于存储结构化数据，以及非关系型数据库，用于存储半结构化和非结构化数据。通过数据库采集，电商平台可以实时获取并分析用户行为数据，以优化商品推荐、提升用户体验等。

2.系统日志采集

系统日志采集主要是收集公司业务平台日常产生的大量日志数据，供离线和在线的大数据分析系统使用。系统日志采集工具通常采用分布式架构，能够满足高并发、高可靠性的日志数据采集和传输需求。

在云计算和大数据环境下，服务器、网络设备、应用程序等都会产生大量的日志数据。以某大型互联网公司为例，其每天产生的日志数据可能达到 PB 级别。通过系统日志采集工具（如 Flume、Logstash 等），这些日志数据可以被实时采集并传输到大数据处理平台进行分析，以监控系统的运行状态、发现潜在的安全问题等。

3.网络数据采集

网络数据采集是指通过网络爬虫或网站公开 API 等方式从网站上获取数据信息的过程。网络爬虫会从一个或若干初始网页的 URL 开始，不断抓取网页内容并抽取新的 URL 放入队列，直到满足停止条件为止。这种方式可以将非结构化或半结构化数据从网页中提取出来并存储到本地。

搜索引擎是网络数据采集的典型应用之一。以谷歌为例，其搜索引擎通过大规模的网络爬虫（Googlebot）不断抓取互联网上的网页内容，并构建庞大的网页索引库。当用户输入查询关键词时，搜索引擎可以快速从索引库中检索出相关信息并呈现给用户。此外，电商平台、社交媒体等也广泛采用网络数据采集技术来收集用户行为数据、商品信息等。

4.感知设备数据采集

感知设备数据采集是指通过传感器、摄像头和其他智能终端自动采集信号、图片或录像来获取数据。这种方式在物联网领域得到广泛应用，可以实现对物理世界的实时监测和数据分析。

　　智慧城市是感知设备数据采集的典型应用场景之一。在智慧城市中，各种传感器被部署在城市的各个角落，如交通路口、环境监测站、公共设施中等。这些传感器可以实时采集交通流量、空气质量、噪声水平等数据，并通过无线网络传输到数据中心进行分析处理。基于这些数据，城市管理者可以做出更加科学、合理的决策以优化城市运行效率和管理水平。

（二）数据存储

　　收集到的数据需要被安全、高效地存储起来，以便后续的处理和分析。以Facebook为例，它每天需要存储超过100PB的数据，这些数据包括用户照片、视频、状态更新等。为了应对这一挑战，Facebook采用了Hadoop分布式文件系统HDFS来存储数据。HDFS能够提供高吞吐量的数据访问，适合大规模数据集的存储。此外，Facebook还使用了一些列式数据库和NoSQL数据库来处理不同类型的数据，确保数据存储的高效性和可扩展性。

　　大数据存储通常采用分布式文件系统，如Hadoop的HDFS，它能够满足PB级别的数据存储需求。以一家全球性的互联网公司为例，该公司利用HDFS存储了来自全球用户的搜索记录、浏览历史、视频观看数据等。HDFS通过其高可扩展性和容错性，确保了即使在硬件故障的情况下，数据也能保持可用性和完整性。该公司每天新增的数据量高达数百TB，HDFS的分布式架构使得数据能够被均匀地分布在数千个节点上，实现了高效的读写操作。

　　金融领域的大数据存储在实践中变革创新。某大型保险企业与腾讯云大数据合作进行数据存储，基于腾讯云大数据的TBDS（Tencent Big Data Suite）平台，以支撑全司生产数据湖仓的离线计算、实时分析、数据开发治理等业务场景；深圳某公司为恒丰银行、广发银行信用卡中心、浙江农信、江苏银行等多家金融机构提供分布式存储解决方案，帮助金融机构实现非结构化数据的统一管理、开放兼容的一站式存储服务。

（三）数据清洗和预处理

　　数据清洗和预处理是确保数据质量的关键步骤。在这个过程中，需要识别并处理数据中的噪声、缺失值、异常值等问题。

1.数据清洗

　　数据清洗是提高数据质量的关键步骤。在医疗行业，一家大型医院的数据分析团队发现，原始的患者数据中约有15%存在格式错误或信息不全等问题。通过使用数据清洗工具，如OpenRefine和Python脚本，团队对这些数据进行标准化处理，剔除无效记录，最终使得数据准确率提升至99%，大大提高了后续数据分析的准确性。

　　以某金融机构为例，数据清洗过程中发现了约10%的数据存在错误或缺失。这些数据问题可能源于输入错误、系统故障或数据传输过程中的丢失。通过数据清洗，金融机构使用了自动化脚本和人工审核相结合的方式，对数据进行去噪、纠正和补全。例如，对于缺失的账户信息，在清洗过程中会通过算法预测或查询原始记录来填补这些空白。数据清洗后，数据准确率提高了95%，为后续的数据分析和决策提供了可靠的基础。

2.数据预处理

在数据预处理环节，企业会对清洗后的数据进行进一步的操作。以中国的搜索引擎巨头百度为例，它使用了自己的大数据处理框架——百度云，来处理每天产生的海量数据。在处理过程中，百度会对用户查询日志进行分析，优化搜索结果，提高用户体验。百度公布的数据显示，通过高效的数据处理，搜索结果的相关性提高了12%。

以一家金融科技公司为例，其在进行信贷风险评估时，需要处理来自不同银行、征信机构等多源的数据。这些数据可能存在格式不一致、字段缺失等问题。通过编写数据清洗脚本，该公司能够自动化地处理这些问题，如将不同格式的日期统一转换为标准格式，填充缺失的字段等。经过清洗和预处理后的数据，将更加适合后续的建模和分析。

（四）数据集成和转换

在大数据处理中，数据通常来自不同的系统和数据源，格式和结构各异。为了进行有效的分析，需要将这些数据进行集成和转换，形成统一的数据视图。

以一家跨国金融机构为例，该机构需要从全球各地的分支机构、交易系统、客户管理系统等多个数据源中整合数据。通过 ETL（Extract-Transform-Load）工具，该机构能够将不同格式和结构的数据进行抽取、转换和加载到数据仓库中。在转换过程中，可能需要对数据进行格式化、合并、拆分等操作以满足分析需求。例如，将不同货币单位的交易金额转换为统一的货币单位，将不同时间格式的交易记录转换为统一的日期时间格式。经过集成和转换后的数据为金融机构提供了全面的业务视图，有助于发现市场趋势、评估风险和优化投资策略。

（五）数据分析

数据分析是大数据处理流程的核心环节，旨在从海量数据中提取有价值的信息和进行洞察。

在金融领域，摩根大通银行利用高级数据分析技术来识别欺诈行为。通过分析数百万笔交易数据，摩根大通开发了一套预测模型，该模型能够准确识别出97%的潜在欺诈交易，有效降低了银行的损失。

在电商领域，数据分析师可以利用数据挖掘和机器学习算法对用户的购买行为、偏好、趋势等进行深入分析。例如，通过分析用户的浏览历史和购买记录，可以发现用户的潜在需求和购买意向；通过聚类分析将用户划分为不同的群体，以便进行精准营销和个性化推荐。此外，还可以利用预测模型预测未来的销售趋势和库存需求，帮助电商平台优化库存管理和提高运营效率。数据分析的结果通常以报告、图表等形式呈现给决策者和管理层，为他们提供数据驱动的决策支持。

在零售业中，一家大型连锁超市通过大数据分析来优化库存管理。超市利用机器学习算法对销售数据进行深入分析，识别出不同商品之间的关联规则和季节性销售趋势。例如，通过分析历史销售数据，超市发现当某种品牌的酸奶促销时，与之搭配的面包销量也会显著增加。基于这一洞察，超市可以调整库存策略，增加面包的库存量以满足促销期间的需求。这种基于大数据的精准营销和库存管理策略，有助于超市提高销售效率和顾客满意度。

（六）数据可视化

数据可视化是将分析结果以直观、易懂的方式展示出来的过程。在大数据分析中，数据可视化工具能够将复杂的分析结果转化为图表、图形、地图等形式，帮助用户快速理解数据背后的故事和趋势。例如，彭博社利用其专有的 Bloomberg Terminal 平台，向金融分析师提供实时的市场数据和可视化图表。这些图表帮助分析师更快地识别市场趋势，做出投资决策。

在智慧城市项目中，政府通过大数据分析来监测城市交通流量、空气质量等关键指标。为了将这些复杂的分析结果传达给公众和政策制定者，政府利用数据可视化工具（如Tableau、Power BI等）将分析结果转化为图表、地图等形式。例如，政府可以制作一张实时交通流量热力图，展示城市中不同区域的交通拥堵情况。政策制定者和公众可以通过这张图直观地了解交通状况，从而做出政策调整和更加明智的出行决策。

（七）数据应用

数据应用的最终目的是将分析结果转化为实际的业务价值。在零售行业，沃尔玛通过分析顾客购物篮数据，优化了商品布局，实现了销售额的显著提升。沃尔玛的相关报告显示，通过这些数据驱动的决策，某些商品的销售额提高了30%。

在科研领域，大型科研项目通常会生成海量的实验数据和研究成果。这些数据对于推动科学进步和技术创新具有重要意义。因此，科研机构会建立专门的数据仓库或数据中心来存储和管理这些数据。同时，为了促进学术交流和合作研究，许多科研机构还会将数据开放给同行或公众使用。通过数据共享平台或开放数据门户，研究人员可以方便地访问和下载所需的数据集，加速科学研究的进程。

在金融领域，大数据的应用较广泛，涉及风险管理、投资决策、客户关系管理、供应链金融、监管合规等多个方面。例如，汇丰银行利用SAS构建了一套全球业务网络防欺诈管理系统，该系统通过收集和分析大数据，以更快的信息获取速度挖掘交易中的不正当行为，并迅速启动紧急告警，有效提升了风险管理能力。投资者可以通过分析市场数据，如股票的历史价格和交易量，来预测股票的未来走势，并制定相应的投资策略，大数据技术的应用使得市场分析更加精准和高效。福州农信"榕易贷"数字金融服务，利用福建省公共数据资源开发服务平台中多维度公共数据与金融数据的深度融合，构建综合评估模型，优化贷款流程，提高评估可信度及贷款效率，实现"数据赋信，金融普惠"。闽光云商供应链金融服务应用，依托三钢集团在上下游供应链核心企业中的优势，打通采购、仓储、物流、计量、化验等数据要素流通环节，实现与金融机构系统互联互通，推出多种供应链金融服务业务，破解钢铁行业上游供应商至下游经销商"融资难、融资贵"困局。

（八）数据安全与隐私保护

在大数据处理的每个环节，数据安全与隐私保护都至关重要的。随着数据量的不断增加和数据应用的日益广泛，数据泄露和隐私侵犯的风险也在增加。

例如，微软公司采用了多层次的安全策略，包括数据加密、访问控制和网络安全措施，以保护用户数据。微软的数据泄露防护系统每年帮助阻止数百万次潜在的数据泄露事件，确保用户信息的安全。

　　金融企业拥有大量用户的敏感信息（如身份证号、银行卡号等），为了保护用户数据的安全，金融企业需要采取多种措施——首先，对敏感数据进行加密存储和传输；其次，实施严格的访问控制策略，确保只有授权人员才能访问相关数据；最后，定期进行安全审计和漏洞扫描，及时发现并修复潜在的安全隐患。通过这些措施的实施，有效地保护用户数据的安全，增强用户对金融企业的信任度。

✓ 实践操作 3-2 --

　　请登录网站进行搜索，兴趣性地学习并了解关于大数据的最新知识及相关情况。

三、大数据金融

（一）大数据金融的含义

　　大数据金融是利用大数据技术，突破、革新并发展传统金融理论、金融技术和金融模式的一种全球性趋势。大数据金融重塑了银行业、保险业、证券投资业等金融行业的核心领域，不仅推动了金融实务的持续创新，更催生了金融模式的深刻变革。

（二）大数据金融的特征

　　随着金融企业数字化转型，金融对于大数据的需求越来越明显，场景也越来越具体化。虚拟化及电子化交易，成为大数据时代金融行业发展的特征。能否充分利用数据优势，将成为金融企业转型升级的关键。

　　纵览大数据金融的发展状况，以下八个特点表现明显：

1.金融产品和服务的网络化呈现

　　在大数据金融时代，大量的金融产品和服务通过网络来展现，包括固定网络和移动网络。其中，移动网络将会逐渐成为大数据金融服务的一个主要通道。随着法律、监管政策的完善，以及大数据技术的不断发展，将会有更多的、更加丰富的金融产品和服务通过网络呈现。支付结算、贷款、资产管理、现金管理、产品销售、金融咨询等都将主要通过网络实现，金融实体店将大量减少，其功能也将逐渐转型。

2.风险管理理念与工具的革新

　　在大数据金融时代，风险管理理念和工具也将调整。例如，在风险管理理念上，财务分析（第一还款来源）、可抵押财产或其他保证（第二还款来源）的重要性将有所降低。交易行为的真实性、信用的可信度通过数据的呈现方式将会更加重要，风险定价方式将会出现革命性变化。对客户的评价将是全方位的、立体的、活生生的，而不再是一个抽象的、模糊的客户构图。例如，阿里巴巴的客户征信系统已出现这种趋势，其征信内容更加丰富和立体，如客户满意度、商铺活跃度等；个人征信系统则通过社交活跃度等来体现。这些都是系统自动记录的。目前银行的征信系统仍是人工录入且内容较少。基于数据挖掘的客户识别和分类将成为风险管理的主要手段，动态、实时的监测而非事后的回顾式评价将成为风险管理的常态性内容。

3.业务与运行的更高效率

　　大数据金融无疑是高效率的，这是因为，许多流程和动作都是在线上发起和完成的，有些动作是自动实现的，主要基于数据分析而无须实地进行尽职调查及面谈工作。所以，大数据金融具有极高的效率，同时，交易成本也大幅降低。

4.金融服务的更大边界

首先，就单个金融企业而言，由于效率提升，其经营成本必随之降低，企业的成本曲线形态也会发生变化，因此非常适合扩大经营规模。其次，基于大数据技术，金融从业人员个体服务对象会更多。换言之，单个金融企业从业人员会有减少的趋势，或至少其市场人员数量有下降的趋势。

5.金融产品与风险的可控、可接受

通过网络化呈现的金融产品，对于消费者而言，是可控、可接受的。可控，是指在消费者看来，其风险是可控的。可接受，是指在消费者看来，其收益（或成本）是可接受的；产品的流动性也是可接受的；消费者基于金融市场的数据信息，对其产品也是可接受的。

6.信息不对称性大幅降低

在大数据金融时代，金融产品（服务）的消费者和金融产品（服务）的提供者之间信息不对称程度大大降低。例如，消费者可实时获知对某项金融产品（服务）或对某个金融企业的评价信息。

7.普惠金融

大数据金融的高效率及扩展的服务边界，使金融服务的对象和范围也大大扩展，金融服务也更接地气。例如，极小金额的理财服务、存款服务、支付结算服务等，普通老百姓都可享受到；甚至极小金额的融资服务也会普遍发展起来；在传统金融时代不敢想的金融深化在大数据金融时代也会完全实现。

8.更好的金融形态

在大数据金融情形下，金融资源配置效率较高。在合适的时间、合适的地点，把合适的产品以合适的方式提供给合适的消费者。并且，大数据金融个性化更强，更强调消费者个体体验。大数据金融可使交易双方进行更多的参与和互动。从社会角度看，金融服务可得性更强，提高了社会福利。

任务二　大数据在金融领域的应用

从投资结构来看，在金融类企业中，排在第一位的是银行，其次是证券和保险。大数据在金融行业中的应用，主要在银行、保险和证券领域。

一、银行业大数据应用

在国内，随着大数据技术的发展，不少银行已经尝试通过大数据来驱动业务运营，比如中信银行信用卡中心使用大数据技术实现了实时营销；招商银行利用大数据发展小微贷款。总的来说，银行大数据应用表现在以下几个方面：

（一）客户画像

客户画像应用主要分为个人客户画像和企业客户画像。个人客户画像包括消费能

力数据、兴趣数据、风险偏好等；企业客户画像包括企业的生产、运营、财务、销售和相关产业链上下游等数据。其实，银行拥有的客户信息并不完整，很多时候，基于银行自身拥有的数据难以得出理想的结果。比如，某位信用卡客户月均刷卡8次，平均每年打4次客服电话，从来没有投诉过，按照传统的数据分析，这是一位流失风险较低的客户。但是从该客户微博得来的消息却是：因为工资卡和信用卡不在同一家银行，还款不方便，多次拨打客服电话都没接通，客户多次在微博上抱怨。综上信息，该客户是个流失风险较高的客户。

因此，银行不仅要考虑银行自身业务所采集到的数据，更应整合外部更多的数据，以扩展对客户的了解。这些外部数据包括：客户在电商网站的交易数据，比如阿里金融为阿里巴巴用户提供无抵押贷款，用户只需要凭借过去的信用即可；企业所在产业链上的上下游数据，如果银行掌握了企业所在的产业链上下游的数据，就可以更好地了解企业的发展情况，预测企业未来；其他有利于扩展银行对客户兴趣爱好的了解的数据，比如目前兴起的DMP数据平台的互联网用户行为数据。

（二）精准营销

银行在为客户进行精准画像的基础上，可以有效地开展精准营销。营销方式包括以下几类：

1.实时营销

根据客户的实时状态来进行营销即为实时营销。比如，根据客户最近一次消费等信息有针对性地进行营销：某客户使用信用卡采购婴儿奶瓶，可以通过建模推荐尿不湿等婴儿类业务。也可以将换工作、结婚等改变生活状态的事件视为营销机会。

2.交叉营销

这是指对不同业务或产品的交叉推荐。比如，银行可以根据用户交易记录分析，有效地识别小微企业客户，然后用远程银行来实施交叉销售，或者进行个性化推荐。银行还可以根据客户的喜好进行服务和产品推荐，比如根据客户的年龄、理财偏好等，对客户群进行精准定位，进而有针对性地进行营销推广。

3.客户生命周期管理

客户生命周期管理包括新客户获取、客户防流失和客户赢回等。比如招商银行通过构建客户流失预警模型，对流失率等级前20%的客户发售高收益理财产品进行挽留，有效地降低了金卡和金葵花卡客户流失率。

知识链接 3-3

银行业大数据精准营销：交通银行湖北分行

交通银行湖北分行通过建设客户经理工作平台，促进客户名单制精准营销、基于产品的交叉销售等高级业务应用。其中，精准营销是客户经理工作平台的重要内容，包括客户统一视图、客户群管理、客户名单筛选、客户营销及跟踪、业绩登记等内容。该行营销体系应用先进的精准营销管理理念，经过前期营销活动策划和数据洞察验证后，在CRM系统通过客户筛选模块筛选活动的目标客户，进而进行终端送达。

　　1.营销系统架构体系

　　交通银行湖北分行数据仓库整体架构结合总行数据仓库架构、总行下发数据及本行业务发展进行规划设计。根据数据业务需求，将各数据源数据进行梳理、整合，进行多粒度多层次的汇总加工，构建数据集市，为营销和客户管理提供数据支持。

　　数据集市中的业务功能流程分为基础数据、汇总衍生数据和分析数据。

　　2.营销组织体系

　　通过将数据权限、营销活动决策权和岗位层级相关联，不同层级的执行者只能看到相应权限范围内的客户信息，这使得客户信息安全得到保证，营销活动执行和营销活动数据得到有效保护，杜绝隐私数据被泄露。

　　3.营销考核评估体系

　　营销考核评估体系主要体现为建立激励措施、按劳分配机制以及竞争和淘汰机制，交通银行湖北分行营销评估体系通过统计查阅客户经理、网点、支行名下所有客户在一定时期内的资产变化情况及产品营销情况数据信息，支持对个人、机构的营销工作情况进行考核。

　　资料来源：作者根据相关资料整理。

（三）风险管控

风险管控包括中小企业贷款风险评估和实时欺诈交易识别等手段。

1.中小企业贷款风险评估

银行可通过企业产品的销售、财务等相关信息，采用大数据技术进行贷款风险分析，量化企业的信用额度，更加有效地进行中小企业贷款。

2.实时欺诈交易识别

银行可以利用持卡人基本信息、交易历史、客户行为模式等，结合智能规则引擎进行实时的交易反欺诈分析。比如摩根大通银行利用大数据技术，追踪盗取客户账号或侵入 ATM 系统的犯罪分子。

（四）运营优化

银行运用大数据技术，有效地进行运营优化，主要表现在以下三个方面：

1.市场和渠道分析优化

通过大数据，银行可以监控不同市场推广渠道的质量，从而调整和优化合作渠道，也可以分析哪些渠道更适合推广哪些银行产品，优化渠道推广策略。

2.产品和服务优化

银行可以将客户行为转化为信息流，从中分析客户的个性特征，更深刻地理解客户习惯，分析和预测客户需求，从而进行产品创新和服务优化。比如，兴业银行通过挖掘还款数据发现优质客户，提供具有个性化的金融产品和服务。

3.舆情分析

银行可以抓取社区、论坛和微博上关于银行产品和服务的相关信息，进行正负面判断，尤其是及时掌握银行产品和服务的负面信息，发现和处理问题。对于正面信息，可以继续强化。银行也可以抓取其他银行正负面信息，了解并借鉴同行做得好的方面，优化自身业务。

泰康在线大数据应用

泰康在线是国内第一家由传统保险集团发起的互联网保险公司，拥有过亿用户，可提供全程互联网保险服务。其2015年8月上线的大数据产品"泰健康"，一年间已有会员650万名，是行业内第一个将客户价值数字化、全面量化的评估体系。在"互联网+保险"的垂直行业，泰康在线可谓是大数据应用的先行者。

具体来说，"泰健康"评分本身是基于现有的过亿用户，通过健康保障度、健康资料完整度和健康活跃度等五个维度给用户作评分画像，基于这样的体系给每个用户不同的分数段以及推荐不同的服务，这样可以增加用户的黏性，画像的结果也可以作为未来决策定价的基础。在这些维度中，通过热数据，比如用户在腾讯云上做了一些丰富的健康测试，基于这些行为，可以对其健康度进行评分，因为热数据更能体现健康行为和倾向的变化，从而为后续产品、服务定价和决策提供支撑。在"泰健康"的支持下，通过客户价值和数字化评分完整地给650万名会员做健康评估，通过后续的数据分析发现，在这650万名会员中有23.4万人肠胃功能较弱，可针对用户的实际情况，推荐一些有针对性的健康服务。通过数据分析对用户进行差异化分区和运营，有助于给用户提供差异化的服务。

资料来源：佚名. 泰康在线大数据应用［EB/OL］.［2016-12-26］. http：//www. cbdio, com/BigData/ content_5415210.Htm.

思考讨论：

"泰健康"产品在大数据应用方面有什么优点？

二、保险业大数据应用

在传统保险业务中，业务开拓的关键因素是个人代理渠道、代理人素质及人际关系网。随着互联网、移动互联网以及大数据的发展，网络营销、移动营销的作用将会日趋显现，保险公司逐渐意识到大数据在保险行业中的作用。保险行业的大数据应用可以分为以下几个方面：

（一）客户细分和精细化营销

1.客户细分及提供差异化服务

风险偏好是确定保险需求的关键，风险偏好不同的人，对于保险需求的态度也不同。通常情况下，风险厌恶者有更大的保险需求。对客户进行有效的细分时，除了风险偏好数据外，要结合客户职业、家庭结构、消费方式等偏好数据，利用机器学习算法对客户进行分类，针对不同的客户提供不同的产品和服务。

2.潜在客户挖掘及流失用户预测

保险公司可通过大数据整合客户的相关行为，通过数据挖掘对潜在客户进行分类、细化销售重点。通过大数据挖掘，综合考虑客户基本信息、险种信息、历史出险情况等，筛选影响客户续期或退保的关键因素，预测客户的续期概率或退保概率，对高风险流失客户及时预警，并及时制定挽留策略。

3.客户关联销售

保险公司通过关联规则可以找出最佳险种销售组合，从而建立既有保户再销售清单与规则，促进保单的销售。运用大数据技术，保险公司可以直接锁定客户需求。以淘宝运费险为例，用户运费险索赔率在50%以上，则保险公司的利润只有5%左右，但是很多保险公司都愿意提供这种保险，因为客户购买运费险后，保险公司就可以获得该客户的个人基本信息，了解客户购买的产品信息，从而实现精准推送。比如客户的退货是婴儿奶粉，使用关联规则，就可以向客户推荐儿童疾病险、教育险等利润率更高的产品。

4.客户精准营销

保险公司可以通过收集互联网用户的各类数据，比如购物行为、浏览行为等行为数据，以及兴趣爱好、人脉关系等社交数据，进行定向广告推送，实现精准营销。

（二）欺诈行为分析

保险公司可以根据内外部交易和历史数据，预测和分析欺诈等非法行为。

1.医疗保险欺诈与滥用分析

通常情况下，医疗保险欺诈与滥用分为两种，一是保险欺诈，二是医疗保险滥用，即在保额限度内重复就医、浮报理赔金额等。保险公司利用历史数据，找出影响保险欺诈的因素及这些因素的取值区间并建立预测模型，快速将理赔案件依照滥用欺诈可能性进行分类处理。

2.车险欺诈分析

保险公司利用历史欺诈事件建立预测模型，将理赔申请分级处理，可以有效地解决车险欺诈问题。

（三）精细化运营

1.产品优化，保单个性化

在传统保险业务没有精细化的数据分析和挖掘的情况下，保险公司把很多客户都放在同一风险水平，客户保单不能完全解决客户的各种风险问题。运用大数据技术，保险公司可以解决现有的风险控制问题，为客户制定个性化的保单，获得更准确、更高利润率的保单模型，为客户提供个性化的解决方案。

2.运营分析

借助大数据平台，基于企业的数据，可以统计和预测企业经营和管理绩效；基于保险保单和客户交互数据进行建模，可以分析和预测新的市场风险、操作风险等。

3.代理人甄选

根据代理人员业绩数据、性别、年龄、其他保险公司经验等信息，找出销售业绩最好的销售人员的特征，优选高潜力销售人员。

案例探析 3-3

平安养老险强化技术应用 推动服务与风控双轮驱动

当前，数字化浪潮正席卷全球，新一轮科技革命和产业变革深入演进。党的二十大报告指出："加快发展数字经济，促进数字经济与实体经济深度融合。"近年来，平安养老险积极落实政策要求，主动把握技术变革的战略机遇，数字化转型逐渐深入，已从单纯的技术应用向业务、技术、数据融合发展迈进。数字化已成为公司迈向高质量发展的重要支撑力量，在服务创新、体验提升、风险管控等方面发挥重要作用。

平安养老险积极探索创新技术在保险场景下的应用，完成技术、信息、服务全方位升级，打造省时、省心又省钱的理赔服务。

老年人在操作自助理赔服务时受到视力衰退、精细操作能力下降、对新科技的接受度低等因素影响，在独立使用理赔服务、就诊购药功能等方面面临诸多障碍，平安养老险积极探索推进互联网应用适老化改造，创新性地针对老年人推出远程授权服务，可轻松授权他人辅助完成理赔申请，仅需要通过人脸识别或签字等方式认证授权，后续操作均可由代办人协助完成，极大地简化和降低了老年人自助提交理赔申请的流程和难度。

为解决"理赔慢、理赔烦、理赔难"的服务痛点，公司设立"智慧调查"重点服务项目。项目引进OCR图像识别、医院数据直联、大数据、智能定位、云端存储、可视化管理等技术，利用海量理赔数据和经验的积累，在制式化调查模板、调查路径管理、智能调查预警、升级养老险调查服务等方面下功夫。这是公司以技术应用与保险服务痛点相碰撞的成功尝试，提升了理赔效率，简化了客户理赔流程，改善了理赔风险管控品质。

未来，平安养老险将继续添薪加柴，提升理赔服务，为消费者畅享健康、美好生活保驾护航，让金融服务更有"温度"。

资料来源：佚名. 入选"2023中国保险业数字化转型优秀案例"| 平安养老险强化技术应用 推动服务与风控双轮驱动［EB/OL］.［2023-12-08］. http://www.cbimc.cn/content/2023-12-08/content_502166.html.

思考讨论：
阅读以上案例并讨论平安养老险如何使用大数据提升服务效能。

三、证券业大数据应用

在大数据时代，券商们已经意识到大数据的重要性。与银行和保险行业相比，证券行业对于大数据的研究与应用还处于起步阶段。证券行业的大数据具有高维度、动态性以及强随机性等不确定特征，且多数为非结构化数据。大数据技术在证券行业，从"初步提取"到"深度挖掘"还有漫长的路需要探索。目前国内外证券行业的大数据应用大致表现在以下几个方面：

（一）零售业务

证券公司的基础业务就是零售业务，运用大数据技术实现零售业务的数字化运营，对提高客户服务的效率及质量非常重要。证券公司对大数据应用的能力，与其业务规模息息相关。证券公司可以运用大数据技术特点，进行"去中心化"的分布式管理。在这套管理体系下，可以采用数字化的工具为员工提供精良的装备，借助制度与技术的力量，实现整个生态系统的自我纠偏和完善。

以广发证券的分布式管理体系为例，广发证券的"金钥匙"是任务分发平台，公司的互联网终端收集客户的需求，经过"金钥匙"平台的算法分析后分派到全国各地的理财顾问，从而对业务进行管理和优化。同时，广发证券根据公司内多平台数据资源自主开发的"经营驾驶舱"，可以提取与业务经营相关的信息，根据各级工作人员具体的需求，为其提供不同的数据支持。通过应用大数据技术，可以有效提升公司部门的运营效率，大幅提升对客户的服务质量。

（二）资产管理业务

互联网时代，信息的多样化对市场的影响日益紧密，基于互联网文本数据与传统数据相结合进行投资的金融产品，也得到广大投资者的认可。应用大数据技术，结合传统投资模型，推出大数据基金产品，为投资者提供新的选择。随着深度学习等人工智能技术的日趋成熟，逐渐兴起了基于大数据以及人工智能算法的量化投资，这类策略拓宽了信息获取源，提升了信息的分析深度与广度，是对传统策略的有力补充。

情绪是影响投资者股票交易的一个重要因素，正面情绪表现为希望，负面情绪更多表现为害怕和焦虑。麻省理工学院的学者根据情绪词将 Twitter 内容标定为正面或负面情绪，结果显示这两种情绪占 Twitter 总内容数的比例，会影响道·琼斯指数、标准普尔 500 指数、纳斯达克指数的涨跌。美国佩斯大学的一位博士则追踪了星巴克、可口可乐和耐克三家公司在社交媒体上的受欢迎程度，同时比较了它们的股价。这些研究结果都表明，Facebook 的粉丝数、Twitter 上的听众数都和股价的涨跌密切相关。

但是，Twitter 情绪指标不能预测冲击金融市场的突发事件。比如 2008 年 10 月 13 日，美国联邦储备委员会突然启动一项银行纾困计划，令道·琼斯指数反弹，而在这之前，Twitter 相关情绪指标对道·琼斯指数毫无影响征兆。

随着资本市场数据规模的提升以及大数据技术的逐渐成熟，投资者将更加依赖大数据分析结果辅助决策。可以说，投资管理已成为大数据技术的下一个目标。

（三）研究业务

目前，证券公司所提供的卖方研究服务中，以大数据技术为核心的量化研究将会取代部分低效的人工统计工作。总部位于芝加哥的卫星情报分析公司 RSMetrics，通过高分辨率卫星影像，对一些公共场合的停车场进行监控，估计出某个地区的客流量增长情况，帮助分析师了解公司基本面，预测销售量，预估企业运营状况。与传统分析师实地调研相比，这类借助卫星遥感大数据的技术手段能够大幅提升工作效率与准确度。

随着大数据技术应用成本的降低，这类替代分析师人工调研的手段将得到普遍应用。大数据技术的应用，将诞生新的服务与盈利模式，推动传统销售业务向智能化发展。2013 年诞生于硅谷的 Kensho 公司，专注于通过机器学习及云算法收集和分析数据，能够大大缩短投资分析时间。其能够分析海量数据对资本市场的影响，并回答复杂的金融问题，取代部分人类知识密集型的分析工作，提供快速化、规模化、自动化的分析结果。Kensho公司为大数据技术在研究领域的成功应用提供了非常好的范本。

（四）提高中后台工作效率

对于证券市场来说，日益丰富的投资品种以及不断扩充的成交规模，使得交易、结算等中后台业务所需应对的数据规模也快速扩张，引入相关技术应对大数据，可以大幅提升工作效率。在交易领域，运用大数据技术搭建算法交易平台，能够高效地完成各种交易指令，降低交易误差，也能够为客户带来更多的投资机会。在结算领域，大数据技术的应用，能够为结算工作提供更快的响应速度以及更准确的匹配结果，从而确保结算业务高效、安全地运作。

（五）智能投顾

智能投顾，又称机器人投顾，是指通过算法为客户提供智能化、个性化的投资建议的投资顾问平台。智能投顾结合了投资者的财务状况、风险偏好、理财目标等信息，利用已搭建的数据模型和后台算法为投资者提供相关理财建议。智能投顾是一种新兴的在线财富管理服务，主要特点包括全自动化、无情绪干扰、快速捕捉市场机会等，能够以一种低成本的方式让大众客户也能享受到与高净值客户相同的私人银行财富管理服务。

国海证券的"智能投顾服务产品阵列"是一个典型的智能投顾应用案例，成功入选了中国上市公司协会2024年度"中国上市公司数字化转型最佳实践入围案例——场景创新典型案例"。中央金融工作会议提出"普惠金融、数字金融"的要求，国海证券通过主动科技创新推动业务发展新模式，以数字金融创新推动公司数字化转型，推出了"智能投顾服务产品阵列"。

该产品拥有四大特点——全自动化，即"智能投顾服务产品阵列"实现了投资顾问服务的全自动化，无须人工干预，大大提高了服务效率；无情绪干扰，即机器人投顾没有情绪波动，能够基于算法和模型做出客观、理性的投资决策，避免了人为情绪对投资的影响；快速捕捉市场机会，即能够实时分析市场数据，快速捕捉投资机会，为投资者提供更加及时、准确的投资建议；多元化服务，即国海证券的"智能投顾服务产品阵列"包括量化投顾、工具投顾、资讯投顾及技术型投顾等多元化服务，满足不同投资者的需求。

该产品带来的效果也是显而易见的：①提升投顾策略开发效率。"智能投顾服务产品阵列"的开发周期从原来的6个月/单产品缩短至约1个月/单产品。②释放投资顾问精力。全自动化的生产流程释放了投资顾问的精力，使之能够专注于更高层次的投资咨询和服务。③拓宽客户服务范围。相较传统的零售投顾服务，"智能投顾服务产品阵列"的客户服务范围拓宽了近20倍，使更多投资者能够享受到优质的投顾服务。

智能投顾正在逐步改变传统的财富管理服务模式，为投资者提供更加便捷、高效、个性化的投资顾问服务。

微课 3-3

大数据金融
案例——
微众银行

与大数据在互联网行业的应用相比，大数据在金融行业的应用起步比较晚，其应用深度和广度还有很大的拓展空间。大数据在金融行业的应用有许多问题需要解决，比如银行企业内各业务的数据孤岛效应严重、大数据人才缺乏以及缺乏与外部数据的整合等问题。不过，随着金融行业对大数据的渴望和重视程度的提高，未来在互联网和移动互联网的驱动下，金融行业的大数据应用将迎来突破性的发展。

案例探析 3-4

微众银行基于大数据的供应链金融

供应链金融，是指银行围绕核心企业，管理上下游中小企业的资金流、物流和信息流，并把单个企业的不可控风险转变为供应链企业整体的可控风险，通过立体获取各类信息，将风险控制在最低水平的金融服务。长期以来，供应链金融高度依赖核心企业的担保和抵质押物，传统供应链融资模式难以满足中小微企业的融资需求。微众银行创新供应链金融服务模式，借助强大的"ABCD"（分别指人工智能AI、区块链 Blockchain、云计算 Cloud Computing、大数据 Big Data）金融科技基础服务能力，与建筑产业核心企业合作，对接建筑产业链上下游中小微企业，基于大数据风控手段为建筑产业链提供数字化金融服务，以支持链属企业来带动产业链提升稳定性与竞争力。

微众银行是国内首家互联网银行和民营银行，成立伊始就以"让金融普惠大众"为使命，专注为小微企业和大众提供更为优质、便捷的金融服务。2017年，微众银行推出国内首个线上无抵押的企业流动资金贷款产品——微业贷，在3年多的时间里触达了超220万家小微企业，累计授信客户超70万家，微业贷共发放金额超过7000亿元。

在传统建筑行业供应链金融服务领域，大多采用基于应收账款转让或质押的业务模式，需要核心企业担保、确权并更改还款账户，占用核心企业授信，供应商需要开具发票后才能融资，手续相对烦琐，服务效率不高。微众银行依托产业链场景，发挥产业链数据价值，通过大数据风控模型，推出数据供应链金融服务产品，缓解建筑行业中小微企业的融资难题。

微众银行推出的微业贷供应链金融产品，其不过度依赖核心企业信用、无须抵质押、线上化操作、秒级审批的特色，有效满足了中小微企业"短小频急"的金融需求，提升了建筑行业上下游中小微企业融资服务的可获得性，成为解决建筑行业中小微企业"融资难"问题的有效途径。

对于微业贷，它的产品模式是这样的——

在供应链金融领域，微众银行沿袭"微业贷模式"的成功路径，针对中小微企业融资难、融资贵的问题，借助大数据风控技术，依托"数字化""线上化""智能化"的供应链金融服务，实现了与供应链主体中小微企业的直接对接。微众银行微业贷供应链金融产品包括面向供应链经销商的经销商贷款产品，以及面向供应链供应商的供货商贷款产品，较为全面地覆盖了上下游供应商、经销商企业的生态圈，批量触达中小微企业。微众银行借助大数据风控技术，发挥产业链数据价值，有效降低信息不对称，降低风险成本；基于产业链上的中小微供应商、经销商自身信用和与核心企业历史交易记录评估授信额度，最快5分钟完成授信和提款，不过度依赖核心企业信用，不依赖货物押品，有效帮助建筑产业核心企业的中小供应商、经销商获得融资，为中小微企业提供更便捷高效的融资服务，深入、有力地促进产业链正向发展。微众银行供应链金融业务模式如图3-2所示。

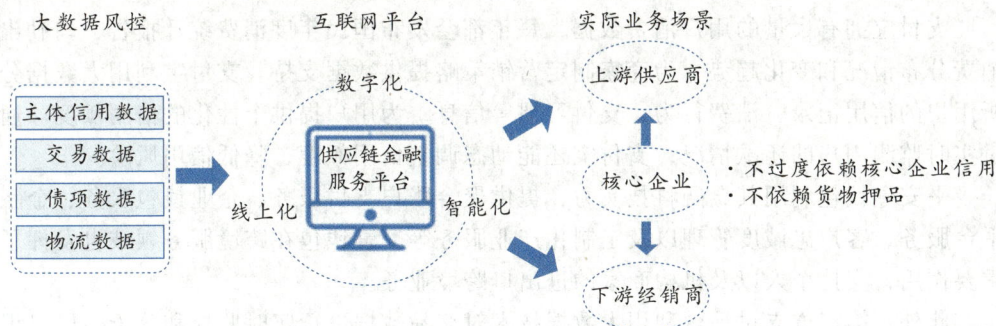

大数据风控　　　　　　　　互联网平台　　　　　　　　实际业务场景

数字化

| 主体信用数据 |
| 交易数据 |
| 债项数据 |
| 物流数据 |

供应链金融
服务平台

线上化　　　　　智能化

上游供应商

核心企业　　·不过度依赖核心企业信用
　　　　　　·不依赖货物押品

下游经销商

图3-2　微众银行供应链金融业务模式

微众银行供应链金融产品基于产业链中的真实交易和核心企业的资信情况，为产业链上下游的参与主体提供金融服务，不仅能够有效缓解小微主体的融资困境，促进产业优化升级，还能在一定程度上控制业务风险。这也有利于银行等金融机构与小微企业形成良性互动，实现为供应链上的中小微主体提供及时到位的金融服务的目标。

相较于传统模式，微众银行供应链金融服务模式主要在以下三个方面解决中小微企业"痛点"——

（1）流程智能化。微众银行供应链金融产品从企业注册到完成融资都是线上化操作，无须开户，无须线下提供任何纸质资料，让客户"足不出户"即可完成融资，而且不受地区限制，全国皆可办理业务。

（2）客户更下沉。微众银行供应链金融产品依托大数据风控模型，让融资客户门槛降低，触达更加下沉的客户。

（3）客户体验更好。微众银行供应链金融产品操作简单，随借随用，而且申请融资后，最快5分钟到账，满足中小微企业"短小频急"的融资需求。

通过实践，微众银行的产品应用效果明显——

微众银行已和超过300家核心企业建立了合作关系，包括大型国有建筑企业、国内外知名家装建材品牌等，为近10万家上下游中小微企业提供了授信。

微业贷供应链金融产品是一种基于大数据风控的中小微企业供应链金融服务模式，为创新供应链金融服务开辟了新的思路。微众银行通过与建筑行业的核心企业展开深入合作，助力产业链转型升级，更精准地帮助更多建筑产业链上的中小微企业享受到实惠、便捷、安全的金融服务。

资料来源：作者根据相关资料整理。

思考讨论：

微众银行的供应链金融成功的原因是什么？

四、其他金融领域的大数据应用

（一）第三方支付大数据应用

第三方支付机构经过多年发展，累积了大量的用户数据和支付信息，构成了第三方机构的大数据资源。这些大数据具有规模大、覆盖广、质量好等特点，能够为商户的精准营销、客户服务、资金融通等提供强有力的支持。

支付宝拥有大量的用户消费数据，每年都会发布国民年度消费统计报告，勾勒出消费分布情况和变化趋势，为商家制定营销策略提供数据支持。支付宝利用大数据分析用户的信用记录、消费行为、支付习惯等信息，为用户提供个性化的信用额度。通过实时监测用户的还款情况，支付宝还能动态调整信用额度，降低信用风险。

平安壹钱包利用其金融科技实力，提供聚合账户支付服务、企业钱包服务、金融平台服务、客户忠诚度管理以及定制化产业服务等。壹钱包在跨境服务领域也发挥了重要作用，支持个人以及机构商家的进出口跨境业务。

此外，第三方支付平台利用大数据技术对交易数据进行实时监控和分析，可以识别出潜在的欺诈行为和异常交易。同时，结合用户的历史行为数据和信用记录，平台还能对用户的信用风险进行评估和预警。

（二）消费金融大数据应用

金融机构在消费金融领域，通过收集、存储、处理和分析大量、多样化、高速增长的数据，包括用户的交易记录、消费习惯、信用信息、社交关系等多个维度的信息，以优化业务流程、提升风险管理能力，实现精准营销和个性化服务。

在信用风险评估方面，通过分析用户的交易记录、还款历史、社交关系等多维度数据，金融机构可以更准确地评估用户的信用风险，从而制定个性化的授信策略。例如，交通银行利用大数据分析技术建立了个人贷款信用评分模型，帮助银行快速准确地评估个人客户的信用风险。

在精准营销和个性化服务方面，利用大数据分析，金融机构可以深入了解用户的消费习惯、偏好和需求，从而提供更加精准的产品推荐和个性化的服务。例如，招商银行利用大数据分析技术推出了个性化信用卡产品，根据客户的消费习惯和偏好提供定制化的信用卡优惠和服务。

在风险监控和欺诈检测方面，大数据分析技术可以实时监测用户的交易行为，识别异常交易模式，从而及时发现并阻止潜在的欺诈行为。金融机构通过构建反欺诈模型，利用机器学习算法分析用户行为数据，提高欺诈检测的准确性和效率。

在产品优化和创新方面，通过分析用户反馈和市场趋势，金融机构可以利用大数据来优化现有产品并开发新产品，以满足不断变化的市场需求。大数据分析有助于金融机构发现新的市场机会和潜在用户群体，从而制定更具针对性的市场策略。

在运营效率提升方面，大数据技术可以自动化和优化金融机构的许多运营流程，如贷款审批、客户服务等，从而提高运营效率并降低成本。通过实时分析用户数据，金融机构可以更快地响应市场变化并调整业务策略。

消费金融领域的大数据应用案例已然不少：

　　蚂蚁金服花呗额度智能授信。蚂蚁金服旗下的花呗服务利用大数据分析，实现了对用户信用额度的智能授信。系统通过分析用户的网购记录、支付行为、社交关系等多维度数据，评估用户的信用状况和还款能力，为其定制个性化的信用额度。这种动态调整的策略不仅满足了用户的消费需求，还有效控制了信用风险。花呗的成功应用，展现了大数据在消费金融领域的巨大潜力。

　　某城商银行智能风控体系。某城商银行通过构建消费金融大数据智能风控体系，有效提升了风控效率与精准度。该体系整合了内外部多维度数据，包括央行征信、运营商、银联、电商等，并利用人工智能算法对关键风控要素进行实时监控与预警。通过实时风控技术，单笔订单审批时间大幅缩短，实现"准实时"放贷，极大地提升了用户体验。同时，该体系还尝试自动化优化风控规则，确保风控体系随市场变化而持续进化，有效降低了不良贷款率。

　　深圳合众财富信贷产品优化。深圳合众财富金融投资管理有限公司与神策数据合作，通过大数据分析优化信贷产品，深入挖掘用户行为数据，包括使用时间、消费习惯、还款记录等，以实时还原数据信息的业务意义。基于这些数据，合众能够精准识别用户需求，定制化推出信贷产品，提升市场竞争力。同时，大数据风控模型保障了资产安全。这种创新的风控模式，使得合众能够更准确地识别潜在风险（欺诈风险），为不同信用等级的用户提供差异化的金融服务，既保障了资金安全，又促进了消费增长。

（三）金融监管的大数据应用

　　金融监管的大数据应用主要基于大数据技术的特性，即处理海量、多样化数据集合的能力，通过挖掘和分析这些数据，帮助监管机构更准确地了解市场情况，识别潜在风险，提高监管效率和准确性。

　　在大数据的有力支撑下，金融监管能够做到以下几点：

　　（1）全面实时数据获取：大数据技术允许监管机构实时或准实时收集来自金融机构、市场、社交媒体等多源数据，确保监管的全面性和时效性。

　　（2）深度数据挖掘与分析：通过复杂的数据处理和分析技术，如统计学习、深度学习等，监管机构能够从海量数据中挖掘出隐藏的信息和规律，识别异常交易和风险点。

　　（3）智能预警与决策支持：基于大数据分析的结果，监管机构可以建立智能预警系统，及时发现潜在风险，并为决策提供科学依据，提高监管的主动性和精准性。

　　（4）跨领域数据融合与协同监管：大数据技术促进了不同领域、不同机构间的数据共享和协同监管，打破了信息孤岛，提高了监管的一致性和协同性。

　　以我国证券公司为例，证券公司的风控系统接口须向证监会开放，证券公司每月须向证监会上报风控指标报表，以使证监会及时掌握行业的风险状况，有助于证监会实施以流动性风险为核心的宏观审慎监管。就我国银行业而言，商业银行每个月发放贷款合约总量约为10亿份，总金额在万亿元规模，我国金融监管机构目前只能对其中的1/5进行抽样调查。随着我国金融交易规模的持续增长，金融监管机构在宏观审慎管理过程中越来越需要利用大数据技术来实时测算行业总体风险，实施风险监测和预警。

大数据技术的应用，使监管机构能够更全面地了解市场情况，更准确地识别潜在风险，提高监管效率和准确性，从而维护金融市场的稳定和健康发展。

（四）反洗钱的大数据应用

2021年6月，中国人民银行发布了《中华人民共和国反洗钱法（修订草案公开征求意见稿）》，并于2024年4月23日提请十四届全国人大常委会初次审议。在中华人民共和国境内设立的金融机构和按照规定应当履行反洗钱义务的特定非金融机构，应当依法采取预防、监控措施，履行反洗钱义务。中国人民银行于2016年开始建设反洗钱监测二代系统，采用前沿的大数据技术架构，以高性能数据处理平台为核心，建成大数据分析、应用性模型、智能化系统协同发展的反洗钱信息技术平台，成为打击洗钱及其他违法犯罪活动的利器。目前我国国家反洗钱数据库已成为世界上规模最大的反洗钱数据库。

利用大数据技术，可以做到以下几点：

（1）数据整合与分析：大数据技术能够整合来自政府部门、金融机构、社交媒体等多渠道的数据，包括交易记录、账户信息、资金流向等，形成全面的反洗钱数据网络。通过对这些数据进行深度挖掘和分析，可以发现潜在的洗钱行为模式。

（2）实时监测与预警：大数据技术支持对金融交易进行实时监测，通过预设的规则和机器学习算法，能够自动识别异常交易和可疑行为，并立即发出预警，使监管机构能够迅速介入调查。

（3）风险评估与分类：基于大数据分析，可以对金融机构的客户进行风险评估，根据客户的行为模式、交易特征等因素，将客户分成不同风险等级，从而实施差异化的监管措施。

（4）跨领域合作与信息共享：大数据技术打破了"信息孤岛"，促进了不同领域、不同机构间的数据共享和协同合作。通过跨部门、跨地域的信息共享，能够形成合力，共同打击洗钱行为。

（5）智能化决策支持：大数据分析结果为反洗钱决策提供了科学依据。监管机构可以根据数据分析结果，制定更加精准有效的反洗钱策略和措施，提高反洗钱工作的效率和效果。

某商业银行通过收集全球范围内的客户交易数据，利用大数据分析技术，分析识别可疑交易，成功发现并阻止了一起跨境洗钱活动。通过实时监测和智能预警系统，银行能够迅速识别出异常交易模式，并及时采取冻结账户、报告监管机构等措施，有效遏制了洗钱行为的蔓延。

某商业银行为了提升反洗钱工作效率，解决原有反洗钱业务系统高开发维护成本、数据时效性差等问题，重新构建了一套基于HTAP分布式数据库的反洗钱系统。该系统能够实时处理海量数据，支持高并发数据访问和在线交互式多维查询，实现了对交易数据的实时监测和智能预警。通过该系统，该行成功提升了反洗钱工作的自动化水平和智能化程度。

金融监管机构可以通过大数据分析技术，建立统一的大数据平台，整合来自政府部门、金融机构等多渠道的数据资源，实时监测市场动态，及时发现并处理潜在的洗钱风险。这种高效的数据处理和分析能力，使得监管机构能够更加精准地定位洗钱行为，提高监管效率和准确性。

（五）征信的大数据应用

《征信业管理条例》中所称征信业务，是指对企业、事业单位等组织的信用信息和个人的信用信息进行采集、整理、保存、加工，并向信息使用者提供的活动。征信本身即涉及大量数据的处理与分析。大数据征信是指利用大数据技术进行收集、处理和分析信用信息，从而评估个人或企业的信用状况。大数据信用智能评估技术原理涉及数据挖掘、机器学习、联邦学习、分布式计算引擎、数据治理等多个方面。这些技术能够提高征信系统的效率和准确性。

大数据征信可被应用于社会信用体系建设、养老和医疗等领域、金融风险监测预警以及个人信用评估等方面。

例如，在我国社会信用体系建设方面，利用大数据技术，建立了世界上收录人数最多、数据规模最大的金融信用信息基础数据库。截至2023年，中国社会信用体系数据库的数据量达到了26.3亿条信用信息。利用个人信用评估模型来改善养老服务，或在医药领域进行更精准的保险和信贷服务。通过分析个人和企业的信用数据来预测潜在的违约风险等。

以芝麻信用为例。芝麻信用是蚂蚁金服旗下独立的第三方征信机构，通过云计算、机器学习等技术客观呈现个人的信用状况。其征信数据主要基于阿里巴巴的电商交易数据和蚂蚁金服的互联网金融数据，涵盖了信用卡还款、网购、转账、理财等多个方面。芝麻信用以芝麻分来直观呈现信用水平，已在信用卡、消费金融、融资租赁等多个场景为用户和商户提供信用服务。

以商业银行为例。在商业贷款审批过程中，银行通过查询个人征信系统了解客户的信用状况。如某商业银行在审查个人经营性贷款时，通过查询个人征信系统发现客户在其他银行的贷款记录，并结合客户提供的抵押物、还款能力等信息进行综合分析后，做出是否放贷的决定。这一过程不仅提高了贷款审批的效率，还有效降低了信用风险。

任务三 大数据金融的发展趋势

一、大数据的发展历程
（一）大数据的发展历程概述

中国科协创新战略研究院研究员王国强等人在《张江科技评论》杂志中对大数据概念、大数据技术的发展历程进行了梳理，帮助我们更深入、更直观地了解大数据的发展：

随着1946年第一台电子数字计算机ENIAC的诞生，人们开始普遍使用二进制中"0"和"1"两个数字来表达信息，采用电子线路来执行算数运算、逻辑运算和储存信息。大量用"0"或"1"代表的信号反过来又产生庞大快速的数据流，由此导致了涉及数字的转换、存取、处理、控制等一系列高技术的发展，如微电子技术、光电传输技术、数字压缩和编码技术、多媒体数据库技术等。1971年，英特尔公司生产出了世界上第一个微处理器芯片 4004，它是人类第一次将高智能赋予无生命的设备，是人工智能和计算处理历史上的重要转折点。它的诞生使微处理器打破了由大型中央处理器一统天下的局面，从而将计算机带到办公室的桌子上。微处理器的发明发展，使得数字转化的速度、效率和范围大大提高，让计算机技术应用无孔不入。20 世纪 70 年代中期，曾有人对计算机的各种应用做过统计，列出了 6 000 多种应用，在这些应用中，对人类产生最大影响的就是数据库技术的应用。数据库技术是数据处理和信息管理系统的核心技术，是一种主要通过研究数据库的结构、存储、设计、管理以及应用的基本理论方法，来实现对数据库数据进行处理、分析和理解的技术。其中，数据模型是数据库系统的核心和基础。计算机技术、数字化技术、数据库技术等共同构建了大数据的技术基础。

海量信息的处理使数据挖掘理论与技术不断发展。自 20 世纪 90 年代至 21 世纪初，随着信息数字化能力和数据库技术的不断发展，人们开始思考如何解决大数据"数据丰富而信息贫乏"的问题，于是数据挖掘技术应运而生。1989 年 8 月，在美国底特律召开的第十一届国际联合人工智能学术会议上，数据挖掘（Data Mining，也称 Knowledge Discovery in Database，简称 KDD）概念被正式提出。自 1995 年开始，一年一度的 KDD 国际学术会议让"数据挖掘"一词逐渐在学术圈流行。数据挖掘指的是从数据库的大量数据中揭示出隐含的、先前未知的、潜在有用信息的过程。主要的技术方法有面向数据库或数据仓库的技术、机器学习、统计学、可视化、模式识别、神经网络、模糊集、粗糙集、遗传算法、决策树、最近邻技术等。复杂的数据挖掘系统通常采用多种数据挖掘技术。随着数据挖掘理论和数据库技术的逐步成熟，一批商业智能工具和知识管理技术开始被应用，如数据仓库、专家系统、知识管理系统等。此时，人们对大数据技术研究主要集中在"算法"（algorithms）、"模型"（model）、"模式"（patterns）、"识别"（identification）等问题上，大数据技术开始形成并获得不断发展，人类处理海量信息的能力得到大幅度提升。

非结构海量数据的迫切需求让大数据技术取得突破。随着计算机、互联网和数字媒体的进一步普及，以文本、图形、图像、音频、视频等非结构化数据为主的信息急剧增加，特别是以 2004 年 Facebook 创立为标志的社交网络的流行，直接导致了大量非结构化数据的涌现，使得传统处理数据的数据库技术难以应对。如何存储、查询、分析、挖掘和利用这些非结构化数据信息成为社会的又一个重大难题。为应对这一挑战，人们开始对数据处理系统和数据库架构进行重新审视，出现了各种非结构化数据处理技术，如基于 NoSQL 的非结构化数据管理系统、网络代价估算、多种支持模式演化等。2009 年，谷歌公司软件工程师杰夫·迪恩（Jeff Dean）在 BigTable 基础上开发了全球级首个分布式数据库 Spanner，标志着"云计算"（Cloud Computing）、"大规模数据集并行运算算法"（MapReduce）、"开源分布式系统基础架构"（Hadoop）等大数据前沿技术理论开始走向成熟，并行运算与分布式系统成为当前大数据处理的主要技术方法并得到广泛应用。

2011 年，麦肯锡公司发布的《大数据：创新、竞争和生产力的下一个前沿》研究报告，让"大数据"走进商业应用领域。2012 年 1 月，瑞士达沃斯世界经济论坛发布《大数据，大影响》大会报告，让"数据就像货币或黄金一样是新的经济资产类别"成为产业界的共识。

美国是世界上第一个发展大数据产业的国家，也是世界各国大数据产业的领头羊。2012年3月，美国奥巴马政府发布"大数据研究和发展倡议"，宣布将投资2亿多美元以拉动大数据产业的发展，正式将大数据发展战略从商业行为上升到国家战略，标志着大数据已成为当今时代的重要特征。2012年4月19日，美国软件公司Splunk成功上市，成为第一家上市的大数据处理公司，这一年被美国IT行业称之为大数据元年。在美国政府的推动下，EMC、IBM、惠普、微软、甲骨文等IT老牌巨头积极通过并购实现技术整合，推出大数据相关产品和服务，Splunk、Clustrix、Junar、DataSift等一大批大数据新兴企业也开始出现，形成了美国政府、企业、科研院校和非营利机构等利益相关、系统共进的产业发展局面。

受美国影响，世界发达国家纷纷制定大数据发展战略，英国有《数据能力发展战略规划》、日本有《创建最尖端IT国家宣言》、韩国有《大数据中心战略》，欧盟有《数据价值链战略计划》。2012年7月，联合国发布的《大数据促发展：挑战与机遇》政务白皮书指出，大数据对联合国和各国政府来说是一个历史性的机遇，世界各国对大数据产业的关注达到了前所未有的程度。高德纳公司数据显示，2014年全球数据中心系统支出达1 430亿美元，比2013年增长2.3%。

（二）中国的大数据之路

中国的大数据发展历程可以划分为以下几个关键阶段，每个阶段都伴随着技术的进步、政策的推动以及应用领域的不断拓展。

1.萌芽与探索阶段（20世纪90年代末—2009年）

随着计算机技术的普及和互联网的普及，中国开始产生大量的数据。然而，由于技术限制，这些数据的处理和分析能力相对有限。部分企业和科研机构开始尝试使用数据库技术存储和管理数据，但尚未形成规模化的大数据应用。

在这一阶段，数据规模相对较小，处理和分析技术尚处于起步阶段，大数据概念尚未广泛普及，数据结构相对单一，主要以结构化数据为主。国家层面尚未出台专门针对大数据发展的政策文件，但计算机技术和互联网发展的相关政策为大数据的萌芽提供了基础环境。

2.起步与发展阶段（2010—2014年）

随着移动互联网的兴起，在这一阶段，数据量快速增长，大数据技术开始应用于商业领域，政策环境逐渐优化，大数据产业初具规模。

北京、上海、深圳等城市率先建立了大数据研究机构和创新园区，如北京的中关村大数据产业联盟等，开始加大对大数据技术研究和应用的投入。政府开始出台相关政策推动大数据产业发展，包括设立产业扶持资金、采取税收优惠等。例如，2011年工业和信息化部等五部委联合发布《关于加快推进信息化与工业化深度融合的若干意见》，提到了加强工业领域大数据的开发利用。

此外，互联网企业如阿里巴巴、腾讯等积极进入大数据领域，推动了大数据技术的商业化应用。

2014年，"大数据"首次被写入政府工作报告，成为各级政府关注的热点。2015

年8月，国务院发布《促进大数据发展行动纲要》，大数据正式上升至国家战略层面。

3.快速发展阶段（2015—2019年）

在这一阶段，数据量呈爆炸式增长，数据类型更加多样化，包括结构化、半结构化和非结构化数据。大数据技术在各行各业得到广泛应用。

杭州、成都等城市逐渐形成了自己的特色大数据产业集群。互联网企业积极进入大数据领域，如阿里巴巴的阿里云、腾讯的云数据服务等，加速了产业的发展。大数据在金融、医疗、零售等行业的应用案例层出不穷，如利用大数据分析提升信贷风险评估准确性、优化医疗资源分配等。

2016年，国家发展改革委印发《关于组织实施促进大数据发展重大工程的通知》，支持大数据关键技术研发和产业化发展。

2017年，工业和信息化部发布《大数据产业发展规划（2016—2020年）》，明确了大数据产业发展的总体思路、主要任务和保障措施。

4.创新驱动与深化应用阶段（2020年至今）

2021年3月，《中华人民共和国国民经济和社会发展第十四个五年规划和2035年远景目标纲要》发布，大数据标准体系的完善成为发展重点。2021年7月，工业和信息化部发布《新型数据中心发展三年行动计划（2021—2023年）》，提出到2023年年底全国数据中心机架规模年均增速保持在20%等具体目标。

在这一阶段，数据量持续增长，数据处理和分析技术不断创新，人工智能、云计算等技术与大数据深度融合，推动大数据应用向更深层次发展。

政府在智慧城市、数字政府等领域推进大数据应用，如利用大数据分析优化城市交通管理、提升政府决策效率等。企业利用大数据进行精准营销、供应链管理、产品研发等，提升市场竞争力。大数据在公共卫生应急响应等方面发挥重要作用，如通过大数据分析追踪传染病传播路径、预测传染趋势等。

中国的大数据发展经历了从萌芽探索到起步推动，再到快速发展和创新驱动与深化应用等多个阶段。每个阶段都伴随着技术的进步、数据量的增长以及政策的推动，共同促进了中国大数据产业的蓬勃发展。

知识链接 3-4

大数据思维

1.大数据定量思维

大数据定量思维即提供更多描述性的信息，其原则是一切皆可测。不仅销售数据、价格这些客观标准可以形成大数据，甚至连顾客情绪（如对色彩、空间的感知等）都可以测得，大数据包含了与消费行为有关的方方面面。

2.大数据相关思维

一切皆可连，消费者行为的不同数据都有内在联系。这可以用来预测消费者的行为偏好。

3.大数据实验思维

一切皆可试，大数据所带来的信息可以帮助制定营销策略。

大数据运用递进的三个层次：首先是描述，然后是预测，最后产生攻略。

4.大数据全样思维

抽样又称取样，是从欲研究的全部样品中抽取一部分样品单位。其基本要求是保证所抽取的样品单位对全部样品具有充分的代表性。抽样的目的是从被抽取样品单位的分析、研究结果中估计和推断全部样品特性，是科学实验、质量检验、社会调查普遍采用的一种经济有效的工作和研究方法。

抽样在一定历史时期极大地推动了社会的发展，在数据采集难度大、分析和处理困难时，抽样无疑是一种权宜之计。

虽然抽样保证了在客观条件达不到的情况下，可能得出一个相对靠谱的结论，让研究有的放矢，但是抽样也带来了新的问题：首先，抽样是不稳定的，从而导致结论与实际可能差异非常明显；其次，抽样很容易在极端情况下，得到不稳定的表现。

在很多情况下，不适合采取抽样的形式。例如，人口统计为了得到准确的数据不会采取抽样形式，而是进行人口普查。所谓人口普查，就是获得一国所有人的样本，计算一国的精确人口数量。

大数据与"小数据"的根本区别在于大数据采用全样思维方式，小数据强调抽样。抽样是数据采集、数据存储、数据分析、数据呈现技术达不到实际要求，或成本远超过预期的情况下采取的权宜之计。随着技术的发展，过去不可能获取全样数据、不可能存储和分析全样数据的情况都将一去不复返，大数据时代是全样的时代。

5.大数据容错思维

在以往的"小数据"时代，我们习惯了抽样。从理论上讲，抽样的结论是不稳定的。一般来说，全样的样本数量是抽样样本数量的很多倍，有时候抽样的一丁点错误，就会导致结论的"失之毫厘谬以千里"。为保证抽样得出的结论相对靠谱，人们对抽样的数据有非常精确的要求，容不得半点差错。

这种对数据质量的追求，一方面，极大地提高了数据预处理的代价，大量数据清洗算法和模型被提出，导致系统逻辑特别复杂；另一方面，不同的数据清洗模型可能会造成清洗后数据差异很大，从而进一步加大数据结论的不稳定性。另外，现实世界本身就是不完美的，现实中的数据本身就存在异常、纰漏、疏忽，甚至错误。将抽样数据做了极致清洗后，很可能导致结论反而不符合客观事实。这也是很多"小数据"模型在测试阶段效果非常好，一到了实际环境中效果就非常差的原因。

在大数据时代，我们往往采集的是全样数据，而不是一部分数据，数据中的异常、纰漏、疏忽、错误都是数据的实际情况，我们没有必要进行特殊处理，其结果是最接近客观事实的。

资料来源：佚名. 大数据思维的五个维度 [EB/OL]. [2021-08-13]. https://www.smartbi.com.cn/wiki/4393.

二、大数据技术的应用前景

展望未来，随着数据信息的日益丰富以及大数据技术的日渐成熟，大数据技术在金融的各个领域都将发挥巨大的作用，大数据技术的应用对金融行业产生了巨大的促进作用。

（一）提升决策效率

大数据分析可以帮助金融机构实现以数据和事实为中心的经营方法。大数据可以帮助金融机构以数据为基础，逐步从静态的现象分析和预测过渡到针对场景提供动态化的决策建议，从而更精准地对市场变化做出反应。

（二）强化数据资产管理能力

金融机构大量使用传统数据库的成本较高，而且对于非结构化数据的存储分析能力不足。通过大数据底层平台建设，可以替换传统数据库，并实现对文字、图片和视频等更加多元化的数据的存储分析，有效提升金融机构对数据资产的管理能力。

（三）实现精准营销服务

在金融科技的冲击下，整个金融业的运作模式面临重构，行业竞争日益激烈，基于数据的精细化运营需求和产品创新需求日益迫切。大数据可以帮助金融机构更好地识别客户需求、细分市场、优化运营流程、打造良好的客户体验，从而提升综合竞争力。

（四）增强风险管理能力

大数据技术可以帮助金融机构将与客户有关的数据信息进行全量汇聚分析，识别可疑信息和违规操作，强化对风险的预判和防控能力，在使用更少风控人员并节约风险管理成本的同时，使风险管理更加高效可靠。

综上所述，随着数据开发以及数据治理水平的提升，借助大数据与人工智能等先进的科技手段，金融服务将更加深入地与实体经济融合，创造更多的价值。

✓ **实践操作 3-3** --

请通过网络搜寻大数据技术在金融领域的更多具体应用并分享。

三、大数据的金融应用趋势

大数据分析技术正在对金融行业产生重大而深远的影响。但任何新兴技术发展前期都会面临问题和挑战，比如，数据开放与公民隐私之间有着不可避免的矛盾，公民的数据隐私可能被泄露；数据来源割裂、不统一，不同公司采用不同的数据收集和清洗方式带来数据污染和不准确性；公民数据采集的延迟性等，这些都是大数据金融应用所面临的挑战。但这并不会阻碍大数据金融应用在行业中继续前行。

（一）技术方面

未来的大数据分析技术将与其他技术，如人工智能、区块链、云计算等共同服务金融行业，各种技术将成为更加紧密联系的一个整体。比如，云计算帮助大数据在分布式云存储平台上大规模并行处理，区块链技术提供不可篡改的交易记录和交易数据，人工智能则在大数据算法上更上一层楼，有助于更加快速地挖掘用户信息。到那时，金融科技将成为金融发展的强力推进器，从而更好地实现金融服务实体经济的宗旨。

（二）数据方面

未来金融行业数据的整合、共享和开放逐渐成为趋势。自从我国印发《促进大数据发展行动纲要》之后，国家就一直在推动政府与企业的数据整合。2018年3月19日，在中国人民银行的监管指导下，中国互联网金融协会与芝麻信用等8家市场机构共同发起组建了我国第一家持牌市场化个人征信机构——百行征信。在可预见的未来，这一举措将全面整合征信信息，共享征信数据，化解信息孤岛困局，有效防范系统性金融风险。

（三）应用场景方面

金融数据与其他跨领域数据的融合应用将不断强化。未来，金融数据将与特定领域的数据进行深度融合，以帮助挖掘更多有用信息，满足特定应用场景的需求。这些数据来源将视特定应用场景而定，变化范围极其广泛。

（四）市场方面

数据流通的市场将更加健全。数据将成为新的资产形式，但与传统意义上的资产不同的地方在于数据可以多级利用、多次复制。如果健全的数据流通市场最终形成，那么将大大加速数据的跨行业流通，对金融应用模型的把控更加精准。

（五）安全方面

金融数据安全问题将逐渐摆到台前。数据具有无限复制、任意流动的特性，这给金融数据安全保护工作带来了不小的挑战。在金融行业厂商集中拥有数据的情况下，一旦发生数据窃取和信息泄露事件，造成的损失将是不可估量的。而如果大数据算法被窃取，那么还可能会出现利用算法漏洞进行智能欺诈的情况。未来，数据安全问题将越来越受到重视，与之相关的法律法规将会越来越完善，窃取数据的违法犯罪行为必将受到法律的严惩。

》 金融微课堂

党的二十大报告指出，"必须坚持科技是第一生产力"。近年来大数据金融应用引起了行业巨变。请通过实际事例说明，大数据金融的发展为我们生活带来了怎样的改变。

项目小结

1.从狭义的角度看，大数据是指只有运用新的处理模式才能具有更强的洞察力、决策力和流程优化能力的海量、多样化和高增长率的信息资产。从广义的角度看，大数据是一个综合性的概念，它囊括了狭义角度的大数据，对这些数据进行存储、处理、分析的技术，以及通过分析这些数据获得实用意义的人才和组织。

2.狭义大数据的特征为5个"V"：volume（大体量）、variety（多样性）、velocity（时效性）、value（价值性）、veracity（准确性）。

3.大数据技术处理流程包括数据采集、数据传输（整理）、数据存储、数据处理和分析、数据检索、数据挖掘、数据应用等七个步骤。

4.大数据金融是利用大数据技术，突破、革新并发展传统金融理论、金融技术和金融模式的一种全球性趋势；重塑了银行业、保险业、证券投资业等金融行业的核心领域，推动了金融实务的持续创新，催生了金融模式的深刻变革。

5.大数据金融包括金融产品和服务的网络化呈现、风险管理理念与工具的革新、业务与运行的更高效率、金融服务的更大边界、金融产品与风险的可控可接受、信息不对称性大幅降低、普惠金融、更好的金融形态等八个特征。

6.银行大数据应用主要有客户画像、精准营销、风险管控、运营优化等方面。

7.保险业大数据应用主要有客户细分和精细化营销、欺诈行为分析、精细化运营等方面。

8.证券业大数据应用主要有零售业务、资产管理业务、研究业务、提高中后台工作效率等方面。

9.大数据技术具有提升决策效率、强化数据资产管理能力、实现精准营销服务、增强风险管理能力等应用前景。

10.大数据金融在技术、数据、应用场景、市场、安全等方面都具备应用趋势。

项目训练

一、单项选择题

1.以下不属于大数据金融的特点的是（　　）。

A.高速数据分析　　　B.多样数据类型　　　C.高维数据处理　　　D.定量分析方法

2.大数据金融的应用主要包括（　　）。

A.风险管理　　　　　B.资产定价　　　　　C.信用评估　　　　　D.所有选项都正确

3.下列不属于大数据金融的特征是（　　）。

A.大体量　　　　　　　　　　　　　　　B.金融产品和服务的网络化呈现

C.风险管理理念与工具的革新　　　　　　D.金融产品与风险的可控、可接受

E.更好的金融形态

4.大数据营销就是指在利用大数据技术的分析与预测能力、实现精准细分的前提下，洞察和预测用户需求，在适合的（　　）通过适合的（　　）对适合的（　　）进行适合的（　　）送达。

A.时间　　　　　　　B.渠道　　　　　　　C.用户　　　　　　　D.产品和服务

5.大数据金融的根底技术主要包括（　　）。

A.云计算　　　　　　B.分布式计算　　　　C.数据挖掘　　　　　D.所有选项都正确

6.大数据金融中的模型建立主要依赖的技术为（　　）。

A.机器学习　　　　　B.数据可视化　　　　C.数据清洗　　　　　D.数据存储

7.大数据金融中常用的数据存储技术是（　　）。

A.关系型数据库　　　　　　　　　　B.分布式文件系统

C.NoSQL数据库　　　　　　　　　　D.所有选项都正确

二、多项选择题

1.大数据特征中的"4V"包括（　　　）。

A.海量（volumes）　　　　　　　　B.快速（velocity）

C.多样（variety）　　　　　　　　　D.价值（value）

2.大数据金融的应用目前主要包括（　　　）。

A.大数据风控　　　B.大数据征信　　　C.大数据营销　　　D.大数据计算

3.与传统风控模式相比，大数据风控具有以下基本特征：（　　　）。

A.处理的数据维度和种类多　　　　　B.更加关注行为数据

C.在迭代和调整中建立风控模型　　　D.风控模型不可变更

4.金融领域的大数据征信主要有（　　　）。

A.数据中心模式　　　　　　　　　　B.第三方征信机构模式

C.数据链接中心共享模式　　　　　　D.数据合作开发模式

5.银行业大数据应用包括（　　　）。

A.零售业务　　　B.客户画像　　　C.精准营销　　　D.风险管控

6.保险业大数据应用包括（　　　）。

A.精细化营销　　　B.研究业务　　　C.欺诈行为分析　　D.精细化运营

7.下列属于大数据技术应用前景的有（　　　）。

A.提升决策效率　　　　　　　　　　B.强化数据资产管理能力

C.实现精准营销服务　　　　　　　　D.增强风险管理能力

8.大数据的特征包括（　　　）。

A.大体量　　　B.多样性　　　C.时效性　　　D.价值性

E.准确性

三、判断题

1.大数据存储，就是用存储器把采集到的数据存储起来，并建立相应的数据库，以便后续管理和调用。　　　　（　　）

2.大数据系统采集的所有数据并不都是真实、有用的，只有对数据进行二次加工，经过大数据分析，才能真正发挥数据的价值和作用。　　　（　　）

3.数据可视化是大数据分析的首要环节，也是整个数据分析流程中最关键的一环。　　　　（　　）

4.大数据技术主要围绕数据价值化这个核心来展开，涉及数据采集、数据传输、数据存储、数据处理和分析、数据检索、数据挖掘、数据应用几个步骤。　（　　）

四、简答题

1.什么是大数据？大数据的特点是什么？

2.大数据在金融领域中的典型应用有哪些？它们的功能分别是什么？

3.谈谈你对大数据未来发展趋势的看法。

五、实践应用题

荣昌"金猪数智通"平台上线运行
为重庆市首个依托大数据实现普惠性金融服务的平台

2023年9月1日，由国家级生猪大数据中心联合金融机构研发的"金猪数智通"平台正式上线，这也是全市首个依托大数据实现数字增信、AI估值、动态预警服务的普惠性金融服务平台。

该平台自2023年1月31日试运行以来，已汇集7家银行机构、2家保险公司、1家担保公司3个业务场景，初步形成"7+2+1+3"的应用生态体系。平台以"数据+智能"的方式，辅助银行通过"信用贷款""担保贷款""活体抵押贷款"等多种金融产品，成功放款累计达2205万元，为中小养殖户健康发展提供了金融保障。

2023年年初以来，国家级生猪大数据中心专注于"智能养殖、数字监管、食品溯源、数据资讯、数字金融"等生猪产业数字化、数字产业化的转型发展，筹措各类项目资金3000余万元，研发各类产品13个，目前正在重庆武隆、万州、四川内江、自贡、遂宁、雅安、达州等地推广。

下一步，国家级生猪大数据中心将聚焦数字重庆建设，探索更多生猪数字经济与实体经济深度融合发展的新产品、新模式，为荣昌打造成渝地区科技创新桥头堡做出新的贡献。

资料来源：刘佳佳. 荣昌"金猪数智通"平台上线运行 为重庆市首个依托大数据实现普惠性金融服务的平台［EB/OL］.［2023-09-04］. http://epaper.cqrc.org.cn/m/202309/04/content_17159.html.

要求：

1.阅读并讨论以上案例。

2.请分析荣昌"金猪数智通"普惠金融平台有哪些优点。

项目四

人工智能金融

学习目标

知识目标

理解人工智能的基本概念、原理和方法，包括机器学习、深度学习、自然语言处理等；了解人工智能在金融行业的应用场景，如智能投顾、信贷评估、风险管理。

能力目标

能分辨人工智能的基础技术支持；能理解人工智能在未来金融发展中提供的技术支持。

素养目标

培养学生持续学习和自我提升意识，跟踪人工智能和金融领域的前沿动态，不断更新知识和技能。

思维导图

项目四 人工智能金融

- 人工智能概述
  - 人工智能的发展历程
  - 人工智能的基本概念
  - 人工智能的技术构建

- 人工智能在金融领域的应用
  - 人工智能的行业应用领域
  - 人工智能在金融领域的应用范围
  - 人工智能在金融领域的应用价值

- 人工智能金融的发展趋势
  - 人工智能在金融领域应用中存在的问题
  - 人工智能在金融领域应用的政策建议
  - 人工智能在金融领域的发展趋势
  - 人工智能在中国金融业的未来发展趋势

案例导入

盘点 2022 年北京冬奥人工智能黑科技

本次冬奥会，在 5G 大规模覆盖的情况下，AR/VR 技术、高清视频等为大家带来了随时随地的、全新视角的观赛体验。人工智能技术的深度参与，也成为本次冬奥会的一大亮点。

AI 手语主播入驻冬奥会，实现了"用技术跨越声音的障碍"。冬奥会的观众中有一个特殊群体——他们虽然听不到赛场的声音，但可以通过 AI 手语主播获取赛事讯息，感受赛场上跃动的激情。与此同时，AI 气象主播也在岗位上尽心履职，在"冬奥公众观赛气象指数"上，一位基于小冰框架数字孪生虚拟人技术的 AI 数字人"冯小殊"吸引了大家的目光。冬奥会期间，冯小殊播报冬奥公众观赛气象指数，涉及户外观赛人体感受、健康提示，包括体感寒凉指数、穿衣指数、感冒指数等气象指标，用技术手段助力观众更好地参与这场冰雪盛会。

冬奥会上王濛解说时的一句"我的眼睛就是尺"引发网友热议，这是曾经短道速滑界"王者"来自实践经验和专业的自信。普通人没有这般犀利眼神怎么办？人工智能来帮忙。在赛场上，以冰壶运动为例，基于视觉 AI 感知、深度学习、三维建模和空间定位等技术，通过对真实场景的数字化映射，实现对运动冰壶的检测跟踪和轨迹捕捉。观众可以在线上一览比赛对战信息、大本营虚拟画面，以及运动中的冰壶轨迹曲线，畅享 AI 技术带来的超现实体验。在冬奥会开幕式"雪花"节目中，同样有类似应用，600 多位小演员脚下都有一片"形影不离"的小雪花，使用了人工智能动作捕捉、实时渲染等多项技术，呈现出雪花"如影随形"的生动效果。

冬奥会上，XR 技术的应用打破了传统的定点观赛模式，为观众带来了自由视角、子弹时间、沉浸式观赛、VR 互动等多种创新观赛体验。观众不仅可以通过调整观看视角动态追踪自己想看的内容，还可以随时捕捉稍纵即逝的定格画面，犹如坐在"特等席"一样，不会错过任何精彩瞬间。同时，这项技术还能辅助裁判判罚，保障赛事公平性。

中国移动咪咕演播室内，冬奥冠军王濛搭档黄健翔，上演"专业与幽默齐飞"的解说首秀。该演播室在 AR 技术加持下，可根据直播内容随时变换场景，让人如同时刻置身冰雪赛场。通过虚拟 VIZRT 技术，加入战术分析系统，将进一步丰富赛事解说维度与深度、增加直播的可看性和专业性。而在"Cloud ME"全息投影快闪演播间，则创造了一种极具真实感的互动体验：与会者全身影像会被惟妙惟肖地投射到另一遥距地点的全息舱，参与者的投射影像可与另一端的用户进行会面和交流。

高山滑雪如何快速绕过旗门？越野滑雪用什么姿态最省力？跳台滑雪用何种姿势起跳最好？速度滑冰如何训练过弯道技术？冬奥会创新应用了场馆仿真系统（VSS），通过可视化"数字孪生"模型，对赛事场馆进行了 1∶1 的 3D 场景还原，这是奥运会历史上首次使用场馆仿真系统进行运行设计和转播规划，为运动员提供个性化、智能化的训练方案。

资料来源：作者根据相关资料整理。

思考讨论：
1.什么是人工智能？
2.人工智能在北京冬奥会上有哪些应用？

任务一 人工智能概述

一、人工智能的发展历程

（一）人工智能的起源

人工智能（Artificial Intelligence，AI）的思想萌芽最早可以追溯到17世纪由帕斯卡（Pascal）和莱布尼茨（Leibniz）提出的有智能的机器的想法。英国科学家巴贝奇（Babbage）于1834年发明了分析机，这是第一架"计算机器"，它被认为是现代电子计算机的前身，也被认为是人工智能硬件的前身。世界上第一台电子计算机"ENIAC"由莫克利和艾克特于1946年发明，电子计算机的问世使人工智能的研究真正成为可能，自此人们对人工智能的研究不再局限于理论，而是可以真正制造出有智能的机器。

作为一门学科，人工智能诞生于1956年，由以"人工智能之父"约翰·麦卡锡（John McCarthy）、萨缪尔（Samuel）、明斯基（Minsky）、罗切斯特（Rochester）和香农（Shannon）等为首的一批数学家、信息学家、心理学家、神经生理学家、计算机科学家在达特茅斯学术会议上首次提出，并正式采用了"人工智能"这一术语。同时，在这次会议上，萨缪尔首次提出了"机器学习"这一名词。自此一个研究如何用机器来模拟人类智能的新兴学科诞生了，其被划分为计算机科学的一个分支。1969年举办的国际人工智能联合会议则标志着人工智能已得到了国际社会的认可。

（二）人工智能在国外的发展历程

1.第一次浪潮（1956—1974年）：AI思潮赋予机器逻辑推理能力

伴随着"人工智能"这一新兴概念的兴起，人们对AI的未来充满了想象，人工智能迎来第一次发展浪潮。这一阶段，人工智能主要用于解决代数、几何问题，以及学习和使用英语程序，研发主要围绕机器的逻辑推理能力展开。其中20世纪60年代自然语言处理和人机对话技术的突破性发展，大大地提升了人们对人工智能的期望，也将人工智能带入了第一波高潮。

但受限于当时计算机算力不足，同时在国会压力下美英政府于1973年停止向没有明确目标的人工智能研究项目拨款，人工智能研发变现周期拉长、行业遇冷。

2.第二次浪潮（1980—1987年）：专家系统使得人工智能实用化

最早的专家系统是1968年由爱德华·费根鲍姆（Edward Feigenbaum）研发的DENDRAL系统，可以帮助化学家判断某特定物质的分子结构；DENDRAL首次对知识库提出定义，也为第二次AI发展浪潮埋下伏笔。20世纪80年代起，特定领域的"专家系统"AI程序被更广泛地采纳，该系统能够根据领域内的专业知识，推理出专业问题的答案，AI也由此变得更加"实用"，专家系统所依赖的知识库系统和知识工程成为当时主要的研究方向。然而专家系统的实用性仅局限于特定领域，同时升级难度高、维护成本居高不下，行业发展再次遇到瓶颈。1990年人工智能DARPA项目失败，宣告AI的第二次浪潮步入低谷。不过，同时期BP神经网络的提出，为之后机器感知、交互的能力奠定了基础。

3.第三次浪潮（1993年至今）：深度学习助力感知智能步入成熟

不断提高的计算机算力加速了人工智能技术的迭代，也推动感知智能进入成熟阶段，AI与多个应用场景结合落地、产业焕发新生机。2006年深度学习算法的提出、2012年AlexNet在ImageNet训练集上图像识别精度取得重大突破，直接推升了新一轮人工智能发展的浪潮。从技术发展角度来看，前两次浪潮中人工智能逻辑推理能力不断增强、运算智能逐渐成熟，智能能力由运算向感知方向拓展。目前语音识别、语音合成、机器翻译等感知技术的能力都已经逼近人类智能。

以下为人工智能发展的3次浪潮，如图4-1所示。

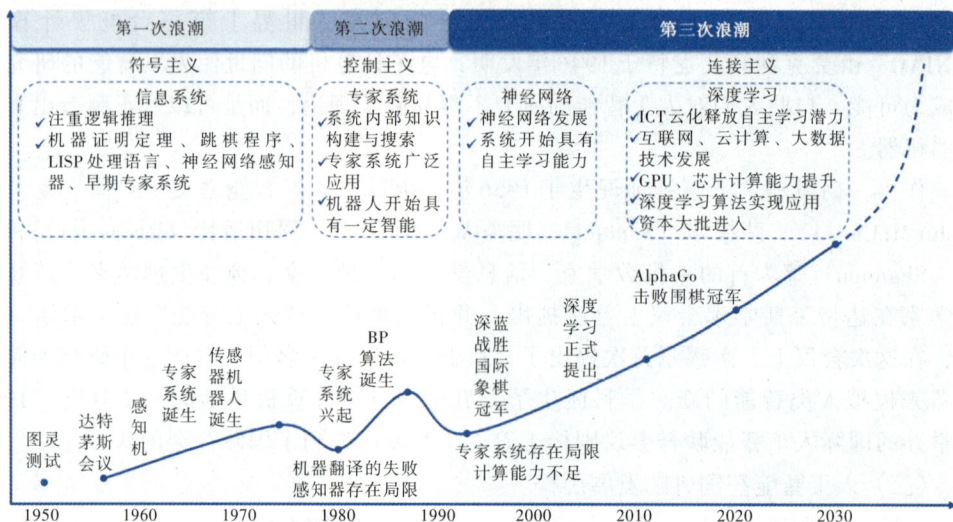

图4-1　人工智能发展的3次浪潮

资料来源：佚名．卷积神经网络CNN-常见卷积神经网络综合比较大全［EB/OL］．［2021-10-18］．https：//blog.csdn.net/hiwangwenbing/article/details/120835303.

案例探析 4-1

火爆全网的ChatGPT究竟是什么？

能写代码写作业，能编剧本能做题，甚至还能代写辞职信……ChatGPT最近爆火，多个话题频频登上热搜。上线仅仅两个月，ChatGPT的活跃用户就突破1亿。同时它的问世，还让新闻工作者、程序员等从业者，开始担心饭碗端不住了……那么，什么是ChatGPT？它与普通的人工智能聊天机器人有何不同？它会带来技术和商业应用的双层巨变吗？

ChatGPT是什么？

ChatGPT是美国人工智能研究实验室OpenAI开发的一种全新聊天机器人模型，它能够通过学习和理解人类的语言来进行对话，还能根据聊天的上下文进行互动，并协助人类完成一系列任务。这款 AI 语言模型，让撰写邮件、论文、脚本，制定商业提案，创作诗歌、故事，甚至敲代码、检查程序错误都变得易如反掌。不少和 ChatGPT "聊过天"的网友纷纷感叹，"只有你想不到，没有 ChatGPT 办不成的"。和 ChatGPT 聊天，可以直奔主题、开门见山，也能由浅入深、由表及里。当被问到一些严肃性话题和解决方案，ChatGPT 的回答逻辑合理、用词到位，虽然没有提出老生常谈之外的观点，但清晰直观且迅速的表达方式、反应过程令人拍案叫绝。

ChatGPT 会抢谁的"饭碗"？我们如何正确看待？

ChatGPT 的迅速普及有可能颠覆许多行业。纽约大学计算机科学与电气工程系副教授 Chinmay Hegde 认为，新闻、高等教育、图形和软件设计等行业的某些工作有被 AI 代替的风险。

以新闻媒体为例，《卫报》早在 2020 年就让 ChatGPT 撰写了一篇文章，结果喜忧参半。"复制编辑当然是它非常擅长的事情，总结一下，文章简洁明了，这确实做得很好。"Hegde 说，但一个主要缺点是该工具无法有效地进行事实核查。

在教育领域，《纽约邮报》则指出，教授和教师可能被人工智能课程取代。英国牛津互联网研究所的学者 Sandra Wachte 担心，如果学生们开始使用 ChatGPT，这不仅"外包"了他们的论文写作，还会"外包"他们的思维。

我们应当秉持怎样的态度看待这种技术革新？

人工智能本就是人类智慧的产物，其运行基础是人类高度的想象力与创造力，解决问题更绕不开设计者给定的程序框架。对待新技术，相比于杞人忧天，更值得思考的是如何规避滥用等现实问题。毕竟，人工智能产业正逐渐告别野蛮生长，而其背后暗含的数据隐私、算法偏见、伦理失范等治理困境，才是智能化转型带来的现实挑战。

ChatGPT "出圈"，意味着 AI 大规模商业化时代可能到来。业界认为，ChatGPT 在从 To B 端到 To C 端的智能运用方面具有巨大的商业价值，ChatGPT 交互平台可以帮助企业与客户建立有效的沟通方案，并在教育、医疗、汽车、智能场馆、智能家居等领域产生新的行业发展变革，在提高服务品质的同时也降低了企业的服务成本。

2 月初，OpenAI 宣布推出 ChatGPT Plus 付费订阅套餐，每月收费 20 美元，开启商业化变现道路。订阅该套餐的用户可在免费服务基础上享受高峰时段免排队、快速响应、优先获取新功能等额外权益。

资料来源：佚名. 火爆全网的 ChatGPT 究竟是什么？［EB/OL］.［2023-02-08］. https：//baijiahao.baidu.com/s?id=1757239324701758561&wfr=spider&for=pc.

思考讨论：

ChatGPT 作为新一代人工智能的产物会如何影响我们的现在及未来？

（三）人工智能在中国的发展历程

我国人工智能研究起步相对较晚，20 世纪 70 年代末我国逐步开始人工智能的研究。我国人工智能研究大致经历起步期（20 世纪 70 年代末至 80 年代）、稳步发展期

（20世纪90年代至2015年）和高速发展期（2016年至今）3个研究阶段，如图4-2所示。

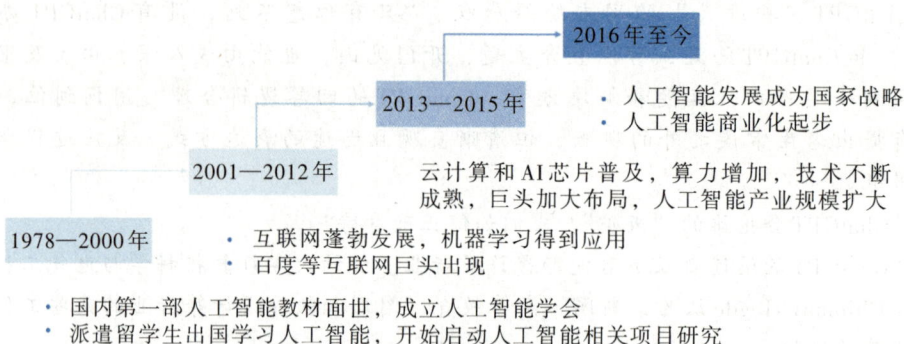

图4-2　人工智能在中国的发展

图片来源：艾媒咨询. 2020中国人工智能发展现状、产业规模及未来发展趋势分析［EB/OL］.
［2021-03-01］. https：//www.sohu.com/a/453291611_100020617.

　　我国从20世纪70年代末开始研究人工智能，如陈步在《人工智能问题的哲学探讨》中对人脑的模拟方法和模拟对象的人脑进行探讨，丁珍珠围绕人工智能和人类智能进行了初步分析。从此人工智能研究开始慢慢兴起，1981年成立了中国人工智能学会，1986年我国政府开始正式将智能机器人、智能计算机体系等列入国家高精尖技术开发研究计划。

　　1993年，将智能自动化和智能控制等项目列入国家系统，我国的人工智能研究进入稳定发展阶段，这一阶段学界对人工智能的研究主要集中于计算机专家系统、定理证明、机器人、机器人伦理等领域，并取得一些研究成果，但是尚未形成完整的体系。

　　2006年，计算机浪潮天梭战胜了五名特级象棋大师，这是我国人工智能在人机博弈方面取得的重要成果。2015年，国务院颁布了《"互联网+"人工智能三年行动的实施方案》，在政府的支持下，服务机器人、智能医疗等智能产业快速兴起，全面提高了人民的生活水平和生活质量。2016年，以阿尔法狗战胜李世石为标志，我国人工智能研究进入高潮期。

　　2017年我国政府发布了《新一代人工智能发展规划》，明确了我国新一代人工智能发展的战略目标：到2020年，人工智能总体技术和应用与世界先进水平同步，人工智能产业成为新的重要经济增长点，人工智能技术应用成为改善民生的新途径；到2025年，人工智能基础理论实现重大突破，部分技术与应用达到世界领先水平，人工智能成为我国产业升级和经济转型的主要动力，智能社会建设取得积极进展；到2030年，人工智能理论、技术与应用总体达到世界领先水平，成为世界主要人工智能创新中心。

☑ 实践操作 4-1

　　自行下载观看中央电视台纪录片《智能时代》第一集"谁在改变一切"，并对本集内容做出简要说明。

二、人工智能的基本概念

(一)人工智能定义

人工智能之父之一马文·明斯基将人工智能定义为"让机器做本需要人的智能才能够做到的事情的一门科学"。后来的学者做了更多的补充,例如《人工智能:一种现代的方法》一书中指出:人工智能是有关"智能主体(Intelligent Agent)的研究与设计"的学问,而智能主体是指一个可以观察周遭环境并做出行动以达到目标的系统。

美国斯坦福大学人工智能研究中心的尼尔逊教授提出:人工智能就是致力于让机器变得智能的一种活动,而智能就是让一个实体在其所处环境中能够适当地、有远见地实现其功能的一种能力。

《人工智能标准化白皮书(2018版)》则认为,人工智能是利用数字计算机或者数字计算机控制的机器模拟、延伸和扩展人的智能,感知环境、获取知识并使用知识获得最佳结果的理论、方法、技术及应用系统。

综上所述,本书对人工智能的定义为:人工智能是研究、开发如何利用一定的载体模拟、延伸和扩展人的智能,使其能够感知环境、获取知识并使用知识获得最佳结果的理论、方法、技术及应用系统。

值得注意的是,随着人工智能相关从业者和研究人员的不断探索以及发展环境与条件的推动,人工智能的基本内容和内涵都在不断丰富,这给人工智能的定义赋予了鲜明的时代特征。此外,学术界与业界对人工智能的研究导向不同,从这一角度来看,不同的研究层面适用的人工智能定义自然也千差万别。

(二)人工智能的内涵与层级划分

1.内涵

时至今日,人工智能的内涵已大大拓展,人工智能的定义在不同的发展阶段与研究范畴中存在不同的表述,简单来说,实现真正的人工智能需要具备三个核心要素:一是Learn(学习——目的是获得知识或规则);二是Understand(理解——基于环境与知识做出评判或决策);三是Deal with(行为——基于理解做出相应行动以达到目标)。人工智能不仅仅可以对人类思维方式或人类总结的思维法则进行模仿,更重要的是,人工智能可以习得特定的知识与规则,并通过一些方法来解读这些信息,最终根据环境感知主动做出反应,以实现某个目标。

2.层级划分

斯图尔特·罗素(Stuart Russell)与彼得·诺维格(Peter Norvig)在《人工智能:一种现代的方法》中,将已有的一些人工智能定义分为4类:即像人一样思考的系统、像人一样行动的系统、理性地思考的系统和理性地行动的系统。人们普遍认为,根据人工智能是否能真正实现推理、思考和解决问题,可将人工智能分为弱人工智能与强人工智能。

(1)弱人工智能(Weak General Intelligence,Weak AI),又称狭义人工智能(Artificial Narrow Intelligence,ANI),它是指专注于且只能解决特定领域问题的人

工智能，例如语音识别、图像识别和翻译等。弱人工智能是不能真正实现推理和解决问题的智能机器，这些机器表面上看像是智能的，但是并不真正拥有智能，也没有自主意识。迄今为止的人工智能系统都还是实现特定功能的专用智能，而不是像人类智能那样能够不断适应复杂的新环境并不断涌现出新的功能，因此还都是弱人工智能。

（2）强人工智能（Artificial General Intelligence，AGI），又称通用人工智能或完全人工智能（Full AI），它是指可以胜任人类所有工作的人工智能。这样过于笼统的定义导致缺乏一个针对强人工智能的可量化的评估标准，从一般意义来说，达到人类水平的、能够自适应地应对外界环境挑战的、具有自我意识的人工智能称为强人工智能，但强人工智能不仅在哲学上存在巨大争论，在技术研究上也具有极大的挑战性。

✓ 实践操作 4-2

上网搜索了解弱人工智能和强人工智能有哪些典型的应用案例。

（三）人工智能的特点

（1）人工智能系统由人类设计，能够为人类服务，其本质为计算、基础为数据。人工智能系统是人为设计与制造的智能机器，应当通过智能芯片等载体按照既定的逻辑或算法运行。这些系统运行的本质为计算，通过对数据的采集、加工、处理、分析和挖掘，形成有价值的信息流和知识模型，来实现对"智能"的模拟，为人类提供延伸能力的服务。

（2）人工智能系统能感知环境、产生反应，且能与人交互，与人互补。人工智能系统应能够借助传感器等器件对外界环境（包括人类）进行感知，可以接收并处理来自外部环境的各种信息，并像人一样做出一定的反应。与此同时，借助鼠标、屏幕、手势、体态、力反馈、虚拟现实和增强现实等方式，人与机器间可以产生交互，使机器设备越来越"理解"人类乃至与人类共同协作、优势互补。

（3）人工智能系统有适应特性、学习能力，且能够演化迭代，连接扩展。人工智能系统在理想状态下应具有一定的自适应特性和学习能力，即可以随环境、数据或任务的变化而自适应调节参数或更新优化模型；并且能够在此基础上通过与云、端、人、物越来越广泛、深入的数字化连接扩展实现演化迭代，以使系统具有适应性、鲁棒性、灵活性和扩展性，从而挖掘、适应并丰富各行各业的人工智能应用场景。

（四）人工智能的基础技术支持

人工智能的基础技术支持可划分为基础层、技术层与应用层3部分：

1.基础层

可以按照算法、算力与数据进行再次划分。算法层面包括监督学习、非监督学习、强化学习、迁移学习、深度学习等内容；算力层面包括AI芯片和AI计算架构；数据层面包括数据处理、数据储存、数据挖掘等内容。

2.技术层

根据算法用途可划分为计算机视觉、语音交互、自然语言处理。计算机视觉包括图像识别、视觉识别、视频识别等内容；语音交互包括语音合成、声音识别、声纹识别等内容；自然语言处理包括信息理解、文字校对、机器翻译、自然语言生成等内容。

3.应用层

应用层主要包括AI在各个领域的具体应用场景，如自动驾驶、智慧安防、新零售等领域。

三、人工智能的技术构建

（一）机器学习

机器学习（Machine Learning）是一门涉及统计学、系统辨识、逼近理论、神经网络、优化理论、计算机科学、脑科学等诸多领域的交叉学科，研究计算机怎样模拟或实现人类的学习行为，以获取新的知识或技能，重新组织已有的知识结构使之不断改善自身的性能，是人工智能技术的核心。基于数据的机器学习是现代智能技术的重要方法之一，研究从观测数据（样本）出发寻找规律，利用这些规律对未来数据或无法观测的数据进行预测。根据学习模式、学习方法以及算法的不同，机器学习存在不同的分类方法。

案例探析 4-2

生活中九大有趣机器学习应用

人工智能现在已经变得无处不在了，生活中有很多关于它的应用，可能你正在以某种方式使用它，但你却不知道它。人工智能最流行的应用之一是机器学习，它是人工智能的核心，是使计算机具有智能的根本途径。下面这些生活中的应用都是由机器学习驱动的，让我们来看看吧。

No.1 虚拟个人助理

Siri、小冰、度秘是现在虚拟个人助理的典型例子。顾名思义，当你通过语音询问时，它们便会找寻相应的信息，比如你问"我今天的日程安排是什么？""从德国到伦敦的航班有哪些？"等类似的问题。个人助理在回答问题时，通过查看信息、回忆相关查询、向其他资源（如电话应用程序）发送命令收集信息。你甚至可以指导助理完成某些任务，如"第二天早上6点设置闹钟""后天提醒我访问签证办事处"等。

机器学习是这些私人助理的重要组成部分，首先它们在收集和完善信息上发挥了重要作用，其次将使用这组数据来呈现根据你的首选项定制的结果。怎么样，机器学习是不是很强大呢？

No.2 交通预测

交通预测：生活中，我们经常使用GPS导航服务，当我们使用GPS时，我们当前的位置和速度被保存在一个中央服务器上，用于管理流量，然后系统使用这些数据构建当前流量的地图。这虽然有助于防止交通堵塞，并进行拥堵分析，但问题在于配备

GPS 的汽车数量较少。所以在这种情况下，机器学习有助于根据日常经验估计可能出现拥塞的区域。

在线交通网络：当预订出租车时，该应用程序会估计该车出行的价格。那么在这些共享服务中，如何最大限度地减少绕行呢？答案是机器学习。Uber 的工程主管 Jeff Schneider 在一次采访中透露，他们通过机器学习算法预测乘客需求从而定义价格上涨时间。在整个服务周期中，机器学习扮演着十分关键的角色。

No.3 视频监控

想象一个人监控多台摄像机！当然，这是一项很难做的工作，也很无聊。这就是训练计算机来完成这项工作的意义所在。

现在的视频监控系统是由人工智能驱动的，它可以在犯罪事件发生之前检测出来。它们会跟踪人们的不寻常行为，如长时间不动地站着、绊倒或在长椅上打盹等。这样，系统就可以向警务人员发出警报，从而极大可能地避免事故的发生。此外，当这些活动被报告并统计为真实时，它们将有助于改善监测服务，这些都离不开机器学习在后端的支持。

No.4 社交媒体服务

从个性化的新闻订阅到更好的广告定位，社交媒体平台都在利用机器学习为自己和用户带来好处。这里有几个关于社交媒体应用的例子，可能你都没有意识到这些美妙的功能都是机器学习的应用程序。

你可能认识的人：机器学习的核心概念是用经验去理解。Facebook 会不断地注意到你所联系的朋友、你经常访问的个人资料、你的兴趣、你的工作场所或与他人分享的群等。在不断学习的基础上，推荐可能成为你 Facebook 朋友的人。

面部识别：你上传一张你和朋友的照片，Facebook 会立即识别出你的朋友。Facebook 会检查图片中的姿势和投影，注意这些特征，然后将它们与好友列表中的人进行匹配。后端的整个机器学习过程很复杂，并且考虑到了精度等因素，但呈现到前端的只是一个简单的应用。

No.5 垃圾邮件过滤软件

电子邮件客户端使用了许多垃圾邮件过滤的方法。为了确定这些垃圾邮件过滤器是不断更新的，它们使用了大量的机器学习算法，因为基于规则的垃圾邮件过滤完成后，它无法跟踪垃圾邮件发送者采用的最新技巧。多层感知器、C4.5 决策树等一些垃圾邮件过滤技术，均是由机器提供的支持。

每天检测到的恶意软件超过 325 000 个，每段代码都与以前的版本有 90% ~ 98% 的相似度。由机器学习驱动的系统安全程序很熟悉这样的编码模式，因此它们可以很容易检测到 2% ~ 10% 变化的新型恶意软件，并对它们进行阻拦。

No.6 智能客服

现在，许多网站在站内导航页面中都提供了在线客服聊天的选项。然而，并不是每个网站都有一个真实的客服代表来回答你的问题。在大多数情况下，你会和聊天机器人交谈，这些机器人倾向于从网站上提取信息并将其呈现给客户。与此同时，聊天机器人也会随着聊天的深入变得更人性化，它们倾向于更好地理解用户查询，并为用户提供更好的答案，这均是由其底层的机器学习算法驱动的。

No.7 搜索引擎结果的优化

谷歌和其他搜索引擎使用机器学习来改善我们的搜索结果。每次执行搜索时，后端的算法都会监视我们的响应结果。如果打开顶部的结果并在网页上停留很长时间，搜索引擎会假定显示的结果与查询一致。同样，如果你到达搜索结果的第二页或第三页，但没有打开任何的网页，搜索引擎会估计所提供的结果与要求不匹配。这样，后端的算法可以改进搜索结果。

No.8 商品推荐

购物网站会推荐几天前你在网上买的一个商品，然后你不断收到购物建议；有时购物网站或应用程序会向你推荐一些符合你口味的商品。当然，这可以改善购物体验，但你知道这背后是机器学习的推荐算法吗？根据你对网站或应用程序的行为、过去购买的商品、喜欢或添加到购物车的商品、品牌偏好等，算法会针对每个消费者提出购买建议。

No.9 在线欺诈检测

机器学习证明了它能够使网络成为一个安全地方的潜力，在线跟踪货币欺诈就是其中一个例子。例如，Paypal公司正在使用机器学习来防止洗钱。该公司正在使用一套工具，帮助其监控发生的数百万笔交易，并区分买卖双方之间发生的是合法还是非法交易。

资料来源：作者根据相关资料整理。

思考讨论：

结合实际生活，请找找在我们身边是否还有别的机器学习的应用。

（二）知识图谱

知识图谱本质上是结构化的语义知识库，是一种由节点和边组成的图数据结构，以符号形式描述物理世界中的概念及其相互关系，其基本组成单位是"实体-关系-实体"三元组，以及实体及其相关"属性-值"对。不同实体之间通过关系相互联结，构成网状的知识结构。在知识图谱中，每个节点表示现实世界的"实体"，每条边表示实体与实体之间的"关系"。通俗地讲，知识图谱就是把所有不同种类的信息连接在一起而得到的一个关系网络，提供了从"关系"的角度去分析问题的能力。

案例探析 4-3

上海银行"零售信贷智能反欺诈知识图谱"荣获上海金融创新奖二等奖

近日，上海银行"零售信贷智能反欺诈知识图谱"荣获上海金融创新奖二等奖。上海金融创新奖是金融领域唯一由上海市人民政府组织评选表彰的奖项，是国内首个聚焦金融创新的省部级政府奖项。

上海银行长期立足于服务实体经济，深耕个人贷款业务的创新发展，不断迭代升级产品服务和风险管理能力。随着近年来线上个人信贷业务快速发展，欺诈风险识别的难度不断升级，特别是实时欺诈团伙识别的需求日益凸显。"零售信贷智能反欺诈知识图谱"是上海银行的重大创新转型项目之一，该项目立足数字化风控需求，活用图平台与图算法技术，实现了多维度的创新突破，可有效识别欺诈，及时拦截专业欺诈团伙。

该项目依托知识图谱技术、算法应用创新，构建了大零售视域下的信贷申请欺诈防控体系，创新了实时决策场景；通过动态图谱增量计算，构建毫秒级团伙欺诈风险监测，实现黑色产业并发集中式攻击的针对性防御，弥补了传统模型构建下的反欺诈体系的不足，完成了从单点欺诈管控到团伙欺诈防御的风控智能化创新升级。同时，运用领先的金融科技手段，进行知识深挖与聚合，大幅优化欺诈群体识别、深度关系挖掘、风险事件传导等分析能力，为业务人员提供了时空属性一体的洞察视角和更为全面深入的应用体验。

上海银行"零售信贷智能反欺诈知识图谱"项目在建设与应用方面位列行业头部梯队，特别是在社团反欺诈上具有明显优势。该项目强化了欺诈风险人群的识别，有效开展高风险客户挖掘，抵御金融欺诈风险，对行业发展有很好的示范作用。

资料来源：赵平. 上海银行："零售信贷智能反欺诈知识图谱"荣获上海金融创新奖二等奖［EB/OL］.［2022-10-12］. https://www.cnstock.com/v_company/scp_ggjd/tjd_bbdj/202201/4811974.htm.

思考讨论：

根据案例，简要分析上海银行的"零售信贷智能反欺诈知识图谱"项目如何助力智能风控这一领域发展。

（三）自然语言处理

自然语言处理是计算机科学领域与人工智能领域的一个重要方向，研究能实现人与计算机之间用自然语言进行有效通信的各种理论和方法，涉及的领域较多，主要包括机器翻译、机器阅读理解和问答系统等。

（四）人机交互

人机交互主要研究人和计算机之间的信息交换，主要包括人到计算机和计算机到人的两部分信息交换，是人工智能领域的重要外围技术。人机交互是与认知心理学、人机工程学、多媒体技术、虚拟现实技术等密切相关的综合学科。传统的人与计算机之间的信息交换主要依靠交互设备进行，主要包括键盘、鼠标、操纵杆、数据服装、眼动跟踪器、位置跟踪器、数据手套、压力笔等输入设备，以及打印机、绘图仪、显示器、头盔式显示器、音箱等输出设备。人机交互技术除了传统的基本交互和图形交互外，还包括语音交互、情感交互、体感交互及脑机交互等技术。

（五）计算机视觉

计算机视觉是使用计算机模仿人类视觉系统的科学，让计算机拥有类似人类提取、处理、理解和分析图像以及图像序列的能力。自动驾驶、机器人、智能医疗等领域均需要通过计算机视觉技术从视觉信号中提取并处理信息。随着深度学习的发展，预处理、特征提取与算法处理渐渐融合，形成端到端的人工智能算法技术。根据解决的问题，计算机视觉可分为计算成像学、图像理解、三维视觉、动态视觉和视频编解码五大类。

（六）生物特征识别

生物特征识别技术是指通过个体生理特征或行为特征对个体身份进行识别认证的技术。从应用流程看，生物特征识别通常分为注册和识别两个阶段。注册阶段通过传感器对人体的生物表征信息进行采集，如利用图像传感器对指纹和人脸等光学信息进行采集，利用麦克风对说话声等声学信息进行采集，利用数据预处理以及特征提取技术对采集的数据进行处理，得到相应的特征进行存储。

（七）VR/AR

虚拟现实（VR）/增强现实（AR）是以计算机为核心的新型视听技术。结合相关科学技术，在一定范围内生成与真实环境在视觉、听觉、触感等方面高度近似的数字化环境。用户借助必要的装备与数字化环境中的对象进行交互，相互影响，获得近似真实环境的感受和体验，通过显示设备，跟踪定位设备，触觉、力觉交互设备，数据获取设备，专用芯片等实现。

微课 4-1

人工智能的
发展趋势

☑　**实践操作 4-3** --

课后登录相关网站，学习并了解关于人工智能核心技术的最新知识及发展应用的基本情况。

任务二　人工智能在金融领域的应用

微课 4-2

人工智能在
金融领域中
的典型案例

一、人工智能的行业应用领域

人工智能的应用范围广泛，典型的应用领域包括智能医疗、智能安防、智能教育、智能零售、智能家居与智能金融等。

具体来看，在智能医疗领域，主要有虚拟助理、医疗影像、辅助诊断、疾病风险预测、药物挖掘、健康管理和辅助医疗平台这几大发展方向；在智能安防领域，人工智能主要应用于公共交通、工厂园区、智能楼宇、民用安防和公共安全等场景，通过计算机视觉技术和大数据分析来实现视频监控智能识别、目标跟踪与分析预测；在智能教育领域，人工智能的应用目标是改变学生的学习管理方式，承担学习测评与教学辅助任务，实现学生自适应和个性化的学习、基于编程和机器人的科技教育以及基于虚拟现实或增强现实的场景式教育；在智能零售领域，人工智能技术可以有效整合资金流、物流和信息流，引领电子商务的智能变革，感知客户消费习惯、预测消费趋势、引导生产制造和智慧物流，在提供多样化产品和服务的同时，降低运营成本并提高效益；在智能家居领域，使用自动控制技术和音视频技术统一控制家具设备，通过万物互联与设备智能化可以使家庭生活与人工智能技术零距离接触，改变人们的生活方式。

特别要指出的是，在智能金融领域，运用大数据、云计算、人工智能和区块链这些新的IT技术赋能传统金融行业转型，不仅改变了其信息管理方式，支持其由信用中介角色向金融服务商角色转变，也促进了其改善业务链条中的风险定价建模和投资决策过程，大幅提升了传统金融的效率，解决了传统金融的痛点。金融科技给传统金融业态带来了深刻的变革，将金融作为信息技术领域的应用场景，并以技术驱动金融业的发展。

二、人工智能在金融领域的应用范围

目前，人工智能技术在金融领域应用的范围主要集中在身份识别、量化交易、投资顾问、客服服务、风险管理等方面。

（一）客户身份识别

客户身份识别主要是指通过人脸识别、虹膜识别、指纹识别等生物识别技术快速提取客户特征进行高效身份验证的人工智能应用。技术的进步使生物识别技术可广泛应用于银行柜台联网核查、VTM自助开卡、远程开户、支付结算、反欺诈管理等业务领域，可提高银行柜台人员约30%的工作效率，缩短客户约40%的平均等待时间。互联网银行已将人脸识别技术视为通过互联网拓展客户的决定性手段，传统金融机构也非常重视人脸识别技术的应用。

（二）智能量化交易

量化交易是指通过对财务数据、交易数据和市场数据进行建模，分析显著特征，利用回归分析等算法制定交易策略。传统的量化交易方法严格遵循基本假设条件，模型是静态的，不适应瞬息万变的市场。人工智能量化交易能够使用机器学习技术进行回测，自动优化模型，自动调整投资策略，在规避市场波动下的非理性选择、防范非系统性风险和获取确定性收益方面更具比较优势，因此在证券投资领域得到快速发展。

（三）智能投顾

智能投顾又称机器人投顾（ROBO-ADVISOR），主要是根据投资者的风险偏好、财务状况与理财目标，运用智能算法及投资组合理论，为用户提供智能化的投资管理服务。智能投顾主要服务于长尾客户，它的应用价值在于可代替或部分替代昂贵的财务顾问人工服务，将投资顾问服务标准化、批量化，降低服务成本，降低财富管理的费率和投资门槛，实现普惠金融。

（四）智能客服

智能客服主要是指以语音识别、自然语言理解、知识图谱为技术基础，通过电话、网上、App、短信、微信等渠道与客户进行语音或文本上的互动交流，理解客户需求，语音回复客户提出的业务咨询，并能根据客户语音导航至指定业务模块。智能客服为广大长尾客户提供了更为便捷和个性化的服务，在降低人工服务压力和运营成本的同时进一步提升了用户体验。

（五）征信反欺诈

知识图谱、深度学习等技术应用于征信反欺诈领域的模式是将不同来源的结构化和非结构化大数据整合在一起，分析诸如企业上下游、合作伙伴、竞争对手、母子公司、投资等关系数据，使用知识图谱等技术可大规模监测其中存在的不一致性，发现可能存在的欺诈疑点。

（六）信贷决策

在信用风险管理方面，利用"大数据+人工智能技术"建立的信用评估模型，关联知识图谱可以建立精准的用户画像，支持信贷审批人员在履约能力和履约意愿等方面对用户进行综合评定，提高风险管控能力。

案例探析 4-4

"金融元宇宙"亮点纷呈，一些银行秀出"AI硬核实力"

人工智能技术全面崛起，催生了金融行业一系列产品和业务模式的创新。2022年世界人工智能大会上，中国银行、工商银行、中信银行、建设银行等携带各自在人工智能领域的金融科技实践和数字化发展成果亮相，"金融元宇宙"亮点纷呈。

中国银行：打造沉浸式元宇宙体验空间

此次中国银行以"中银百年新航·共赴数字未来"为主题，布局五大特色板块，致力于打造独具中行特色的沉浸式元宇宙体验空间，独家设计数字员工及数字观众分身形象，并运用裸眼3D、虚拟成像、体感互动等创新技术手段，结合线上线下综合布展形式，为客户提供双线融合体验，充分展示中国银行金融科技创新实践和数字化转型发展成果。

通过手机端扫码后，在大屏上可以看到，观众的数字角色从"上海汉口路50号"登录。在"开拓·无界"场景板块，中行打造了跨境、教育、体育、银发四大战略级场景，通过体感互动游戏，可以感受中国银行金融服务理念及不同场景下的产品服务。此外，现场还展示了中国银行企业级人工智能技术服务体系、科技赋能全面风险管理、"八大金融"服务实体经济的创新应用成果，以及中行特色数字人同屏互动体验等。

近年来，中国银行上海市分行主动升级技术应用体系架构，基于企业级人工智能平台"中银大脑"，搭建机器学习、生物识别、语音识别、机器人和知识库五大平台，广泛应用于智能运营、智能营销、智能客服、智能风控等业务领域，实现全流域应用、全渠道触达、全体系可控，持续发力'金融新基建'，助力打造数字经济新引擎。中国银行上海市分行现场工作人员介绍："本次参会中国银行上海市分行积极结合元宇宙概念，在大会中搭建了一个特色元宇宙金融社区，我们希望借此机会，在展示和交流中进一步挖掘更多在人工智能方向和元宇宙方向的创新成果。"

工商银行：推动元宇宙网点照进现实

"你好，工小智，今天的金价情况如何？""好的，请稍等，正在为您搜索黄金的价格。"走进中国工商银行打造的"工行数字空间"，智能迎宾机器人工小智现身引导服务，互动问答十分流畅。

展会现场还设置了元宇宙展厅互动体验装置，供观众沉浸式漫步元宇宙展厅，观摩硬核科技，与元宇宙智能机器人互动交流，领取数字藏品。用户通过虚拟形象登录营业厅后，可以自由行走，观看宣传视频，并在营业厅中搜集数字藏品，享受逼近真实的线下体验。事实上，像这样的元宇宙网点其实已经成为了现实，就在2022年7月，工商银行河北省雄安分行正式发布了三维数字虚拟营业厅。

"现在看到的元宇宙网点是我们的一期建设项目，主要运用了三维重建和轻量型H5这样的技术，是从场景和互动入手的，将来，我们二期元宇宙建设当中，还会进行一些银行业务的接入，比如说手机银行上的部分功能可以接入元宇宙世界中，像今天看到的元宇宙中的工小智未来将更加完善，更加智能。"工商银行展台工作人员介绍。未来，元宇宙网点的打造有望让银行24小时开放并"无处不在"，客户还可能通过VR技术体验元宇宙世界金融服务的魅力。

中信银行："数字员工"在千余个场景上岗

首次参展的中信集团和旗下10余家子公司亮相展区。近年来，中信集团在金融领域推动AI与银行、证券、保险、基金等业务深度融合，不断完善智能营销、智能风控、智能投顾等应用场景，并在元宇宙、量子计算、隐私计算等前沿领域探索布局，实现了金融生态的创新变革。

中信银行软件开发中心技术专家赵征介绍，中信银行"数字员工"依托中信大脑AI平台，实现重复工作自动化，广泛应用于中信银行运营、管理等众多领域，已落地场景1 000余个，月调用量2.5万余次。以反洗钱筛查为例，"数字员工"能够实现信用证单据影像分类、文字识别、关键条目抽取、筛查结果实时获取等环节全流程自动化，有效防范反洗钱风险。

中信金控数字人"小信"也在这次大会上正式发布。作为中信金控集成多模态建模、语音识别、知识图谱等技术打造的业内第一个数字人财富顾问，"小信"可同时为上千个客户提供个性化投资方案，同时可以在元宇宙、量子计算、隐私计算、区块链等领域探索应用，实现了金融生态的创新变革。

建设银行：呈现金融业务虚实共生的智慧图景

作为大会的"老朋友"，中国建设银行带来了讲解员数字化互动迎宾、数字人多场景演绎、金融元宇宙入口触发、建行金融城线上线下交互体验等。通过矗立于建行展区中央的天地屏主展项展示"数字孪生员工"以及四大AI场景；建行的数字人可以化身经理、柜面服务人员、产品销售经理、网点客户经理等不同角色。此外，金融城线上展厅向所有参观者呈现了一幅具有数字原生能力、完备经济与社交体系的虚拟世界图景。

据介绍，建行的人工智能技术为越来越多的金融场景落地提供技术支撑。计算机视觉、智能语言、自然语言处理、智能推荐与决策、知识图谱等技术广泛应用于金融领域，覆盖智能身份识别、智能AI遥感、智能营销、智能客服、智能风控、智能运营等多种场景的智能化发展。

随着越来越多的金融机构、科技企业开始布局新赛道，虚拟数字人员工、数字藏品、虚拟营业厅等相关概念产品的逐步推出、升级迭代，人工智能正赋能"金融元宇宙"打开全新版图。

资料来源：佚名."金融元宇宙"亮点纷呈，一些银行秀出"AI硬核实力"[EB/OL].[2022-09-02]. https://sghexport.shobserver.com/html/baijiahao/2022/09/02/843226.html.

思考讨论：

根据案例，结合本项目的知识分析各家商业银行使用到哪些人工智能技术？

三、人工智能在金融领域的应用价值

(一)便于海量数据的价值实现

广泛的金融业务形成的海量数据是金融行业重要的战略资源，主要涉及金融交易、客户信息和市场行情等，这些数据容量巨大且类型丰富。传统的金融机构没有充分挖掘这些数据的潜在价值，使用数据处理和分析辅助其业务拓展，在决策支持方面的能力亟待增强。随着机器学习算法的广泛应用与深度学习技术的推广，金融业的海量数据就像一个天然的能量池可供机器进行学习，以提升金融业数据分析的能力，尤其在金融交易与风险管理这类问题上，人工智能技术可以有效地进行大数据分析，建立应用性强的模型以应对复杂难解的数据，从而帮助金融机构实现更高效的业务处理、风控与决策分析工作。

动画 4-1

人工智能的
应用类型

（二）提升金融服务能力

传统金融机构大多遵循"二八法则"向高净值客户提供定制服务，而对长尾用户仅提供一般化的服务。此法则是与成本收益一致原则相匹配的，以往银行受限于人力资源和数据处理能力，只能面对面满足客户个性化的金融需求。现在，人工智能技术能够替代人工，主动为所有的客户提供个性化、有针对性的服务，降低了金融服务的成本，提升了金融服务的效率并扩大了金融服务的范围，这使得传统金融机构的金融服务职能得到了加强。通过线下营业网点的智能柜台，客户能够得到更优质的客户体验；通过辅助支持系统，不仅能改变传统的客户信息管理系统，将海量的客户信息与交易数据用于打造客户画像，深度分析与挖掘客户的需求以实现精准营销，还能改变决策支持系统，通过对金融交易的分析与预测，使决策更加智能化；通过机器学习算法搭建风险识别与控制模型，在后台用于风险识别和防控保障，使管理更加稳定化。

微课 4-3

人工智能在
金融领域的
应用

知识链接 4-1

以人工智能提升金融服务质效

数字技术的蓬勃发展，给金融业带来深刻变革。近年来，我国大力推动金融业数字化转型，取得明显成效，发展出数字货币、数字支付、数字信贷、数字证券、数字保险、数字理财等新业态。金融业的数字化基础好、应用场景密集，为人工智能应用提供了广阔空间，是"人工智能+"落地的重点行业之一。

数字技术赋能金融服务，能够实现"1+1>2"的效果。人工智能等数字技术的广泛应用，正在加速金融与科技的深度融合。尤其是以大模型为代表的人工智能技术，能大幅增强信息和数据处理能力，帮助金融企业优化风险管理、产品设计、客户服务等流程环节，不断创新服务模式，提升服务效率。

人工智能技术的运用，有助于拓展金融服务覆盖面，让服务变得更加个性化、定制化和智能化。不少小微企业面临融资难、融资贵的问题，一个重要原因就是缺乏高效的风险管控方式。像收集发票、交易合同等证明材料环节，全部依靠人工，服务成本较高。基于人工智能技术的虚拟客户经理，不仅"听得懂、能交流"，可以为客户提供可行的解决方案，帮助他们获得和提升授信额度，也能降低金融机构服务成本。

做好数字金融这篇大文章，必须统筹发展和安全，牢牢守住不发生系统性金融风险的底线。金融业是我国数据资源最丰富的行业之一，也是信息技术运用的前沿行业，这对维护金融安全提出了更高要求。采用人工智能技术，可识别出传统风控方式无法识别的风险，提升金融业风险管理能力。例如，对于同一份征信报告，一些传统风控方式只能识别出几百个维度的数据，而度小满基于图计算、自然语言处理技术实现的"智能化征信解读中台"，可以识别出40多万个风险指标，帮助金融机构优化风控模型和风控策略，降低信用贷款违约风险。

金融是推动经济社会发展的重要力量。当前，新一轮科技革命和产业变革方兴未艾，数字技术已成为新的发展引擎。抓住技术变革的机遇，加快提升金融业数字化水平，积极推动新质生产力发展，更好书写数字金融赋能千行百业新篇章，定能在数字经济时代不断开辟新赛道、抢占新高地、塑造新优势。

资料来源：朱光．以人工智能提升金融服务质效［EB/OL］．［2024-04-17］．http：//opinion.people.com.cn/n1/2024/0417/c1003-40217484.html.

（三）提升风险管理能力

人工智能的应用提升了银行风险管理能力，对于普惠金融发展也有重大价值。传统中小企业往往在大型银行监测范围之外，通过金融图谱实时查询分析可以实现中小企业"信贷、融资、定价和上市"全流程精准识别，帮助真正有需要的中小企业主更快通过申请，解决中小企业融资难、融资贵问题。

✓ **实践操作 4-4**

通过查找资料，了解人工智能在我国金融业发展中取得的成果，并在课堂上进行分享和讨论。

任务三　人工智能金融的发展趋势

一、人工智能在金融领域应用中存在的问题

（一）智能金融的应用领域有限

目前人工智能已在身份识别、智能客服、量化分析等金融领域取得了一定进展，但除人脸识别技术成熟度较高，具备大范围推广使用条件之外，其他应用还比较单一、行业大规模应用尚需时日。德勤发布的《银行业的AI数字化银行报告》显示，只有15%的金融机构在使用AI与同行竞争，银行业对AI的部署远远落后于其他行业。

（二）计算机处理能力不足

金融行业是智力密集型行业，人工智能在金融行业的模型算法非常复杂，数据训练工作量很大。主流的深度神经网络算法要求计算机具备先进的半导体、微处理器和

高性能计算技术，能够并发处理超大规模数据，目前的计算机处理能力虽有长足进步，但应对复杂人工智能能力仍有待提高。尤其是我国人工智能的硬件 GPU 依赖进口，不仅成本高，还面临着发达国家的贸易壁垒。

（三）金融数据共享性不足

机器学习是人工智能的核心技术，需要依靠大量数据训练，训练的准确性与数据量成正比。金融行业的数据积累量较大，但除公开的金融市场交易数据外，各家金融机构出于金融数据安全考虑，很难主动向金融科技公司开放其内部海量数据，这在一定程度上制约了人工智能在金融领域的创新应用。

二、人工智能在金融领域应用的政策建议

（一）加强智能金融产业创新体系建设，加快推动应用创新

未来可考虑设立一些国家级智能金融创新中心和重点实验室，加强智能金融标准化工作，研究专利合作授权机制和风险防控机制；推动智能感知、模式识别、智能分析、智能控制等智能技术在智能金融领域的深入应用；促进传统金融机构加大对智能金融的投入，提升人工智能技术在金融领域的创新和应用水平。

（二）加快智能金融关键技术研发，夯实基础产业能力

加快研发深度学习、增强学习、迁移学习等基础算法；加强计算机视听觉、生物特征识别、自然语言理解、机器翻译、智能决策控制等共性技术的研发；加快发展面向智能金融的计算芯片、智能传感器、操作系统、存储系统、中间件、重点设备等基础软硬件、开发平台，研发下一代通信网络、物联网、网络安全等关键网络支撑技术。

（三）加快智能金融大数据基础设施建设

可考虑由监管部门牵头，协调各方利益，逐步推动建立智能金融大数据系统，为将来人工智能在金融领域的应用推广夯实数据基础。

（四）加强智能金融领域的法规政策研究

与其他新技术一样，人工智能技术也是一把"双刃剑"，在促进经济社会发展的同时，也可能带来改变就业结构、冲击法律与社会伦理、侵犯个人隐私、挑战国际关系准则等问题。在大力发展智能金融的同时，必须高度重视可能带来的安全风险挑战，加强前瞻预防与约束引导，最大限度地降低风险，确保智能金融走上安全、可靠、可控的发展轨道。未来须围绕人工智能在金融领域的应用可能遇到的法律法规问题开展前瞻性研究，为新技术的快速应用奠定法律基础，加强人工智能在金融领域应用的合法合规性问题的研究。

三、人工智能在金融领域的发展趋势

人工智能总体将向着规模化、安全化、健康化发展。从全球来看，新一代人工智能产业将呈现四个发展趋势。

（一）产业规模趋势

各国政府和产业界的投入日益增加，人工智能技术的进一步成熟将带来更多的新产品、新服务，人工智能驱动的自动化将提升全要素生产率，产业规模将爆发式

增长。

（二）国际竞争趋势

近年来，世界各国紧密出台人工智能规划、政策和投资计划，从国家战略层面强化人工智能布局，以期在新一轮国际科技竞争中获得优势。中国未来将深度参与全球人工智能产业合作、竞争，成为人工智能的重要推动者。

（三）技术趋势

类脑智能蓄势待发，目前已有多国开始了脑科学研究。量子智能也将加快孕育，这是全球公认的下一代计算技术，将为人工智能带来革命性发展机遇。

（四）风险趋势

随着人工智能逐渐惠及社会，人工智能安全风险和社会治理等问题将被逐步提上日程。人工智能学会主席在2016年认为：10年之后，人工智能可能会介入世界上大部分的金融交易。科尔尼管理咨询公司（A.T.Kearney）预计，机器人顾问将在未来3~5年成为主流，年复合增长率将达到68%。花旗银行研究预测，人工智能投资顾问管理的资产在未来10年将实现指数级增长，总额将达到5万亿美元。

案例探析 4-5

大模型重塑金融业态

2022年ChatGPT的"横空出世"，为AI的商业化落地与价值重构带来了全新的机遇，所谓"iPhone时刻"的降临掀起了又一轮人工智能发展热潮。

回顾全球人工智能发展过程，从20世纪50年代第一台神经网络计算机诞生开始，人工智能逐步成为一门研究学科。尽管一度受制于计算能力不足，但在1950—1990年，增强学习雏形、深度学习雏形、搜索式推理、自然语言等知识被提出，符号智能时代的科学家以人工智能构建起知识库，专家系统被广泛应用。1990—2018年，摩尔定律下计算机性能不断突破，为专业智能带来新一轮高潮，云计算、大数据、机器学习、自然语言、机器视觉等领域飞速发展。"深度学习"被提出后，知识被储存于小模型中。2017年Google在一篇论文中首次提出Transformer，成为大模型背后的基础架构，基于强大的上下文学习能力，人工智能进入通用智能新阶段，而ChatGPT的诞生为大模型商业化应用落地提供了可能。

随着AI智能化水平不断提高，人工智能的未来日渐进入以AGI（AI Agent人工智能体）为代表的新阶段。围绕算力、算法、数据，国内外的大模型浪潮已然开启。在国内，互联网公司、科技公司、软硬件厂商等纷纷开始布局。2023年3月，百度发布"文心一言"；4月，阿里巴巴发布通义千问大模型，商汤科技发布日日新SenseNova大模型体系；7月，华为发布"盘古大模型3.0"，而其早在2021年4月就曾对外发布盘古预训练大模型……"千模大战"在2023年加速开启。

大模型的商业化应用也成为新的命题。大模型的发展将趋于"通用"和"垂直"并行的态势。以ChatGPT为代表的通用大模型，适应能力强、应用范围广、训练负责度高，能够在多个领域发挥作用；而在不同领域崛起的垂直大模型尽管应用范围有限，但专业性强，训练过程也更为简洁，在解决特定领域的专业问题方面更具优势。

在对华为云、腾讯云、新华云、蚂蚁集团、科大讯飞、恒生电子、恒生聚源、星环科技、冰鉴科技、通联数据等多家涉足大模型的科技公司采访调研了解到，科技公司均将金融行业作为大模型落地应用的最优场景之一。

从全球情况来看，当前金融大模型的应用已涉及风险管理、客户服务、投资决策、反欺诈等诸多领域，大型金融机构及科技公司同样积极布局或应用大模型技术以提升业务水平，当前已有多个金融领域的垂直大模型落地。2023年3月，彭博（Bloomberg）发布首个利用各类金融数据进行训练，全方位支持金融领域的大模型BloombergGPT，是一个有500亿参数、基于BLOOM模型的金融大语言模型。摩根士丹利（Morgan Stanley）则与OpenAI合作推出一款基于GPT-4技术的聊天机器人，被列入GPT-4发布时公布的6个使用案例之一。

从国内的布局情况来看，银行、保险、证券、基金及诸多金融领域科技公司也纷纷开启布局。据21世纪资管研究院不完全统计，仅2023年就有工商银行、农业银行、兴业银行、平安银行等多家银行推出或探索自研大模型平台，此外，交通银行组建GPT大模型专项研究团队，中国太保基于大模型技术的数字化员工投入应用等，金融机构对大模型的应用和布局仍在加速。

资料来源：佚名. 大模型重塑金融业态报告［EB/OL］.［2024-02-05］. https://finance.eastmoney.com/a/202402052982711344.html.

思考讨论：

金融大模型是什么？它会给金融业发展带来什么变化？

四、人工智能在中国金融业的未来发展趋势

（一）要坚持服务实体经济，为实体经济服务是金融的天职和宗旨

金融业应用人工智能，应该围绕金融供给侧结构性改革的要求，在现代化的经济体系建设过程中挖掘有效的金融需求，发挥人工智能在资源配置精准化、业务流程自动化、风险管理实时化、决策支持智能化等方面的优势，从而科学地去遴选那些相对比较成熟、可靠、安全、稳定的适用性技术，把它应用到契合度比较高的金融场景中去，即选择比较适用的金融场景。

（二）要切实加强风险防控，在金融业防控风险是一个永恒的主题

应该按照实质重于形式的原则，以人工智能在金融领域的外溢风险为导向，以算法有效性、功能适当性、机器行为合规性等为重点，研究探索智能投顾、智能风控、智能量化交易等领域的业务规则，加强数据的治理、算法报备、留痕管理的监管，从而实现监管无死角。重点探索机器学习、知识图谱等人工智能技术，不断提升金融风险态势感知能力和监管科技水平。金融机构应该按照监管的要求和自律标准，切实加强数据保护、模型选用、应急处置等方面的工作，筑牢风险防控的防线。

（三）要有效夯实配套基础

建立、完善人工智能在金融领域应用的基础法律制度，要特别注意解决好隐私保护、数据安全、算法模型、责任主体认定等方面的全球性共性难题，否则人工智能在金融领域深入发展就会遇到很多障碍。注重支持前沿领域研究，关注传统的基础设施智能升级等重点领域，依法合规地推动金融领域的跨部门数据开放共享。科

技时代大数据是很重要的一个方面，这些数据的有效共享必须依法合规。通过这些方面的努力，能够加强国内公共数据资源的整合利用，为金融业真正全面应用人工智能提供更高效、更高质量的基础服务创造条件。同时，应加强国内在人工智能、金融科技等领域的学科建设和人才培养体系建设，为金融业的数字化转型提供智力支撑。

（四）要持续完善标准、规范

俗话说无规矩不成方圆，在金融业，人工智能的使用，特别是金融业的数字化转型方面，如果没有一个通用、共用的原则，就会造成资源浪费或相互抵触。所以要加强人工智能的标准体系建设，以增强技术应用的安全性、合规性和互操作性为重点，逐步建立起智能金融领域的产品服务、行业管理、安全保障等方面的标准规范。

此外，还可以依托"一带一路"国际战略，推动中国的人工智能标准和相关标准走出去，为国际标准制定贡献更多的中国方案和经验。中国在移动支付方面有很多、很好的应用实例和应用效果，如果能够将其变成一个全球性的标准，中国就会有更多的人享受到优质的金融服务。

知识链接 4-2

央行：支持征信机构运用大数据、人工智能等新技术进行产品创新

国务院新闻办公室于 2024 年 4 月 10 日举行国务院政策例行吹风会，介绍《统筹融资信用服务平台建设提升中小微企业融资便利水平实施方案》（以下简称《实施方案》）有关情况。中国人民银行征信管理局局长任咏梅在会上指出，将深化征信供给侧结构性改革，支持征信机构运用大数据、人工智能等新技术进行产品创新，为普惠金融发展提供多元化、差异化的信用信息服务。

任咏梅介绍，我国征信信息建设一直坚持"政府+市场"双轮驱动，市场化征信机构是我国征信信息的重要组成部分。近年来，中国人民银行大力发展多层次征信市场，广泛覆盖社会征信需求。任咏梅表示，下一步，中国人民银行将按照党中央关于建设覆盖全社会征信体系的决策部署，全面落实《实施方案》部署要求，持续做好征信市场的培育和管理。

一是进一步优化征信市场布局。把握新质生产力发展机遇，深化征信供给侧结构性改革，支持征信机构运用大数据、人工智能等新技术进行产品创新，为普惠金融发展提供多元化、差异化的信用信息服务。

二是进一步推动各类信用信息共享应用。会同发展改革委，共同推动信用信息平台依法合规向征信机构稳步开放数据，充分发挥数据乘数效应。

三是持续加强征信监管。坚决落实强监管、严监管要求，将所有征信活动依法纳入监管，全面保护信息主体合法权益和信息安全。

资料来源：司马屹杰. 央行：支持征信机构运用大数据、人工智能等新技术进行产品创新［EB/OL］.［2024-04-10］. http://www.scio.gov.cn/live/2024/33706/fbyd/202404/t20240411_842184.html.

（五）要做好金融消费者保护

人工智能在金融领域的应用，将会推动更多的人受益，但是这个过程中要注意完善金融消费者的保护、相关法律制定和工作机制。通过提高举报、投诉、仲裁等渠道的便捷性和可获得性，通过依托信息披露、风险提示等手段，增强人工智能技术应用和金融服务全过程的透明度。同时要注意开展金融知识普及教育，让更多的人了解新的技术发展趋势，了解金融业的基本规律和标准。要持续提升全社会的金融素养，为老百姓了解人工智能、正确使用人工智能打基础。

目前，有一些机构打着人工智能、互联网金融、金融科技的旗号，实际上提供的是非法集资活动，或者是非法金融活动。因大众的识别能力不足，风险承受能力不足，容易上当受骗。所以，要在金融领域人工智能的发展过程中严厉打击以智能金融为名、侵犯金融消费者权益的违法违规行为，营造良好的市场秩序和生态环境。

▶▶ 金融微课堂

2023年，习近平总书记在地方考察调研期间首次提出"新质生产力"这一重要概念。此后，"新质生产力"成为中国经济社会发展的热词。2024年全国两会期间，"加快形成新质生产力"成为代表委员们热议的话题，而"新质生产力""人工智能+"更是首次被写入政府工作报告。

请思考：如何理解全面建设中国式现代化时代背景下，需要牢牢抓住人工智能这个"牛鼻子"，加快形成金融行业的"新质生产力"？

项目小结

1. 人工智能是研究、开发如何利用一定的载体模拟、延伸和扩展人的智能，使其能够感知环境、获取知识并使用知识获得最佳结果的理论、方法、技术及应用系统。

2. 人工智能系统本质为计算、基础为数据；人工智能系统能感知环境、产生反应，且能与人交互，与人互补。人工智能系统有适应特性、学习能力，且能够演化迭代，连接扩展。

3. 人工智能的技术构建包括机器学习、知识图谱、自然语言处理、人机交互、计算机视觉、生物特征识别、VR/AR。

4. 人工智能技术在金融领域应用的范围主要集中在客户身份识别、智能量化交易、智能投顾、智能客服、征信反欺诈、信贷决策等方面。

5. 人工智能在金融领域的应用价值表现在便于海量数据的价值实现、提升金融服务能力和提升风险管理能力三个方面。

6. 人工智能在金融领域呈现产业规模、国际竞争、技术和风险四个发展趋势。

7. 人工智能在中国金融业未来发展趋势有坚持服务实体经济，切实加强风险防控，有效夯实配套基础，要持续完善标准、规范和做好金融消费者保护。

项目训练

一、单项选择题

1.人工智能在（　　）发展中，深度学习助力感知智能步入成熟。

A.第一次　　　　　　B.第二次　　　　　　C.第三次　　　　　　D.第四次

2.我国人工智能的发展起始于（　　）。

A.20世纪50年代　　　　　　　　　　B.20世纪60年代

C.20世纪70年代　　　　　　　　　　D.20世纪80年代

3.（　　）主要是通过人脸识别、虹膜识别、指纹识别等生物识别技术快速提取客户特征进行高效身份验证的人工智能应用。

A.客户身份识别　　　B.智能投顾　　　　　C.智能客服　　　　　D.风险管理

4.在信用风险管理方面，主要是利用（　　）技术来建立信用评估模型。

A.云计算+大数据　　　　　　　　　　B.云计算+人工智能

C.区块链+人工智能　　　　　　　　　D.大数据+人工智能

5.根据投资者的风险偏好、财务状况与理财目标，运用智能算法及投资组合理论，为用户提供智能化的投资管理服务属于人工智能在金融领域（　　）方面的应用。

A.客户身份识别　　　B.智能量化交易　　　C.智能投顾　　　　　D.智能客户

二、多项选择题

1.建立完善人工智能在金融领域应用的基础法律制度，要特别注意解决好（　　）等方面的全球性共性难题。

A.隐私保护　　　　　B.数据安全　　　　　C.算法模型　　　　　D.责任主体认定

2.根据人工智能是否能真正实现推理、思考和解决问题，可将人工智能分为（　　）和（　　）。

A.弱人工智能　　　　B.中等人工智能　　　C.强人工智能　　　　D.超级人工智能

3.人工智能产业可划分为（　　）三部分。

A.基础层　　　　　　B.技术层　　　　　　C.发展层　　　　　　D.应用层

4.人工智能在金融领域未来发展趋势包括（　　）。

A.产业规模趋势　　　B.国际竞争趋势　　　C.技术趋势　　　　　D.风险趋势

5.我国人工智能研究大致经历了（　　）三个研究阶段。

A.初步研究期　　　　B.起步期　　　　　　C.稳步发展期　　　　D.高速发展期

三、判断题

1.在金融业人工智能使用方面，特别是金融业的数字化转型方面，如果没有一个通用、共用的原则，就会造成资源浪费或相互抵触。（　　）

2.人工智能一直处于高速发展阶段，并未经历低谷。（　　）

3.机器学习是人工智能技术的核心。（　　）

4.人工智能的应用提升了银行风险管理能力，对普惠金融发展也有重大价值。

（　　）

5.金融行业是智力松散型行业，人工智能在金融行业的模型算法比较简单，数据训练工作量不大。

（　　）

四、简答题

1.人工智能的发展经历了哪些阶段？

2."农行智能掌银"运用了哪些人工智能技术？

3.人工智能如何助力中国共建"一带一路"倡议？

五、实践应用题

人工智能合作赋能中国-东盟"万亿市场"

第二届中国-东盟人工智能峰会释放的消息表明：中国与东盟之间的人工智能领域深度合作，蕴藏着从基础设施建设到应用场景合作，从政府项目合作到民间投资潜能释放……"万物互联"中蕴藏的庞大市场亟待深度挖掘。

1.基础设施建设蕴藏庞大商机

根据《东盟互联互通总体规划2025》，东盟关注5个战略领域：可持续基础设施建设、数字创新、物流、进出口管理和人员流动。其中可持续基础设施建设方面，东盟每年至少需要1 100亿美元的基础设施投资以支持未来增长。

地理信息测绘是基础设施建设重要的先决条件，人工智能应用是地理信息测绘的趋势。2020年中国地理信息产业大会发布的报告表明：2019年我国地理信息产业总产值6 472亿元，较2018年同比增长8.7%，其中资质测绘单位的服务总值1 359亿元，较2018年同比增长11.7%。与东盟国家之间合作才刚刚开启，业内人士预计：地理信息测绘在基础设施建设领域的市场份额，仅中国-东盟地理信息测绘市场规模在未来5年时间里，就有超过百亿美元的规模。

2."数字经济"蕴藏"万亿价值"

根据《东盟互联互通总体规划2025》，在数字创新方面，预计到2030年东盟的数字技术价值将达到6 250亿美元。这两大领域对地理信息测绘的基础性要求和应用性需求极其庞大。

中国与东盟关于建立数字经济合作伙伴关系的倡议中明确：加强数字基础设施合作，强化双方在通信、互联网、卫星导航等各领域合作，共同致力于推进4G网络普及，促进5G网络应用，探索以可负担价格扩大高速互联网接入和连接，包括对《东盟互联互通总体规划2025》框架下东盟数字枢纽的支持，发展数字经济，弥合数字鸿沟。

华为泰国总经理邓丰表示：华为将继续助力泰国建设东盟数字枢纽，致力于通过应用新技术以及新的市场商业模式引领泰国进入数字化时代，以进一步实现泰国4.0战略。据预计，到2030年泰国数字经济有望占全国GDP的30%。泰国在云技术、人工智能和5G技术普及等方面具有很大优势，这将成为在各个行业实施云和智能转型的主要动力。

3.创新发展迎来"共享红利"

中国-东盟信息港股份有限公司董事长兼总裁鲁东亮透露：通过共建人工智能基础设施体系，共建大数据中心、智能计算中心、超算中心、智能语料库，夯实AI的数据和算力基础设施，利用中国-东盟互联网应用基础联合创新平台开展AI的学术交流、技术研发、专利共享以及人才培养。工信部澜湄合作专项基金项目的老挝、缅甸、柬埔寨三个运营计算中心正是基于这一思路进行布局的。

中国现已连续10年成为东盟第一大贸易伙伴，中方企业在东盟的累计投资额也已突破了1 000亿美元，所建经贸合作区达到了25个，为当地创造了10多万个工作岗位。

4.教育领域凸显"人才潜力"

联合国教科文组织驻华首席代表欧敏行认为：全球高等教育的发展对在线远程和灵活学习的参与度不断提升，最近10多年时间几乎每年都以10%的速度增长，通过线上跨国教育的方式，推动经济发展，同时缩小发达国家和发展中国家之间的教育差距。

泰国东部经济走廊办公室秘书长卡尼表示，泰国市场上急缺的人才大多是数字应用、交通物流、轨道运输、机器人工程师等领域。迫切需要通过各种教育培训方式，培养真正满足需要的专业人才队伍。

资料来源：李怡然.人工智能合作赋能中国-东盟"万亿市场"[EB/OL].[2020-11-16]. https://www.yidaiyilu.gov.cn/p/155318.html.

要求：

1.阅读并讨论以上案例。

2.请分析人工智能将如何助力中国-东盟数字经济的发展。

项目五
区块链金融

学习目标

知识目标

了解区块链的概念；掌握区块链的核心技术；理解区块链的分类和特征；了解区块链发展现状与趋势；掌握区块链在金融行业领域的应用。

能力目标

能够利用区块链的核心技术原理，分析区块链在金融领域的应用；分析并判断区块链未来的发展趋势和局限性。

素养目标

通过学习区块链的基本技术，培养学生养成多元化的思维方式和科技创新的意识；通过学习区块链在各个国家的发展趋势和金融行业的应用，激发学生的民族自信和科技自信。

思维导图

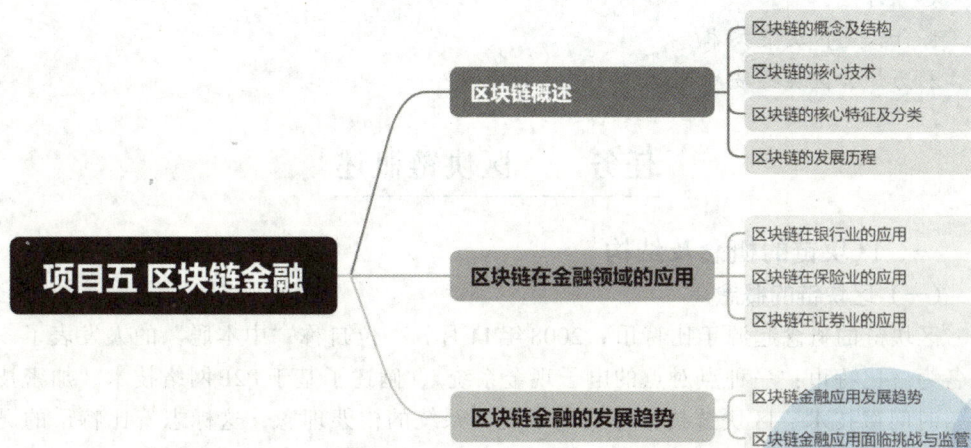

案例导入

区块链技术助力京东全球购防伪溯源

随着传统金融消费的不断升级，跨境电商购物变得越来越普遍。然而海淘不断发展的同时，也存在一系列的问题。在海淘新消费模式中，商品、购物小票、入境证明、快递信息等都可能造假，还有难以解决的售后问题，皆让消费者防不胜防，无法真正安心享受跨境购物的乐趣。京东跨境购为了解决这一难题，进行战略规划，对售前、售中、售后三个环节的品质保障采取全面升级的措施。

区块链技术具有无法篡改和可追溯性特点，从生产、检验，到运输、销售、监管等环节，若将各自的信息存储在链路上，就可以做到防篡改。借助区块链技术，将这些品牌商的商品源信息进行整合并写入区块链，每条信息都附有各主体的数字签名和时间戳，保证了商品的真实性，同时也可以做到全程溯源。

在售前环节，京东全球购通过"买手团"把控源头质量关，按照最高标准遴选品牌与产品，提升商品入驻门槛，并通过检测机构对非知名品牌、安全性要求较高的商品进行检测，确保入驻商品达到质量标准。

在售中环节，京东已建立区块链防伪追溯解决方案，将逐步覆盖京东全球购业务，实现"全程溯源"：在生产阶段通过区块链技术由品牌商为商品记录下第一条身份信息，随后进入京东海外仓、出口报关、国际物流、进入保税仓或直邮至中国海关口岸报单清关、国内分拣、京东自有物流配送、消费者签收等环节，现场工作人员都会为其独立记录信息，附有工作人员的数字签名。

在售后环节，京东方面表示全球购向全球招募第三方专家组成"独立调查团"，在怀疑产品品质瑕疵或者物流环节疏漏时，将有专门独立调查员参与调查，使用户权益得到保证。

资料来源：IT 小白鸽. 2018 年京东战略规划：售前、售中、售后全面升级，将用区块链全程溯源［EB/OL］.［2018-04-21］. https://www.sohu.com/a/229007952_100035093.

思考讨论：

1. 什么是区块链技术？
2. 为什么区块链技术可以解决造假的问题？

任务一 区块链概述

一、区块链的概念及结构

（一）区块链的概念

区块链的概念起源于比特币，2008 年 11 月，一位自称"中本聪"的人发表了一篇名为《比特币：一种点对点的电子现金系统》，阐述了基于 P2P 网络技术、加密技术、时间戳技术、区块链技术等的电子现金系统的构架理念，这标志着比特币的诞生。两个月后理论步入实践，2009 年 1 月第一个序号为 0 的创世区块诞生。几天后出现了序号为 1 的区块，并与序号为 0 的创世区块相连接形成了链，标志着区块链的诞生。

狭义的区块链是指按照时间顺序，将数据区块以顺序相连的方式组合成的链式数据结构，并以密码学方式保证其不可篡改和不可伪造的分布式账本。广义区块链技术更多的是从技术层面去定义，区块链不是单一的技术，而是多种技术的综合，是利用块链式数据结构验证与存储数据，利用分布式节点共识算法生成和更新数据，利用密码学的方式保证数据传输和访问的安全、利用由自动化脚本代码组成的智能合约，编程和操作数据的全新的分布式基础架构与计算范式。

（二）区块链的基本结构

在区块链中，交易数据被永久保存，形成数据存储的单元被称为区块。区块的数据结构由两部分组成，分别是区块头和区块体。区块头是由版本号、前一区块哈希、难度值等构成，区块体就是区块中数据存储的主体，用于保存各种交易数据。区块的具体结构如图5-1所示。

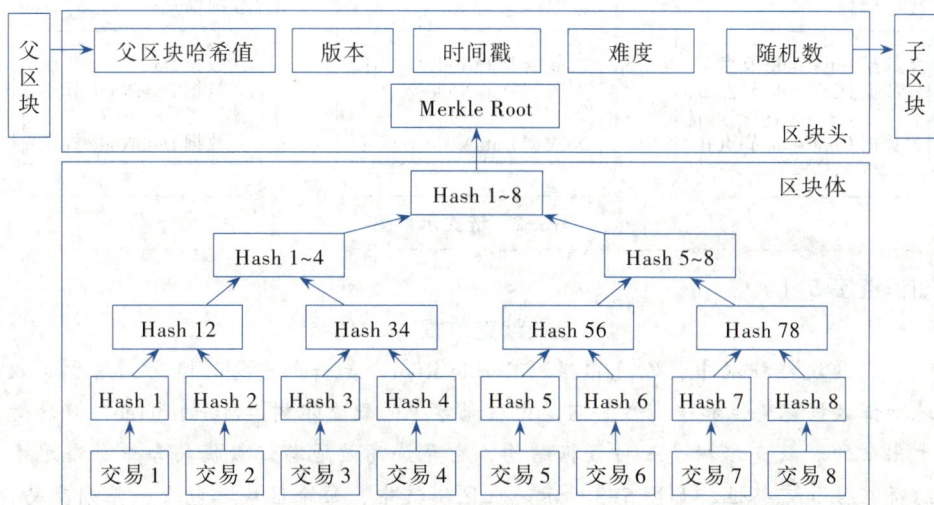

图5-1　区块结构图

区块中的各个主要字段的意义如下：

（1）父区块哈希值（Previous Block Hash）：包含指向前一个区块的哈希值，确保区块按顺序链接。

（2）版本（Version）：记录区块链协议的版本号。

（3）时间戳（Timestamp）：记录区块生成的时间。

（4）难度（Difficulty Target）：与挖矿难度相关的数值，用于调整挖矿的难度。

（5）随机数/Nonce（Nonce）：一个随机值，用于挖矿过程中找到满足特定条件的区块哈希。

（6）默克尔根（Merkle Root）：默克尔树的根哈希值，代表区块内所有交易的汇总，用于快速验证区块中交易的完整性。

（7）交易列表（Transactions）：包含区块中的所有交易记录。每个交易记录都详细说明了交易的发送者、接收者、金额和其他交易相关数据。

区块和区块之间是如何链接起来，形成区块链的呢？每个区块都将本区块的哈希值存放到下一个区块头当中，即每一个区块头中都存放着上一个区块的哈希值，又称为"父区块哈希"。如图5-2所示，第2区块的"上一区块哈希值"与第1区块的"本区块哈希值"相等。这些哈希值又被称为哈希指针，所有区块首尾相接，就构成了一个链式结构。

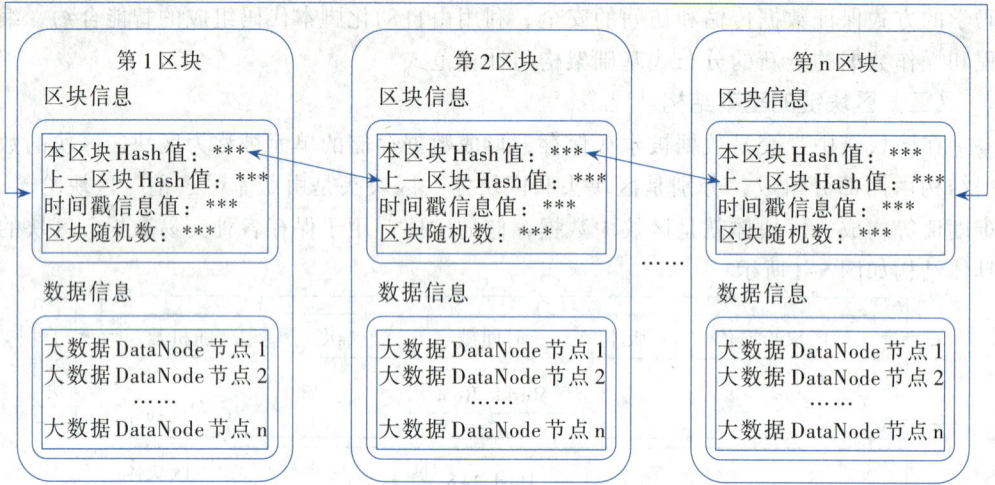

图5-2　链式示意图

知识链接 5-1

默克尔根

在区块链技术中，默克尔根（Merkle Root）是一个重要的概念，用于高效地验证数据完整性和平衡性。它是由密码学中的默克尔树（Merkle Tree）概念衍生出来的。默克尔树是一种数据结构，它允许高效地验证数据集合中每个元素的存在性和完整性，如图5-3所示。在区块链中，每个区块都包含一系列交易，而这些交易可以通过默克尔树进行聚合，生成一个简洁的哈希值，即默克尔根。

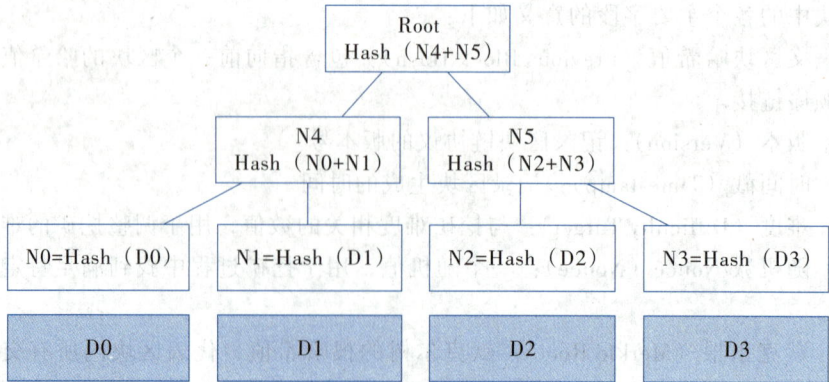

图5-3　默克尔树

默克尔根的生成过程如下：

（1）分组：将区块中的所有交易按照一定的顺序分组，通常是每两个交易一组。

（2）哈希：对每组交易进行哈希运算，得到哈希值。

（3）合并：将得到的哈希值再进行分组和哈希运算，直到最后只剩下一个哈希值，这就是默克尔根。

（4）存储：默克尔根被存储在区块头部，作为区块数据的摘要。

通过默克尔根，可以快速验证一个区块中的所有交易是否完整和未被篡改。当验证者接收到一个区块时，他们可以计算该区块的默克尔根，并与区块头部存储的默克尔根进行对比。如果两个默克尔根匹配，那么可以确定区块中的所有交易都是有效的，并且没有被篡改。默克尔根的引入显著提高了区块链的效率和安全性，因为它允许快速验证大量交易，而不需要检查每个交易的详细信息。

资料来源：作者根据相关资料整理所得。

二、区块链的核心技术

区块链技术涉及的关键点包括去中心化、去信任、集体维护、可靠数据库等。如果要设计一个去中心化的合理可靠的数据库，那么就需要解决三大难题。一是在去中心化的情况下，如何建立一个严谨的数据库；二是如何使这个严谨且完整存储的数据库变得可信赖；三是如何记录并存储这个严谨的数据库，使得即便参与数据记录的某些节点崩溃，整个数据库系统仍然能正常运行与保持信息完备。针对这三个难题，区块链构建了一整套完整的、连贯的数据库技术来达成目的，解决这三个难题的技术，即共识机制、加密算法、分布式结构，也构成了区块链最核心的三大技术。此外，为了保证区块链技术的可进化性与可扩展性，区块链系统设计者还引入了"智能合约"的概念来实现数据库的可编程性。这些技术构成了区块链的核心技术。

（一）区块链的共识机制

共识机制算法是区块链的核心技术，因为区块链是一个去中心化的记账体系，由谁来记账是一个非常核心的问题，对于记账方式的选择将会影响整个系统的安全性和可靠性。目前已经出现了十余种共识机制算法，其中比较知名的共识机制主要有：工作量证明机制（POW，Proof of Work）、权益证明机制（POS，Proof of Stake）、股份授权证明机制（DPOS，Delegated Proof of Stake）等。

1.工作量证明机制（POW）

工作量证明机制可以简单地理解为算力的证明，在POW中，参与节点需要通过计算一些复杂的哈希函数来创建新的区块，哪个节点的算力更强，那么该节点就会优先找到一个满足条件的哈希值，则由该节点进行记账。比特币挖矿就是采用的这种机制，比特币网络是通过调节计算难度，来保证每一次的竞争记账都需要全网的矿工计算大约10分钟，才能够得到一个满足条件的结果。获得记账权的概率取决于节点工作量在全网的占比，如果占比是30%，那么所获得的记账权概率也就是30%。目前在全球范围内，公有区块链中90%以上都采用POW共识机制。

POW共识机制的优点：（1）去中心化。将记账权公平地分派到每一个节点，记账权取决于算力大小；（2）安全性高。破坏系统需要投入极大的成本，如果想作弊，要有压倒大多数人的算力，即需要具备51%的算力，也称为"51%攻击"。

POW共识机制作为最早的、目前使用也最为广泛的共识算法，也存在一定的弊端：（1）资源浪费。这种记账方式需要耗费大量的算力和计算机资源，因为在没有获得记账权之前，所有参与的节点都在消耗算力，这就使得依据算力公平分配奖励的机制，最终演变为了对矿机算力的大举投入。（2）共识达成的周期较长。区块确认共识达成的周期较长（10分钟），现在每秒交易量上限是7笔，不适合大规模的商业应用。

知识链接 5-2

51%攻击

51%攻击指的是当一些恶意节点控制了全网大部分算力，如超过了50%，则其具有记账权，然后可以进行虚假强制交易，俗称"双花"。如果发生51%攻击，就会破坏区块链去中心化的特性，同时也会让区块链网络处于其他攻击风险之下。举个例子说明：

小明在一个公开场合向王团长借钱，在场有100个人，他们都看见了，正常情况来说他们都可以证明：小明借了王团长的钱，但是现在小明不想还钱，而且因为借的数额比较大，他决定拿出一大半钱分给在场的人，让他们帮忙证明他没有借钱，这时有51个人被打动了，愿意帮小明证明。也就是说超过一半在场的人证明小明并未向王团长借钱，而王团长当时只是让在场的人帮忙做见证，并未做其他的借钱证据留存，最后，本着少数服从多数的原则，王团长借给小明的钱打了水漂，而小明和在场的51个人分了王团长的钱，这就是51%攻击。

掌握了全网51%以上的算力之后，就可以像赛跑一样，抢先完成一个更长的、伪造交易的链。区块链系统只认最长的链，真正交易的链条由于分叉，变成短链被弃，所以伪造交易的这条长链得到所有节点的认可，假的也随之变成真的了。

资料来源：王团长区块链学院. 名词解释第五十九讲：51%攻击［EB/OL］.［2018-10-17］. https://www.sohu.com/a/259981820_100180371.

2.权益证明机制（POS）

权益证明机制也称股权证明机制，是POW共识机制的升级，类似于把资产存在银行里，银行会依据持有数字资产的数量和时间分配相应的收益。POS通过评估你持有资产的数量和时长来决定你获得记账权的概率，这就类似于股票的分红制度，持有股权较多的人能够获得更多的分红。

POS共识机制从设计上说，比POW共识机制更加先进，存在以下优势：（1）由于不需要依靠算力碰撞答案了，在一定程度上缩短了共识达成的时间，提高了效率；（2）因为 POS 不需要比拼算力挖矿，POS 不会造成过多的电力浪费，更加环保。（3）防作弊，POS 更难进行 51% 攻击。因为拥有 51% 的代币才能发起攻击，网络受到攻击会造成自己利益受损，显然很不划算。

3.股份授权证明机制（DPOS）

股份授权证明机制类似于董事会投票，持币者投出一定数量的节点，代表他们进行验证和记账。它的目的是提高性能，也就是交易确认的时间，在更短的时间内达成共识，从而提高交易的处理性能。股份授权证明机制类似于议会制度或人民代表大会制度，如果代表不能履行他们的职责，比如轮到他们记账时，他们没能完成则会被除名，网络会选出新的节点来取代他们。

DPOS 共识机制存在以下优势：（1）秒级的共识验证。DPOS 的每个客户端都有能力决定哪些节点可以被信任，相较于 POW，DPOS 大幅提高了区块链处理数据的能力，甚至可以实现秒到账。（2）合作而非竞争。POW 竞争的是算力，POS 竞争的是股权，而 DPOS 是选出行使权利的节点，更像是一种合作关系。

DPOS 共识机制同样也存在一些缺点，具体如下：（1）去中心化程度低。行使权利和职责的是被选出来的那几个节点，相当于权利集中在被选出来的节点上，其他节点就失去了发言的机会，相较于 POW 和 POS，其去中心化的程度降低了。（2）投票的积极性并不高。绝大多数持股人从未参与投票，因为投票需要时间、精力以及技能，而这恰恰是大多数投资者所缺乏的。

（二）区块链的加密算法

1.哈希算法

哈希算法是一种常见的密码学算法，用于将任意大小的文件，转换为一个固定长度的输出值，该输出值被称为散列值或消息摘要。哈希算法一般有三个特点：一是计算速度快，给定原文和哈希算法，可以在有限的时间和资源内计算出哈希值；二是高度安全，无法通过哈希值反向推算出原文信息；三是输入敏感，对原文信息的任何一点修改，都会导致哈希值的无规律的显著变化，因此几乎不可能找到两段内容不同的明文，但它们的哈希值一致的情况。

常用的哈希算法有 MD5、SHA-1、SHA-256、SHA-512、RIPEMD 等，主要应用于数字签名、交易数据安全验证等场景。

哈希函数在区块链中有着广泛应用。区块链将区块信息的哈希值作为指针，实现区块间的链接。如果区块中的信息被改变，则该区块的哈希值也会发生变化，会对区块与区块链中的其他部分的链接造成影响。

2.对称加密算法

在对称加密算法中，只有一个密钥，发送方将原始文件用该密钥进行加密变成加密文件（密文）并发送，接收方收到密文后，则需要使用和发送方一致的密钥对密文进行解密变成明文。在对称加密算法中，使用的密钥只有一个，这就要求文件传送的双方必须共享加密密钥，对称加密过程如图 5-4 所示。

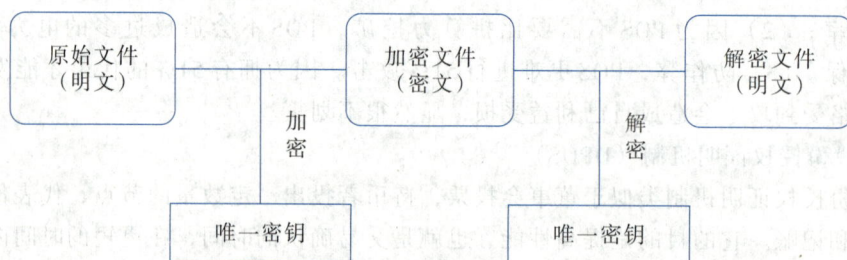

图5-4 对称加密过程

对称加密算法的优点是加/解密效率较高、加密强度非常可靠等。缺点是密钥维护成本高、不能实现数字签名等。对称加密算法应用广泛，技术成熟。常见的对称加密算法主要有 DES、3DES、AES、TDEA、Blowfish、RC2、RC4、RC5、IDEA、SKIPJACK 等。其中 DES 和 3DES 已经被广泛使用，但因为密钥长度较短，它们的安全性已经不如 AES 高。AES 是目前最常用的对称加密算法之一，它提供了不同的密钥长度选项（128位、192位和256位），使得安全性更高。

3.非对称加密算法

非对称加密算法需要两个密钥：一是公开密钥，简称公钥，是公开全网可见的。二是私有密钥，简称私钥，不能被公开，只能自己持有并保护其不被泄露。公钥与私钥是一对，如果用公钥对数据进行加密，只有用对应的私钥才能解密。因为加密和解密使用的是两个不同的密钥，所以这种算法叫作非对称加密算法。

非对称加密算法实现信息交换的基本过程如下：接收方生成一对密钥，并将公钥公开，发送方使用接收方的公钥对原始文档进行加密后发送给接收方；接收方收到文件后，用自己的私钥对加密后的信息进行解密，如图5-5所示。

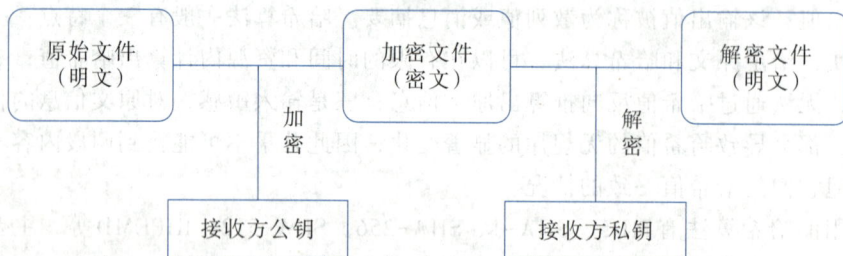

图5-5 非对称加密过程

非对称加密算法的优点是安全性高、保密性比较好，因为公钥是公开的，密钥是自己保存的，消除了最终用户交换密钥的需要，大幅提高了安全性；缺点是加密和解密花费时间长、速度慢，只适合对少量数据进行加密。

常用的非对称加密算法有 RSA、Elgamal、背包算法、Rabin、D-H、ECC（椭圆曲线加密算法）等。其中 RSA 是目前最有影响力的公钥加密算法，该算法的原理十分简单，即将两个大素数相乘，但想要对其乘积进行因式分解却极其困难，因此可以将乘积公开作为加密密钥，即公钥，而两个大素数组合成私钥。

在区块链系统的交易中，非对称密钥的基本使用场景有两种：（1）公钥对交易信息加密，私钥对交易信息解密。私钥持有人解密后，可以使用收到的信息。（2）私钥对信息签名，公钥验证签名。通过公钥签名验证的信息确认为私钥持有人发出。

（三）分布式结构

1.P2P网络

P2P网络技术早期应用在BT这类P2P下载软件中，比如我们熟知的"迅雷"下载软件就是采用P2P的组网机制，这也意味着区块链具有自动组网功能。P2P在区块链技术中叫对等网络，或者叫作点对点网络。所谓的对等，指的是参与网络的节点权限、地位、职责都是平等的。因此，P2P网络可以理解为对等计算或对等网络。在P2P网络环境中，彼此连接的多台计算机都处于对等地位，各台计算机有相同的功能，无主从之分。网络中的每一台计算机既能充当网络服务的请求者，又对其他计算机的请求做出响应，提供资源、服务和内容，通常这些资源和服务包括：信息的共享和交换、计算资源（如CPU计算能力共享）、存储共享（如缓存和磁盘空间的使用）、网络共享、打印机共享等。P2P网络如图5-6所示。

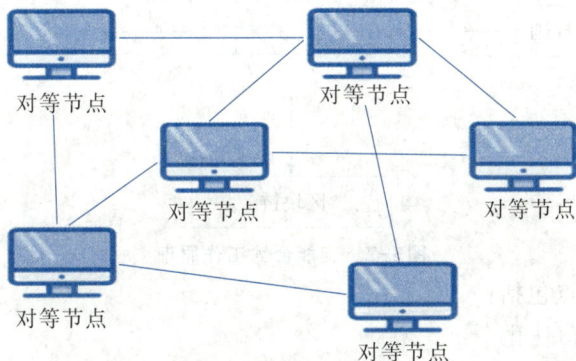

图5-6 P2P网络

区块链加入P2P网络，使得区块链中每一个节点都是完全对等的，从而达到去中心化的目的。去中心化，不是不要中心，而是由节点来自由选择中心、自由决定中心。在去中心化系统中，任何人都是一个节点，任何人都可以成为一个中心，任何中心都不是永久的，而是阶段性的，任何中心对节点都不具有强制性，我们也可以称这种网络为分布式网络。

2.分布式记账和存储

在传统中心化的体系中，数据都是集中记录并存储于中央计算机上。基于P2P这种分布式的网络，区块链通常如何记录和保存数据呢？区块链构建一整套协议机制，让全网的每一个节点都在参与记录的同时来验证其他节点记录的正确性。只有当全网大部分节点都同时认为这个记录正确时，或者当所有节点的记录比对结果一致时，记录的真实性才能得到全网认可，记录才被允许写入区块。这样即使部分网络节点损坏或遭受攻击，也不会影响整个数据库的数据记录与更新。

区块链根据系统确定的开源的、去中心化的协议，构建了一个分布式结构体系，通过分布式记账确定信息内容；盖上时间戳后生成区块数据，再通过分布式传播发送给各个节点，实现分布式存储。让价值交换的信息通过分布式传播发送给全网。

（四）智能合约

"智能合约"的概念早在1994年由计算机科学家和密码学家尼克·萨博（Nick Szabo）提出，其本质上是一种自动执行的计算机程序，依托计算机在网络空间运行的合约。

智能合约的工作原理：当合约条款被满足时，智能合约会被自动执行，而无须第三方介入。这些合约通常存储在区块链上，以确保其透明性和安全性，并以数字化形式定义了承诺，这些承诺包括合约参与方同意的权利和义务。举个简单例子说明：自动贩卖机在运行正常且货源充足的情况下，当被投入硬币后，便触发了履行行为——释放购买者选择的饮料，且这一履行行为是不可逆的。智能合约工作原理如图5-7所示。

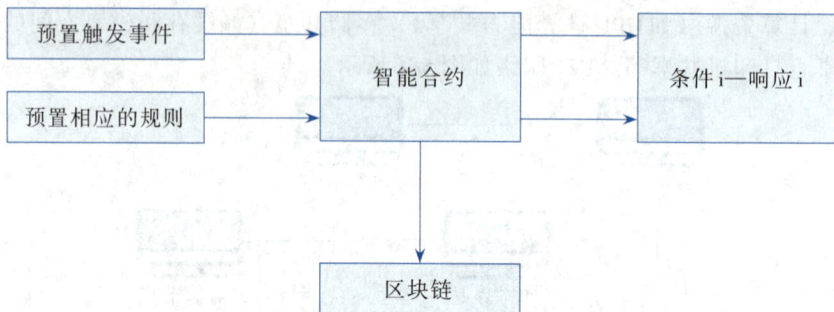

```
┌──────────────┐
│  预置触发事件  │──────┐
└──────────────┘      │      ┌──────────────┐        ┌──────────────┐
                       ├─────▶│   智能合约    │───────▶│  条件i—响应i  │
┌──────────────┐      │      └──────────────┘        └──────────────┘
│ 预置相应的规则 │──────┘             │
└──────────────┘                    │
                                     ▼
                              ┌──────────────┐
                              │    区块链     │
                              └──────────────┘
```

图5-7　智能合约工作原理

智能合约的特点包括：

1.合约内容去信任化

智能合约是将合约以数字化的形式写入到区块链中，合约内容公开透明、条理清晰且不可篡改。代码即法律（Code is law），交易者基于对代码的信任，可以在不信任环境下安心、安全地进行交易。

2.合约内容不可篡改

如果义务以"if then"形式写入代码，例如，"如果A完成任务1，那么，来自B的付款会转给A。"通过这样的协议，智能合约允许各种资产交易，每个合约被复制和存储在分布式账本中。这样，所有信息都不能被篡改或破坏，数据加密确保参与者之间的完全匿名。

3.经济、高效、无纠纷

相比传统合约经常会因为对合约条款理解的分歧，造成纠纷，智能合约通过计算语言很好规避了分歧，几乎不会造成纠纷，达成共识的成本很低。在智能合约上，仲裁结果出来，立即执行生效。因此相比传统合约，智能合约有经济、高效的优势。

就像互联网彻底改变了人们处理信息和相互联系的方式一样，智能合约也可从根本上改变个人和群体之间制定协议和保持协作的方式。智能合约产生于1994年，区块链产生于2009年，智能合约远早于区块链而出现，为什么智能合约在互联网时代没有得到社会的关注，反而到了区块链时代，智能合约才成为一大热门？虽然智能合约看上去就是一段计算机执行程序，满足可准确自动执行即可，那么用传统的技术为何很难实现，而需要区块链等新技术呢？传统技术即使通过软件限制、性能优化等方法，也无法同时实现区块链的特性：一是数据无法删除、修改，只能新增，保证了历史的可追溯；二是去中心化，避免了中心化因素的基于区块链技术的智能合约不仅可以发挥智能合约在成本效率方面的优势，而且可以避免恶意行为对合约正常执行的干扰。将智能合约以数字化的形式写入区块链中，由区块链技术的特性保障存储、读取、执行等过程的透明可跟踪、不可篡改。同时，区块链自带的共识算法使得智能合约能够高效地运行。

三、区块链的核心特征及分类

（一）区块链的核心特征

1.去中心化

去中心化是其最核心的特征之一，它与传统的中心化系统有着显著的区别。在中心化系统中，数据通常由单一实体或组织管理，例如银行、政府机构或大型科技公司，攻击者只需攻破中心化的存储节点即可获取所有数据。而在去中心化区块链系统中，数据分布在网络中的多个节点上，每个节点都保存着数据的副本，共同维护着同一本分布式账本。攻击者需要同时攻破网络上大部分节点，这在计算上是不可行的，因为每个节点都是独立的，且相互验证交易。即使某些节点遭受攻击或失效，整个网络的其他节点仍然可以继续工作，确保系统的持续运行。

2.透明性

区块链上的所有交易都是公开的，任何人都可以查看交易的历史记录。这种透明性增加了系统的信任度，因为所有参与者都可以验证交易的有效性，而不需要依赖第三方中介。

3.不可篡改性

通过加密技术对数据进行加密，一旦数据被记录在区块链上，就几乎不可能对其进行修改。每个区块都紧密链接前一个区块，形成了一个不可变的数据链。要修改一个区块，就必须修改后续所有区块，这在计算上是不可行的，因为需要超过网络中一半的计算能力来重新验证所有区块。

4.可追溯性

区块链采用带时间戳的块链式存储结构，有利于追溯交易从源头状态到最近状态的整个过程。时间戳作为区块数据存在的证明，有助于将区块链应用于公证、知识产权注册等时间敏感领域。

这些特征使得区块链技术在金融、供应链管理、物联网、版权保护等多个领域具有潜在的应用价值。然而，区块链技术仍然处于发展阶段，面临着性能、可扩展性、隐私保护等方面的挑战。

（二）区块链的分类

区块链根据使用范围、准入机制、参与方式等不同，目前主要分为三种：公有链、私有链和联盟链，随着区块链技术的不断创新，未来也许还会出现其他类型的区块链。

1.公有链

公有链，顾名思义就是一个没有限制的公开的区块链网络，世界上的任何一个角落的任何人都可以随时加入，这意味着任何人都可以写入和访问数据，并参与共识过程。公有链是完全去中心化的，系统的运作规则和交易数据都是公开透明的，没有人或者机构可以控制、篡改其中的数据。你只需要拥有一台能够联网的计算机就可访问网络，然后就可以开始发送交易，交易能够获得该区块链的有效确认，目前市场上比较知名的公有链包括：比特币（BTC）、以太坊（ETH）、波卡（DOT）、柚子（EOS）等。

2.私有链

参与的节点在一个有限的范围，只针对特定的人群或者组织开放，数据的访问权限和使用有严格的管理要求。换句话说，任何想要加入该网络的人都必须获得区块链集中管理者的许可，公众无法任意访问，例如一家金融机构、一所学校内部使用的区块链就是私有链。由于参与节点是有限和可控的，交易只需被几个受信的高算力节点验证即可，因此私有链往往可以有极快的交易速度、更好的隐私保护、更低的交易成本、不容易被恶意攻击，并且能做到身份认证等金融行业必需的要求。相比中心化数据库，私有链能够防止机构内单节点故意隐瞒或者篡改数据，即使发生错误，也能够迅速发现来源。因此许多大型金融机构在目前更加倾向于使用私有链技术。

3.联盟链

联盟链是指由多个组织或机构共同参与管理，每个组织或机构管理一个或多个节点，其数据只允许系统内不同的机构进行读写和发送交易。参与区块链的机构都是事先选择好的，机构间通常有良好的合作关系。实际上可以把联盟链看作是一个由多个私有链组成的集群联盟。在私有区块链上只有一个集中管理者，而在联盟链上，多个组织或机构共同管理平台。为了使得多方参与者平等合作而不是由某一方独家掌控，联盟链舍弃了公有链的完全去中心化与私有链的单一中心化，转而采用了部分去中心化的结构。全球顶级的联盟链——R3联盟，由R3公司于2014年联合巴克莱银行、高盛、J.P.摩根等9家机构共同组建，目前由300多家金融服务机构、科技企业、监管机构组成。该联盟正与同行积极同步地记录、管理和执行机构的财务协议，创造一个畅通无阻的商业世界。除此以外，比较知名的联盟链平台还有超级账本（Hyperledger）、企业以太坊联盟（EEA）、中国区块链研究联盟（CBRA）、支付宝鲸探运用的蚂蚁链、腾讯幻核运用的至信链。

动画 5-1

公有链、私有链
和联盟链

四、区块链的发展历程

（一）区块链发展的阶段

1.区块链 1.0——可编程货币

区块链 1.0 是指区块链技术发展的第一个阶段，这个阶段以比特币的出现为标志，主要解决的是数字货币和支付的问题。在这个阶段，区块链技术的主要应用集中在创建一种去中心化的货币体系，以及通过这种货币体系实现价值转移。

区块链 1.0 阶段的一些关键特点：

（1）数字货币：区块链1.0时代的主要成就是创造了比特币这样的数字货币，以及随后出现的许多其他加密货币。这些货币使用区块链技术来确保交易的安全性和不可篡改性。

（2）去中心化支付系统：区块链技术提供了一种去中心化的支付解决方案，允许用户之间直接进行交易，而无须通过传统的金融中介机构。

（3）安全性和透明性：区块链通过其分布式账本技术，提供了高度的安全性和透明性。每个交易都被网络中的多个节点验证，确保了交易的准确性和不可篡改性。

（4）匿名性：尽管区块链技术提供了高度的透明性，但它在早期也提供了一定程度的匿名性。比特币等货币允许用户使用匿名进行交易，但随着时间的推移，隐私问题变得更加重要，区块链2.0和3.0版本开始更多地关注隐私保护。

（5）有限的扩展性：区块链1.0时代的技术，特别是比特币，面临着可扩展性问题。随着网络的扩大和交易量的增加，区块链的处理能力有限，这导致了交易时间的延长和费用的增加。

2. 区块链2.0——可编程金融

区块链2.0是指区块链技术发展的第二个阶段，这一阶段的标志性特征是智能合约的引入和应用以及在金融领域的广泛应用。智能合约作为一种自动执行、自动监管的合约，它允许在区块链上的交易和合约条款在满足特定条件时自动执行。这一技术的出现，使得区块链的应用范围得到了显著扩展。

区块链2.0阶段的一些关键特点：

（1）智能合约：智能合约是区块链2.0的核心，它使得区块链不仅仅是简单的数字货币存储和传输平台，而是能够处理更复杂的业务逻辑和自动化合约执行。

（2）去中心化应用（DApps）：区块链2.0时代，去中心化应用开始出现。DApps是运行在区块链上的应用程序，它们去除了传统中心化服务提供商的角色，通过区块链技术实现数据的透明性、不可篡改性和安全性。

（3）金融创新：区块链2.0技术在金融领域得到了广泛应用，如以太坊等加密货币，以及各种代币和去中心化金融产品，这也是区块链2.0阶段最为广泛的应用场景。

（4）扩容和性能提升：随着区块链应用的增多，区块链网络的性能和可扩展性成为了重要问题。这一阶段，一些区块链平台开始探索扩容解决方案，如以太坊的侧链、状态通道等技术。

（5）隐私保护：随着区块链在金融和其他领域的应用，用户隐私保护成为了重要议题。区块链2.0开始探索更好的隐私保护机制，如零知识证明（ZKP）、同态加密等。

区块链2.0时代，区块链技术开始从理论走向实践，不仅在金融领域，也在供应链管理、版权保护、物联网等多个领域展开应用。这一阶段的技术发展和应用探索，为区块链3.0时代的进一步成熟和广泛应用奠定了基础。

3. 区块链3.0——可编程社会

区块链3.0是指区块链技术发展的第三个阶段，这一阶段的特点是区块链技术开始与各个行业深度融合，解决现实社会中的各行业领域的实际问题。如供应链管理、金融服务、物联网、版权保护、身份验证、投票系统等。

区块链3.0阶段的一些关键特点：

（1）跨链技术：为了实现不同区块链之间的互操作性，跨链技术成为关键。这使得不同区块链网络能够相互通信和数据交换，从而打破孤岛效应，提高整个区块链生态系统的效率。

（2）可扩展性：为了满足更多应用场景的需求，区块链3.0需要解决可扩展性问题，提高系统的处理能力和吞吐量。因此，分片技术、状态通道等可扩展性解决方案被提出和应用。

（3）应用多样性：区块链3.0阶段，区块链技术的应用场景更加广泛，不仅限于金融和加密货币领域，还包括了供应链、医疗、教育、物流等多个行业。

（4）合规性：随着区块链技术在各个行业的应用，合规性问题也日益凸显。区块链3.0需要与现有的法律法规体系相融合，确保技术应用的合规性。

总的来说，区块链3.0是一个更加成熟、实用和多元化的阶段。这个阶段，区块链技术开始真正融入我们的日常生活和工作中，为各个行业带来深刻的变革。

（二）区块链的发展现状

世界各国对加密货币的态度是多元的，虽然部分国家对加密货币实行了较为严格的监管，但也有很多国家对加密货币的技术和创新持开放态度。随着加密货币的不断发展，各国对加密货币的态度将继续发生变化，正逐步由最初的谨慎转变为更加开放和理性。区块链技术作为一种新兴的分布式账本技术，近年来受到了世界各国的广泛关注。其去中心化、不可篡改和透明化的特性，被认为在众多领域具有巨大的应用潜力，目前世界上的大多数国家对于该技术持有较为积极的态度，并着手布局区块链的产业应用。以下是世界各国推进区块链技术的发展情况。

1.区块链在中国

我国对于数字货币始终保持克制和理性的态度。中国人民银行表示，比特币不是由国家发行的，不具有法偿性与强制性等货币属性，并不是真正意义上的货币，不能且不应该作为货币在市场上流通使用。中国人民银行多次发布公告，提醒投资者防范数字货币的风险。在此背景下，我国除了继续积极支持区块链技术的应用与创新之外，对加密货币和各种代币的监管逐渐加强。2017年9月，中国人民银行、中央网信办、工业和信息化部等7部门联合发布的《关于防范代币发行融资风险的公告》指出：比特币、以太币等所谓"虚拟货币"，本质上是一种未经批准非法公开融资的行为，要求即日停止各类代币发行融资活动，已完成代币发行融资的组织和个人应当做出清退等安排。2021年9月发改委等10部门发布《关于整治虚拟货币"挖矿"活动的通知》，要求全面梳理排查虚拟货币"挖矿"项目，严禁新增项目投资建设。除此之外，同日，中国人民银行发布"关于进一步防范和处置虚拟货币交易炒作风险的通知"，通知明确虚拟货币相关业务活动属于非法金融活动，对于开展相关非法金融活动构成犯罪的，依法追究刑事责任。

与此同时，我国一直积极探索人民币的数字化形态。2014年，我国成立法定数字货币研究小组，开始对发行框架、关键技术、发行流通环境及相关国际经验等进行专项研究。2016年，成立数字货币研究所，完成数字人民币的第一代原型系统搭建。2017年末，经国务院批准，人民银行开始组织商业机构共同开展数字人民币的研发试验。经过多次研发试验构建完成顶层设计、功能研发、系统调试等工作。2021年以来，国家加快推进数字人民币的应用，不断扩大数字人民币的试点，并出台《金融标准化"十四五"发展规划》，稳妥推进法定数字货币标准研制。目前，数字人民币的应用场景已超过1 000万个，覆盖了生活缴费、餐饮服务、交通出行、购物消费、政务服务等领域，满足了公众的多样化支付需求；数字人民币还支持与现有支付系统的融合互通，如条码互扫、数字人民币入驻支付平台等，为公众提供了更多的支付选择和便利；数字人民币还在对公领域进行了一些创新应用，如供应链金融、政府采购等，利用数字人民币的智能合约等功能，实现了资金流与信息流的统一；数字人民币的用户规模也呈现出快速增长的态势。截至2023年5月，数字人民币的个人钱包已开立超过3亿个，对公钱包已开立超过1 500万个，累计交易笔数超过2亿笔，交易金额超过1 000亿元。

　　科技强国一直是我国的基本国策，对于区块链这一重要的数字技术，我国政府和企业一直是高度重视，不断促进区块链技术的安全、有序发展，并推动区块链技术在多个领域的应用和产业发展。近年来，区块链技术持续创新，区块链产业初步形成，并逐步进入高速发展期，在供应链金融、征信、产品溯源、版权交易、数字身份、电子证据等领域快速应用。2019年1月10日国家互联网信息办公室发布《区块链信息服务管理规定》，旨在明确区块链信息服务提供者的信息安全管理责任，规范和促进区块链技术及相关服务健康发展，规避区块链信息服务安全风险，为区块链信息服务的提供、使用、管理等提供有效的法律依据。2021年6月，工业和信息化部、中央网络安全和信息化委员会办公室等联合发布《关于加快推动区块链技术应用和产业发展的指导意见》，明确到2025年，区块链产业综合实力达到世界先进水平，产业初具规模。区块链应用渗透到经济社会多个领域，在产品溯源、数据流通、供应链管理等领域培育一批知名产品，形成场景化示范应用。培育3～5家具有国际竞争力的骨干企业和一批创新引领型企业，打造3～5个区块链产业发展集聚区。区块链有效支撑制造强国、网络强国、数字中国战略，为推进国家治理体系和治理能力现代化发挥重要作用；2023年，我国将区块链技术纳入国家发展规划和战略当中，《中华人民共和国国民经济和社会发展第十四个五年规划和2035年远景目标纲要》中，区块链与人工智能、大数据、云计算等一同被定义为前沿技术，提出以联盟链为重点发展区块链服务平台和金融科技、供应链金融、政务服务等领域应用方案，其创新发展和应用被置于国家层面的战略高度。

　　近年来，中国企业在区块链技术研发方面持续取得进展。如超级账本技术研发：我国的科技企业如华为、阿里巴巴、腾讯等，都在积极研发超级账本技术。供应链管理应用：我国企业利用区块链技术追踪商品从生产到交付的整个过程，提高透明度和效率。阿里巴巴的菜鸟网络利用区块链技术建立了一个物流追踪平台。知识产权保护：区块链技术被用来确保作品的原创性和版权保护。京东智联云推出了一个基于区块链的版权保护平台，帮助创作者保护其知识产权。金融服务创新：区块链在金融服务领域的应用也非常广泛，包括资产证券化、保险、贸易融资等。中国的银行和金融机构通过区块链技术实现了跨境支付、供应链金融等业务流程的优化等。随着技术的不断成熟，预计未来中国企业在区块链领域的创新和发展还将取得更多成果。

2.区块链在美国

美国在区块链技术的发展方面一直处于全球领先地位。美国政府和企业界都在积极探索和应用区块链技术，以期在提高效率、降低成本和增强安全性等方面取得突破。一直以来，美国都是全球最大的比特币市场之一，但是美国对加密货币的态度是多元化的，既有严格的监管和执法，也有政府层面的持有和投资。从2014年开始，20多个州相继通过了相关法规，对加密货币持有负面态度。比如加利福尼亚州和新墨西哥州，就加密货币投资发布了警告。而有些州积极拥抱加密货币，例如亚利桑那州成为了美国第一个开始向加密货币交易征税的州；2013年7月，Winklevoss兄弟提交了首个比特币交易所交易基金（ETF）申请，随后多家公司纷纷效仿，但美国证券交易委员会（SEC）均以"容易受到市场操纵"为由驳回了这些申请。2024年初，美国证券交易委员会（SEC）批准了11支比特币现货ETF上市发行。

美国作为全球最大的经济体，对于区块链技术的发展一直持有积极的态度。2016年6月，美联储召集全球90多家央行出席闭门会议，商讨共同推进区块链发展。2016年12月，美联储发布首份区块链研究白皮书《支付、清算与结算中的分布式账本技术》，肯定了分布式账本技术在支付、清算和结算领域的应用潜力并探讨了未来实际部署和长期应用中面临的机遇和挑战。美国政府积极推进区块链在经济社会各领域应用。2016年，美国国土安全部（DHS）开始探索区块链技术在供应链安全方面的应用；2017年，美国食品药品管理局（FDA）开始考虑如何利用区块链技术提高药品供应链的透明度和安全性。2018年，美国商务部国家标准与技术研究院（NIST）发布了关于区块链的第一个官方技术报告，旨在为区块链的发展和应用提供指导；2019年6月，Facebook联合数十家机构发布了加密货币项目Libra白皮书，拟计划推出基于区块链的加密货币Libra，虽然截至2023年尚未最终推出，但是这一颠覆性的创举在全球范围内引发了热烈的讨论，是区块链技术与应用发展阶段中的一个里程碑事件；2020年底，美国国会通过了基础设施投资与就业创造法案（Infrastructure Investment and Jobs Act），其中包含了一项关于数字身份的条款，这被视为区块链技术在身份验证和记录管理方面应用的一个潜在突破。目前，美国政府对区块链技术的兴趣和投资持续增长，不同部门继续在其领域内探索和实施区块链解决方案，但同时也重视监管和安全性，这种平衡是为了促进技术的健康发展，同时保护公众利益。

3.区块链在俄罗斯

2014年，俄罗斯就禁止了比特币在国内的所有活动。但这一情况在2017年6月发生了变化，原因是俄罗斯总统普京与以太坊的创始人Vitalik Buterin（布特林·维塔利克）会面并讨论了关于区块链技术在俄罗斯的应用。随后，俄罗斯政府对区块链技术的态度发生了极大转变，俄罗斯之后成立了区块链专家组议会，政策也开始变得开放起来。2019年上半年，俄企业区块链项目数量同比增长45%。该研究基于对157个使用区块链技术组织的调查，包括俄本土企业和在俄跨国企业。从业务领域来看，能源、采矿和制造业的区块链技术使用率为30%，超过了金融机构的28%。

4.区块链在印度

作为亚洲地区经济增长较为快速的国家，加密货币在印度的交易较为活跃，2016年，自印度政府宣布废除大额钞票后，比特币在印度的交易量激增，甚至每月新增用户超过20万，2017年5月，印度加密货币交易占全球的近10%。与投资人积极拥抱的姿态不同，同期印度政府监管部门对比特币和加密货币的法律回应大多是负面的，印度储备银行（RBI）在2017年先后发布了两次警告提醒国民不要购买比特币和其他虚拟货币，印度政府不承认比特币的合法地位。然而，后来印度法院对这一禁令提出了质疑，导致印度储备银行暂时搁置了这一指令。

虽然印度政府不承认比特币及加密货币的法定地位，但仍旧大力支持区块链技术在印度的发展，同时成立跨学科委员会推进卢比的数字化进程，以期改善其各个行业和部门的运营效率。2017年初，印度储备银行的研究部门开始使用区块链技术，着手"卢比的数字化"。2017年2月，印度最大的商业银行印度国家银行（SBI）正式宣布推动成立银行链，是印度首个银行区块链探索联盟。2018年2月，印度政府推进第一个官方区块链项目用于有学术学位的数字证书。莫迪在2018年世界资讯科技大会中提到："区块链和物联网等颠覆性技术将对我们的生活和工作方式产生重要影响，需要快速融入我们的生活与工作中。" 2019年印度又开始推行金融沙箱政策，支持区块链创新测试，不断推动区块链多元融合发展；印度央行从2022年12月1日开始面向个人用户试点数字卢比。

✓ **实践操作 5-1**

通过网络了解区块链在全球其他国家的发展情况。

任务二 区块链在金融领域的应用

一、区块链在银行业的应用

区块链可以应用于传统银行业务，如供应链金融、融资租赁、银行票据等。区块链去中心化、自治性、不可篡改的特点从根本上改变了中心化的银行系统的业务模式，提高了银行的服务效率和客户体验，为传统银行业务向数字金融业务转型提供了契机。因此，区块链技术的发展对于银行业有着深远的影响和巨大的价值。表5-1所示的为我国发展区块链技术的主要银行。

（一）区块链在供应链金融业务中的应用

供应链金融以核心企业为出发点，重点关注围绕在核心企业上下游的中小企业融资诉求，通过供应链系统信息、资源等有效传递，实现供应链上各个企业的共同发展，持续经营。目前，供应链金融面临的行业痛点主要为：信用难以传递，票据无法拆分，中小企业融资难、融资贵；贸易数据、背景真实性审核难度大，金融机构需要投入大量的人力、物力，多维度验证上述信息的真伪，降低了供应链金融的业务效率；供应链平台数据是中心化存储，容易出现数据丢失，现实当中是多平台系统对接，整合数据，容易出现数据标准不统一，无法共享等问题。通过区块链的核心技术可以有效解决以上业务痛点。

表 5-1 我国发展区块链技术的主要银行

中国平安	首个加入 R3 分布式分类账联盟的中国金融公司，已落地资产交易和征信两大应用场景，将开发和运用区块链技术打造更加高效的端对端金融资产数字化管理，有望成为率先发展的行业，形成以点带面的效应，再带动其他行业的发展
微众银行	落地联合贷款结算和清算业务，微众银行主要与上海华瑞银行共同开发了一套针对联合贷款结算和清算业务的区块链应用系统，现主要用于"微粒贷"业务，由微众银行带头成立的区块链联盟"金链盟"也吸纳了平安银行、腾讯、华为等金融和互联网企业
民生银行	加入 R3，搭建区块链云平台，对区块链共识算法、智能合约、交易记账、数据传输、智能钱包、去中心化应用等进行深入研究
中国邮政储蓄银行	落地资产托管业务，在资产托管业务场景中，利用区块链技术实现了中间环节的缩减、交易成本的降低及风险管理水平的提高，这也标志着储蓄银行已在银行核心系统中实践区块链，解决了相互信用校验的成本
招商银行	实现将区块链技术应用于全球现金管理领域的跨境直联清算、全球账户统一视图及跨境资金归集三大场景
浙商银行	上线移动数字汇票平台，发布首个基于区块链的移动数字汇票平台，为企业与个人提供在移动客户端签发、签收、转让、买卖、兑付数字汇票的功能

1.区块链构建供应链金融的信用体系

传统供应链金融的根本问题是银行与中小微供应商无法建立信任体系。区块链技术采用多方维护共同写入的分布式账本技术将供应链上的合同、单据、发票等多种信息分享给具有权限的企业，利用 P2P 网络将核心企业及上下游企业、金融机构等连在一起，解决了供应链金融信息无法传递、数据无法存证鉴权问题，信息的流动和共享，建立了完整的信用体系。

2.区块链解决票据难以分割流转问题

供应链金融本质上是为中小微企业提供快速灵活的贷款服务，中小微企业之所以出现融资难融资贵的问题，其原因在于上游供应商及核心企业之间的合同及债权难以拆分，区块链的引入能够完全解决现有债权凭据拆分问题。且基于区块链技术的信任可以沿供应链条做无衰减的传播。首先，区块链采用 P2P 网络结构，任何有权限的节点企业均可以获得与其相关的完整账本信息，实现多方参与，共同管理，避免传统中心化系统数据篡改、数据泄露等问题。其次，核心企业产生的债权凭据可以在区块链上按不同的应收账款额度灵活拆分，任何拆分行为都会通过有效的共识全网广播后记录在链上且不可篡改，银行可以完全信任链上业务数据。最后，区块链具有严格的身份认证体系和权限隐私体系，链上所有节点和用户均具有相对应的身份标识，不可抵赖不可篡改，核心企业及其供应商不必担心其商业数据在链上被公开，区块链将限制账本访问权限并维护交易人的隐私，即在链上，某节点只能看到与其业务相关的业务信息及其他节点允许其看的信息。

3.区块链提高供应链金融业务效率

供应链金融相关业务大部分涉及多方协同处理，如合同签订、数据审批、融资申请、企业担保等业务，线下审核机制严格、流程复杂、耗时耗力，且手续费用昂贵。可以构建联盟链，办理供应链金融相关业务全部上链，避免了传统业务流程线上申请、线下审批的烦琐流程，高效率处理业务。此外，利用区块链特有的智能合约功能，银行、保理公司等金融机构可以在满足融资要求的前提下做到实时放款。

4.区块链增强供应链金融平台安全性

传统的供应链金融平台是由企业独立维护，采用中心化 C/S 或 B/S 架构，供应链金融数据中心化存储，带来了较大的数据安全隐患。采用了区块链技术后，具有权限的链上节点均按照一定规则参与维护各自账本数据，数据的分布式存储可以确保单一节点数据丢失或被攻击所造成的平台瘫痪和经济损失，若某个节点出现宕机状况，数据不会轻易丢失。此外，区块链数据存储的特点能确保账本数据的不可篡改和可追溯，结合完整的时间戳机制也能够确保数据的连续性，这对于后续平台进行大数据分析、人工智能等拓展应用提供了有力的数据支持。

案例探析 5-1

新余运用区块链解决带钢企业融资难题

带钢产业作为新余市支柱产业，近年因带钢企业之间同质化竞争激烈、产品低端化，以及疫情等原因，带钢企业发展势头减弱，企业融资需求增加，中小企业融资难成为迫切需要解决的问题。

新余以供应链为核心，集成5G、区块链技术打造新余带钢产业链创新平台"带钢慧"（以下简称"平台"）。利用区块链的"匿名性、可扩展性、开放性，不可撤销、不可篡改和加密安全性"等特点，赋能供应链实现"商流、资金流、物流、信息流"的实时、真实、快速流转，形成带钢产业链数据闭环，供应商的每一次采购、零售商的每一次交易都被记录在区块链上，保证了整个产业链中信息流、资金流、贸易流、物流的多流整合，使整个生态更加透明，让信任沿供应链条有效传递。

平台开发"采购宝"供应链金融服务，使用基于区块链的智能合约技术，将上链数据连接银行、基金、担保公司等资金方，实现链条上的各方资金清算路径固化，帮助企业实现数据可控可信共享传递、防范违约风险、促进供应链和供应链金融融资信的发展、提高整个供应链安全水平，实现每一笔订单的不可篡改和唯一性，打消了客户疑虑，解决以往线下合同签订烦琐、易扯皮的问题。同时，将核心企业信用传递给上下游供应商，有效缓解中小企业融资难、融资贵的问题，降低金融机构在开展供应链金融业务时的沟通成本，减少建立信任过程中需要的试探性交易，提高商业合作的效率，有效地解决带钢企业的流动资金需求。

目前，"带钢慧"平台已服务于宝钢、新钢和中冶等多家企业，下游活跃交易客户超过260家，累计实现交易量超过33万吨，供应链融资4.8亿元，直接带动经济效益超过10亿元。平台为带钢企业提供更优质的供应商、更齐全的带钢产品、更优惠的金融资金，助力企业发展，推进新余带钢产业升级。

案例来源：网信江西.新余运用区块链解决带钢企业融资难题［EB/OL］.［2023-07-12］. https：//mp.weixin.qq.com/s?_biz=MzI0ODE4MDk0Nw==&mid=2652156202&idx=1&sn=5c32b25d0134a5 87218ee80da75e0c53&chksm=f244a896c5332180ff70ca07c80320cc652ffb796f88bc5db5534fef5553caad63 c8c4eeb1a2&scene=27.

思考讨论：

结合该案例，谈一谈区块链是如何赋能供应链金融，解决融资难问题的。

（二）区块链在融资租赁业务中的应用

银行作为融资租赁业务中的关键参与方，为各类融资租赁企业提供融资等金融服务，传统融资租赁面临的主要问题：一是租赁公司和承租方都存在融资难、融资贵的问题；二是无论是银行还是租赁公司，都存在风控难的问题，设备无法实现全面实时监控、难以高效准确地获取风控数据、纸质单据存在造假风险等；三是多方业务协作主要依靠邮件沟通、纸质单据流转，效率低，出错风险高，整体自动化程度低，在发生纠纷时，取证难度高。

鉴于以上痛点，将资产及业务信息上链，如将租赁设备等资产、票据信息、仓库管理情况等数据上链，可授权查看，增加资产真实性证明；通过身份认证、智能合同、租赁设备信息、仓库管理信息等交易全流程上链，实现了租赁资产全流程上链，从而使得整个业务周期数据可信，降低风控成本从而解决融资难、融资贵的问题。

开展链上协同作业，等同于多方参与者在同一业务协同中进行业务协作。智能合约自动化执行，改变传统业务模式执行中容易造假、效率低下等情况，相关业务方可高效获取相应授权数据，进而提升融资风控等业务的效率。

中国融资租赁目前市场渗透率仅为12%左右，可增长空间较大。传统业务模式的落后是制约融资租赁市场增长的关键因素之一。而区块链融资租赁将在业务协作、授信、风控等多维度提升融资租赁业务效率，从而进一步打开融资租赁市场空间。

微课 5-1

区块链+融资租赁

（三）区块链在票据业务的应用

1.实现票据价值传递的去中介化

票据作为一种有价凭证，需要在传递中通过隐藏的"第三方"角色来保障买卖双方的安全可靠。例如，在交易电子票据时，中央银行的电子商业汇票系统（ECDs系统）将为买卖双方进行信息交互和票据认证；在交易纸质票据时，交易双方需要验证票据实物的真伪性。但是，采用区块链技术的票据交易从根本上实现了票据价值在网络上直接点对点的交易，这一过程不需要第三方机构对交易流程进行监督认证，也不需要票据实物充当交易流程中的证明，削弱了原有的票据中介这一角色的作用，打破了票据中介的现有职能。

2.实现票据交易流程的去中心化

现有的电子商业汇票系统由中央银行建设并管理，其他银行与企业需要通过直联或网银代理接入中央银行，使中央银行的ECDs系统对所有的票据承兑、交易、托收等环节都进行数据存储与认证，该系统成为电子票据交易的中心。如果把区块链分布式结构和票据交易流程相结合，将改变现有的采用中心化系统存储和传输数据的结构，使用"多中心"系统来保证交易的安全。同时，由于区块链可以记录时间戳，能够储存票据交易的全流程，方便对历史进行追溯。

3.有效防范票据市场风险

由于目前参与票据交易的机构普遍具有逐利性，票据市场频频发生风险事件。其风险事项分为以下四类。

第一类是道德风险，主要表现为纸票中"一票多卖"和电票中打款背书不同步的情况。由于区块链具有交易记录向全网公开和时间戳不可篡改的特性，纸票和电票交易后将避免赖账现象。

第二类是操作风险，目前的电票交易采用中心化系统，如果中心服务器被损坏，将会给整个市场带来灾难，如果采用区块链技术，其分布式高容错性和非对称加密算法将会大大降低人为操作产生的风险。

第三类是信用风险，通过区块链技术可以实时地搜集、评估所有参与者信用数据。

第四类是市场风险，因为中介市场存在大量的资产错配现象，导致其自身和银行的利益受损。区块链具有可编程性和数据透明的特性，能够使票据参与者资产端和负债端保持平衡，帮助整个市场的价格指数能够更加真实地反映资金需求，将市场风险控制在一定范围内。

4.规范市场秩序，降低监管成本

由于当前票据市场存在不同的操作方式，监管层缺乏快速审查、调阅全流程的业务模式和资金流转的方法。区块链中智能合约可解决此类问题，并具有以下三点优势：一是应用可编程性，可以在票据流转的同时编辑一段程序用于限定票据的价值和流转方向，这可以使市场具备统一的规则，搭建良好的秩序。二是区块链形成的时间戳不可篡改，数据管理体系的透明使相关数据可进行追溯，使监管能够低成本地调阅区块链所储存的数据信息。三是区块链可以对中央银行的票据再贴现进行约束投放、定点投放和智能投放，并可通过编程限制其后续的交易。

区块链技术应用于票据领域的体现就是数字票据，数字票据不同于实物票据或传统的电子票据，它是统合票据属性、法规和市场，采用区块链技术研发出的一种全新形式的电子票据。

数字票据应用的具体实例为票据交易所。在票据交易所中，票据流转环节中交易的是非指定目标，需要由票据交易所通过编辑代码，建立市场匹配规则来进行票据匹配。卖方节点需要将所卖出的票据的需求根据交易规则写成代码后发布，买方节点需要将准备买入的票据的需求写成代码后发布。票据交易所这一节点负责构建双方代码的匹配原则，并通过匹配原则将买卖双方的代码进行匹配，等到双方确认无误后，再开始该票据交易的票据流转环节。

二、区块链在保险业的应用

保险行业是一个"慢节奏"的行业，究其原因在于传统保险业主要是通过一系列的人为操作主导驱动，无论是从报价到投保申请、从承保到合规审核，还是从保险出单再到第一时间损失通知等，所涉及的每一个环节都离不开"人"的参与。因此整个保险公司价值链的各个部分都存在效率低下的问题，与此同时，大量的人为参与也带来了较多的风险问题，如保险欺诈风险、保险定价偏离风险等。

从互联网技术开始向金融领域渗透到现在，保险行业都一直尝试在科技方面寻求新的突破，因此在布局区块链这一技术上一直报以非常积极的态度，通过采用区块链技术，保险公司可以更轻松地获取并整合大量的客户数据和交易信息等并对此做出更加正确的判断。目前，区块链技术在保险行业主要有三大应用场景：

一是在保险产品定价领域的应用。区块链能够记录投保人的各类基本信息，如职业、年龄、收入、医疗、教育、遗传等信息，一旦生成，则不可篡改，保险公司就可以利用所记录的数据分析投保人可能面临的风险状况，从而实现差异化的保险定价，大幅降低因信息不对称导致的定价难的问题。

二是在保险理赔方面的应用。保险理赔难一直是保险行业被诟病的主要原因，大量的人为举证、调查、内部审核等，周期长效率低，区块链技术主要通过智能合约，一旦达到理赔的触发条件，就会自动划款赔付，将对应的赔款支付给被保险人指定的账户，整个理赔过程全部由计算机自助执行，不需要过多的人工干预，大幅提高了理赔效率。

三是在保险欺诈方面的应用。保险公司联合多机构共建联盟链，客户各类信息和交易记录均存储在区块链中，各家保险主体和联合机构的信息共享，打破信息不对称，防止客户各种造假以骗保。

目前国内有多家保险公司都在积极利用区块链技术，相关项目逐步落地，如中国人保的养牛保险、众安保险的"安链云"和区块链养鸡项目、蚂蚁金服的"相互保"、永安保险的"航运保险"等。

微课 5-2

区块链+保险

案例探析 5-2

区块链养牛，银保携手让风险控得住

2021年，恒丰银行与龙头企业、科技公司、养殖户合作，在曹县试点建立统一规划、统一品种、统一饲养、统一防疫、统一销售的"龙头企业+基地+农户"的架子牛育肥养殖新模式，并引入区块链、物联网等技术，创新推出生物资产活体抵押贷款业务，建立了与活体牛孪生存在的"数字牛"，实现生物活体"抵得了""看得住"，风险"控得住"。

"农村金融服务难，难在价值认定、收入评估、权属确认、贷后管理、风险处理等方面。借助区块链技术，我们实现了'数字孪生'，让'数字牛'与活体牛依样学样、同步变样。"恒丰银行普惠金融部总经理助理史鹏飞介绍，"我们建立了'恒丰银行牛只监管平台'，在入栏前，以GPS轨迹、均重、检疫证明、买卖合同等数据确保牛源真实；在入栏过程中，以现场人员+摄像头捕获，确保'是牛不是狗'；在养殖过程中，客户经理定期上门盘点库存，智能机器人点数并估重，确保了好人、好牛、好好养牛。"

除了贷款支持解决养殖户购买架子牛的资金压力外，为防范肉牛养殖过程中的病、灾等风险，恒丰银行还与泰山保险合作，并为农户申请了政府财政补贴。

"养殖户仅需承担20%的保费，也就是每头牛60元，以极低的成本缓解了养殖户的风险之忧。"泰山保险菏泽中支总经理侯本强介绍，"有了肉牛养殖保单，恒丰银行为养殖户进行增信发放贷款，保单被保险人为养殖户，一旦出险，保险赔款优先偿还贷款。通过创新金融服务框架，我们为养殖户和银行提供了风险保障。"

"肉牛的饲养、防疫等，都由公司管理。"商都恒昌有限公司负责人马涛说，他们借助科技手段，对肉牛从入栏、在养、出栏到销售，实现了动态数据采集，形成精准的数字资产，对肉牛健康状况、生长势头实时监测，实现了肉牛规模化、集约化养殖，解决了农户散养不专业的问题，让肉品质量有保证，也保障了公司的肉牛屠宰来源。

案例来源：王新蕾. 区块链养牛，银保携手让风险控得住［EB/OL］.［2021-11-11］. http: // paper.dzwww.com/dzrb/content/20220713/Articel11001MT.htm.

思考讨论：

结合该案例，谈一谈区块链是如何助力金融机构防控风险、提高效率的。

三、区块链在证券业的应用

（一）证券发行

证券发行是指资金募集者为了募集资金向投资者发行有价证券的行为。企业准备上市到最后IPO完成，往往需要证券公司保荐，会计师事务所、律师事务所、评级公司等多家中介机构进行评估等，涉及的资料、信息量非常庞大，涉及的环节较多，在整个过程中，证券的发行人具有绝对的信息优势，往往容易造成信息不对称，这就为数据造假创造了条件。

针对数据造假，通过区块链技术可以将企业IPO过程中的所有供给中介机构、政府部门的数据信息上链公开，数据可追溯不可篡改、大幅提高信息的透明度，相关参与主体以及投资者都有相应的权限调取查阅数据，大幅降低欺诈风险。

（二）证券交易

传统的证券交易的整个流程手续较为烦琐。当证券所有人发出交易指令后，交易指令通常需要经过多个交易环节才能最终完成交易。从发出交易指令到登记机构最终登记确认此笔交易，通常是采用"T+3"的模式。而区块链智能合约可以把许多复杂合约及触发执行的条件写入电脑程序中，将其标准化、自动化、智能化。只要满足合约中的条件，证券交易则会立即执行，因此借助智能合约自动化执行的特性，可以避免烦琐的中心化清算交割流程，有效提升证券交易的效率。

（三）在证券清算环节的应用

证券清算是指交易双方进行资金和有价证券交换过程中应收应付计算的过程。传统的证券清算存在周期冗长、环节复杂、人为干预、清算成本较高的问题，根据环球同业银行金融电讯协会的研究，全球金融市场每年用于证券清算交收的费用高达400亿～450亿美元。区块链去中心化、可追溯、不可篡改等特点使它在证券行业的清算领域具备显著优势。第一，它通过去"中心化"的结构体系，形成不同节点共同参与的分布式系统。在交易过程中，由于证券的交易双方都是进行点对点交易，所有节点的账本将同时更新，可以真正实现实时清算和交割过程。这样不仅提高了效率，还能大幅节省交易和清算成本。同时省去了第三方中介和存管机构的复杂流程，避免人工核对带来的操作风险。第二，由于在区块链上，每一个区块的信息都是公开并且一致的，因此证券交易的发生和所有权的确认不容易产生争议，而每一个区块的时间戳都具有不可篡改性，从而能够确保整个证券交易过程安全可靠。

微课 5-3

区块链+证券

案例探析 5-3

区块链如何解券商业务痛点？

近期发布的《证券期货业科技发展"十四五"规划》提出了持续打造一体化行业基础设施、推进科技赋能与金融科技的转型等重要内容。中泰证券打造的"信创区块链SAAS中台"可谓先行一步，并率先实现与监管链对接，目前已取得一定应用成果。

"信创区块链SAAS中台"是由中泰证券研发设计，依托上海证券交易所打造的"上证链"云链一体化平台，上海特高信息技术有限公司为"上证链"的唯一技术支持供应商和运营支持供应商，三方合作共同探索区块链技术在证券行业的创新应用。

中泰证券金融科技委员会主任何波介绍，证监会科技监管局在证券期货行业"十四五"规划里指出需要加强"云网库链"的建设、加强行业共享、加强客户的统一身份认证建设等。在证券行业有很多适合区块链的痛点，如销售过程的留痕和追溯、如同一个客户在不同券商的风险等级和专业投资人认定能否成为客户的属性在行业共享等。

中泰证券2020年开始积极和上证信息共同探索如何通过区块链落地这些场景，前期在私募销售场景链上取得不少进展。这既是区块链技术在证券行业业务领域一次成功的创新尝试，也为穿透式监管提供了一项技术支持平台案例，更是助力证券行业创新、符合国家科技创新政策发展要求的实践。

资料来源：财联社. 区块链如何解券商业务痛点？中泰证券SAAS中台让数据合规上链，实现业务更高效、数据更安全、监管可追溯. [EB/OL]. [2021-11-11]. https://baijiahao.baidu.com/s?id=1716138655198571377&wfr=spider&for=pc.

思考讨论：

请结合该案例谈一谈区块链如何赋能证券行业。

任务三　区块链金融的发展趋势

区块链在金融领域的应用，目前仍处于早期探索阶段。在区块链成为金融领域实际应用的解决方案之前，仍有商业、技术、风险管理等多维度的挑战，政府监管策略与监管方式也有待确定。

一、区块链金融应用发展趋势

经过 10 多年的发展，区块链逐步从理论探讨走向实践应用。在金融领域，区块链技术应用从数字货币出发，衍生至资金、资产端，并向征信、反欺诈类应用拓展。随着技术的不断发展和成熟，区块链技术有望在金融行业实现更多的应用。

一是随着区块链技术的不断演进和性能的提升，可以预见将有更多的金融交易和资产管理活动通过区块链网络进行，从而实现更高效、透明和安全的金融服务。同时，随着法律法规和监管政策的逐步完善，区块链技术有望在金融行业中得到更广泛的认可和应用。特别是在数字身份认证领域，区块链技术可以为用户提供更加安全、隐私保护和可控的数字身份解决方案，从而有效解决身份认证中的安全和隐私问题。

二是区块链技术有望在金融包容性和金融普惠方面发挥更大的作用。区块链技术的去中心化和边界模糊性，可以降低传统金融体系中的中介成本，并提供更多的金融服务机会，尤其是为那些缺乏传统金融服务的人群，如无银行账户者、小微企业和发展中国家的人民提供金融服务，从而促进金融包容性和金融普惠。

三是区块链技术可以在金融风险管理和合规方面发挥作用。通过区块链技术实现金融交易的可溯源性和可验证性，可以提高金融风险的识别和管理能力。而且，区块链技术可以提供更加透明和可审计的金融交易记录，从而帮助金融机构满足合规要求，并提高整体的合规性。

四是区块链技术有望推动金融行业的数字化转型。通过区块链技术，可以实现资产的数字化和流通性的增加，从而提高金融市场的效率和流动性。数字化资产可以通过智能合约进行编程和自动化管理，从而实现资产管理的高效和智能化。这有望改变金融行业的传统商业模式，并带来更多的创新和机会。

五是区块链技术涉及跨境支付和结算、跨境贸易融资、投资管理、保险等多个领域。例如，在跨境支付和结算领域，区块链技术可以实现实时清算和结算，降低跨境支付的成本和时间，从而促进国际贸易和跨境资金流动。在投资管理领域，区块链技术可以实现资产管理的透明和可验证性，提高投资者的信任和资产管理的效率。在保险领域，区块链技术可以实现保险合同的智能化管理和理赔的自动化处理，从而提高保险行业的效率和用户体验。

总的来说，区块链技术在金融行业的应用前景广阔。随着技术的不断发展和成熟，区块链技术有望在金融行业中实现更多的创新和应用，从而促进金融行业的数字化转型、提高金融服务的效率和普及性，并推动金融包容性和金融普惠的实现。然而，应用区块链技术也需要解决技术性、法律法规和监管政策等多方面的挑战。只有充分认识到区块链技术的潜力和风险，并在技术、法律和监管等方面做好充分准备，才能推动区块链技术在金融行业中的可持续发展。

二、区块链金融应用面临挑战与监管

区块链技术与金融市场结合现阶段还存在较多不确定性，区块链应用面临着若干难题与挑战。区块链技术及其行业落地还处于初期完善阶段，亟须"呵护"和避免"捧杀"。

(一)技术风险与安全性

虽然区块链技术具有很高的安全性和可靠性，但其技术的运行机制存在着一些潜在的技术风险和安全漏洞，如51%攻击仍旧是区块链技术面临的威胁，POW证明机制决定了如果有节点掌握了区块链中超过51%的算力就可以篡改和伪造数据。事实上，目前已经出现过多起黑客攻击区块链的事件，也称之为双花交易。2018年5月，比特币黄金（BTG）就曾受到一名矿工的恶意攻击，该矿工临时控制了BTG区块链，在向交易所充值后迅速提币，再逆转区块，成功实施双花攻击。此次攻击者窃取超过388 200个BTG，价值高达1 860万美元，也是区块链史上最著名的双花攻击之一。2019年1月，以太坊双花交易已达到了219 500以太币，价值约110万美元。此外，区块链的信息交互采用的是非对称加密的技术，但由于人们对密码学、数学以及计算能力等各个领域认知的提升，非对称加密算法也有可能被破解。

☑ **实践操作 5-2**

登录相关网站，收集关于51%攻击的其他相关案例。

(二)监管与法律风险

区块链技术的运用涉及许多国家和地区，而各国的监管和法律要求又存在差异。因此，金融机构在使用区块链技术时需要注意合规性和监管要求，避免违法行为和监管风险。同时，也需要各国政府和监管机构加强合作，共同制定区块链技术的国际标准和监管规则。

(三)消费者保护与隐私保护

区块链技术的运用需要收集大量的用户数据和交易信息，这就涉及消费者保护和隐私保护的问题。如果消费者的个人信息和交易数据被泄露或者被滥用，将会给消费者带来很大的损失和风险。因此，金融机构需要建立健全的数据保护机制和隐私政策，确保用户数据的安全性和合规性。

(四)效率问题

区块链技术的处理速度远低于目前的交易处理速度，如VSA信用卡可每秒处理1 000笔交易，但是比特币的交易处理能力却只有每秒7笔，而且比特币区块产生一个新的区块需要10分钟，一笔交易需要等待10分钟才可被确认。这无法满足高频率和需要实时确认的交易场景的需求。区块链网络在处理大量交易时容易出现性能瓶颈，如比特币网络在交易高峰期会出现拥堵现象。

知识链接 5-3

区块链给原有的风险管理框架带来挑战

区块链的应用也给原有的风险管理框架带来了新的问题。对于各类金融创新来说，风险是各方最担忧的。

随着区块链的日益成熟，部分技术构成要素的法律基础，尚未涵盖在目前的金融法律框架中。目前对区块链的监管主要体现在加密货币领域，因其关系到一国的经济秩序和金融体系稳定。虽然少数承认数字货币的国家和地区已出台了初步的监管政策和举措，但具体监管细则还不明确。

对数字货币的监管和数字货币应用本身就是一对矛盾，传统监管模式是中心化、反匿名的，这无疑与区块链技术"去中心化"的本质特点相悖；更深层次的悖论则在于数字货币背后的科学技术与监管体系之间的价值追求并不相同，前者奉行"去监管"哲学，崇尚自由开源，而后者则强调风险防控与化解，追求效率、安全与公平的动态平衡。

区块链的发展会引入新的市场主体。部分新兴市场主体是技术或软件公司，其中一些通过与金融中介机构开展合作，开发区块链；另一些则可能介入金融中介的部分业务。涉足传统金融中介业务的新兴企业，可能需要获得某些类型的牌照或许可，才能从事资产交易相关业务。牌照或许可的性质和形式仍未明确，是沿用现有金融机构牌照类型，或是发放新的牌照类型。在网络生态环境维护方面，缺乏明确性、透明度和可预见性的治理机制，尤其在开放和"无须许可"的区块链中，将会对网络以及金融系统稳定性产生负面影响。

资料来源：作者根据相关资料整理。

❯❯ 金融微课堂

习近平总书记 2019 年在中央政治局第十八次集体学习时强调：把区块链作为核心技术自主创新重要突破口，加快推动区块链技术和产业创新发展。请结合实际谈一谈区块链金融在生活中有哪些应用。

项目小结

1.区块链是将数据区块以顺序相连的方式组合成的链式数据结构，并以密码学方式保证的不可篡改和不可伪造的分布式账本。区块链由于具有去中心化、不可篡改、可追溯等特性在金融领域得到了广泛运用。

2.区块链最核心的三大技术，主要为共识机制、加密算法，分布式结构。

3.区块链根据使用范围、准入机制、参与方式等不同，可以分为公有链、私有链、联盟链。

4.区块链银行业的应用主要包括供应链金融、融资租赁、银行票据，区块链去中心化、自治性、不可篡改的特点从根本上改变了中心化的银行系统的业务模式，提高了银行的服务效率和客户体验，为传统银行业务向数字金融业务转型提供了契机；区块链在银行业的票据业务方面的应用主要是实现票据价值传递的去中介化、票据交易流程的去中心化、有效防范票据市场风险。

5.区块链在保险业的应用主要包括在保险产品定价领域的应用、在保险理赔方面的应用以及在保险欺诈方面的应用。

6.区块链在证券业的应用主要涉及证券的发行、证券的交易以及清算环节。

7.区块链在金融领域的局限性体现在技术风险与安全性、监管与法律、消费者保护与隐私保护以及效率问题等方面。

项目训练

一、单项选择题

1.区块链 3.0 是指（　　　）。

A.可编程的社会　　　　　　　　　　B 可编程的金融

C.可编程的货币　　　　　　　　　　D.可编程的经济

2.R3 联盟链是（　　　）。

A.联盟链　　　　　B.私有链　　　　　C.个人链　　　　　D.公有链

3.以工作量作为共识机制的是（　　　）。

A.POW　　　　　　B.POS　　　　　　C.DPOS　　　　　D.POL

4.智能合约是由（　　　）提出来的。

A.中本聪　　　　　B.V 神　　　　　　C.Cryp to Note　　D.尼克·萨博

5.POW 的中文意思是（　　　）。

A.权益证明　　　　　　　　　　　　B.股份授权证明

C.工作量证明　　　　　　　　　　　D.算力即权利

6.区块链的核心价值之一不易篡改是通过（　　　）实现的。

A.paxos 算法　　　B.哈希算法　　　　C.共识算法　　　　D.分布式储存

7.区块包括（　　　）。

A.区块头、区块体　　　　　　　　　B.难度值、时间戳

C.默克尔根、随机数　　　　　　　　D.交易信息、区块头

8.智能合约是（　　　）。

A.一份具有法律效力的合同

B.一种口头约定

C.一种用计算机语言取代法律语言去记录条款的合约

D.可编程的合约

二、多项选择题

1.目前区块链技术在保险行业主要的应用场景有（　　　）。

A.在保险产品定价领域的应用   B.在保险理赔方面的应用

C.在保险欺诈方面的应用   D.在保险购买方面的应用

2.区块链可以解决的票据市场风险包括（   ）。

A.道德风险   B.操作风险   C.信用风险   D.市场风险

3.区块链根据使用范围、准入机制、参与方式等不同，目前主要分为（   ）。

A.联盟链   B.私有链   C.个人链   D.公有链

4.区块链具有（   ）特点。

A.中心化   B.可以篡改   C.公开透明   D.去中心化

5.（   ）共识算法下容易产生51%攻击。

A.POW   B.DPOS   C.PBFT   D.RAFT

6.相较于公有链，下列属于联盟链优点的有（   ）。

A.交易成本更低   B.节点之间的连接更稳定

C.更好的隐私保护   D.更加灵活

三、判断题

1.区块链概念早于比特币出现。   （   ）

2.51%攻击是目前区块链技术面临的最大威胁，如果有节点掌握了区块链中超过51%的算力就可以篡改和伪造数据。   （   ）

3.在私有链上只有一个集中管理者，而在联盟链上，多个组织或机构共同管理平台。   （   ）

4.POW机制的工作效率是最高的。   （   ）

5.区块链不是单一的技术，而是由多种技术组成的。   （   ）

6.非对称加密在加密和解密过程中使用的密钥相同。   （   ）

7.相对于美国，中国对于区块链的政策更为宽松。   （   ）

四、简答题

1.区块链在金融领域应用的局限性主要有哪些？

2.区块链技术在证券行业的应用具体体现在哪些方面？

五、实践应用题

商业银行布局区块链：赋能金融场景解决两大"痛点"

党中央指出，将区块链技术作为核心技术自主创新重要突破口，商业银行在区块链技术领域的应用受到了空前的关注。此前，国有大行、股份行和部分城商行均在区块链技术应用上有项目落地，但是银行的应用场景和探索方向不同，大规模的行业应用价值仍未充分体现出来。

由于区块链分布式记账和防篡改的特性，其在解决银行业务效率和信任两大"痛点"上起到重要作用。从技术应用层面来看，多数银行在清算、供应链、跨境贸易上探索较多，也有银行结合场景在身份信息识别和数字货币上进行赋能。专家称，区块链技术在金融领域的应用能够提升效率，在业务中提高造假成本，降低融资利率，这在银行"防风险"和解决"融资难""融资贵"上均能起到助力作用。

据了解，国有银行在区块链技术应用上均有探索，且业务种类比较丰富。此外，国有行区块链技术侧重于搭建平台，单个项目的落地则根据实际的业务需要做赋能。

资料来源：中国经营报. 商业银行布局区块链：赋能金融场景解决两大"痛点［EB/OL］.［2019-11-02］. https://baijiahao.baidu.com/s?id=1649058367531680055&wfr=spider&for=pc.

要求：

1.阅读并讨论以上案例。

2.请分析区块链主要解决商业银行的哪些痛点。

项目六

金融科技服务拓展

学习目标

知识目标

认识目前常用的支付清算方式以及中国支付清算的两套体系；了解数字货币及其所带来的风险，以及数字人民币的含义、特征；了解供应链金融的概念和特点；了解普惠金融的定义。

能力目标

能够辨识第三方支付的应用场景；重点掌握中国法定数字货币的设计构想和发行模式；能够分析供应链金融的发展趋势。

素养目标

培养学生思维创新、服务实体经济的意识，独立自主、科技强国的精神以及民族自豪感和使命感。

思维导图

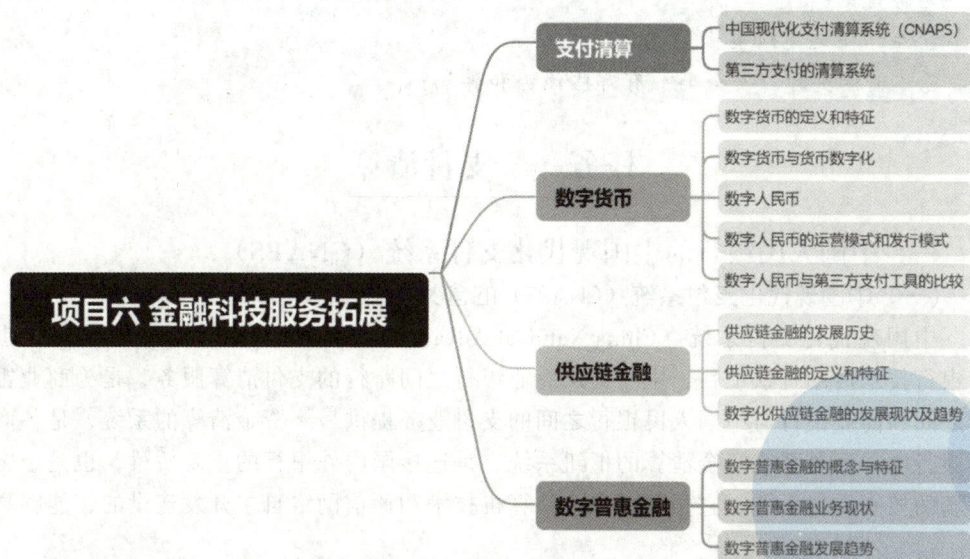

案例导入

"刷脸支付"——科技改变生活

2014 年，支付宝内部正式开启了对"刷脸支付"背后最重要的人脸识别技术的探索。

2017 年 9 月 1 日，支付宝实现全球首次刷脸支付的商业应用——杭州肯德基的 KPro 餐厅上线刷脸支付。

2018 年 1 月，微信和 Jack & Jones 合作的人脸智慧时尚店开业。

2018 年 7 月，天猫小店正式接入"刷脸支付"。

2018 年 11 月，全球第一家支持全场景"刷脸"住宿的酒店——阿里巴巴未来酒店"菲住布渴"——正式开业。

2018 年 12 月，支付宝"刷脸支付"设备"蜻蜓"横空出世，3 个月铺货 3 万台。

2019 年 1 月，全国首条"刷脸支付"商业街——温州五马街——落地。

2019 年 2 月，全国首个"刷脸支付"商圈——西安大悦城——落地。

2019 年 3 月，微信推出小屏"刷脸支付"设备"青蛙"。

2019 年 4 月 2 日，香港国际机场上线"刷脸支付"，"刷脸支付"首次出境。

2019 年 4 月 17 日，支付宝"刷脸支付"设备"蜻蜓 2.0"发布，产品、技术全新升级，价格仅为 1 999 元，两天售出 1 万台。

2019 年 8 月 26 日，微信支付正式发布搭载扫码器、双面屏的智能商业硬件"微信青蛙 Pro"，"刷脸"可以无缝对接微信小程序，彻底完成"支付+营销"的完美结合，同时单台机器奖励增加到 1 540 元。

2019 年 9 月 24 日，在上海服务商大会上，蚂蚁金服再次发布"蜻蜓三代"产品，价格仅售 1 499 元，补贴力度上不封顶，单台机器最高补贴 1 600 元。

资料来源：作者根据相关资料整理。

思考讨论：

1. 生活中还有哪些新的支付方式？

2. "刷脸支付"安全吗？有哪些优势和弊端？

任务一　支付清算

一、中国人民银行的中国现代化支付系统（CNAPS）

（一）中国现代化支付系统（CNAPS）的含义

中国现代化支付系统（China National Advanced Payment System，CNAPS）为世界银行技术援助贷款项目，主要提供商业银行之间跨行的支付清算服务，是为商业银行之间和商业银行与中国人民银行之间的支付业务提供最终资金清算的系统，是各商业银行电子汇兑系统资金清算的枢纽系统，是连接国内外银行的重要桥梁，也是金融市场的核心支持系统。它是利用现代计算机技术和通信网络自主开发建设的，能够高效、安全地处理各银行办理的异地、同城支付业务及其资金清算和货币市场交易的应用系统。

案例探析 6-1

当你从 ATM 取钱时，银行都做了什么

我们先用一个从 ATM（自动取款机）取钱的例子来说明跨行业务流程。

假如你拿着一张中国工商银行（简称工行）借记卡去中国建设银行（简称建行）的 ATM 取了 100 元，这时就发生了跨行业务。这个业务流程非常简单：

（1）建行系统告诉工行系统，有个工行的用户要在我这儿取 100 元，能不能让他取？

（2）工行系统说，他的工行账户够扣 100 元，你先帮我给了吧！

（3）建行的 ATM 就"吐出"100 元给你。

于是，你拿到了现金，同时你的工行账户余额也减少了 100 元。对你而言，整个交易已经结束，但是，建行先替工行给了你 100 元，这里形成了一个银行间的债务关系：工行欠建行 100 元。这 100 元何时还、怎么还，虽说是银行之间的事，但是只有等这 100 元还清了，银行间的这笔交易才是真的完结了。可见，银行的一次跨行取款业务可以分为支付和清算两个步骤。

资料来源：Allen Chen. 中国的支付清算体系是怎么玩的？[EB/OL].［2020-10-05］. https://zhuanlan.zhihu.com/p/21249493?utm_id=0.

思考讨论：

当你在 ATM 取钱时，银行都做了什么？

知识链接 6-1

支付和清算就是信息流和资金流

从插入银行卡到 ATM"吐出"钞票的过程称为支付（Payment）。

工行还给建行 100 元的过程称为清算（Clearing）。

支付反映的是交易的信息流，一般都是实时的。当你从建行 ATM 取款时，工行只是在它内部账户做了一次记账而已，工行的资金并未减少。但是建行和工行之间一定会发生实际的资金划转以清偿债权债务关系，所以清算反映的是交易的资金流。银行之间可以每天清算一次，也可以隔一段时间再清算，不过大多数情况下的清算都是非实时的。

几乎所有现代社会的商业行为最终都会产生交易，而所有的交易，除了物物交换，最终都体现在银行账户间的资金划拨上。因此，一个国家的支付清算系统（Payment and Clearing System）是最基础的工程。这个系统涉及两个问题：

（1）信息流如何传递——建行和工行之间以什么方式通信？

（2）资金流如何清算——工行在什么时候、以什么方式还给建行 100 元？

这两个问题的解决方案，就是我们要介绍的 CNAPS（中国现代化支付系统）。CNAPS 是逐渐演化而来的，在这个方案出来之前，为了解决信息流和资金流问题，我们经历了古代的票号、近代的手工联行系统以及电子联行系统 EIS。

一直到 1990 年，我国的支付结算系统和明清时期的票号相比，并没有太大的改进。汇票和账本手工记账依然是银行在支付环节的信息载体，用来解决信息流问题。邮电局取代了镖局，为银行收发联行信件，但是效率依旧不高，资金在途时间往往在一周以上。至于资金流问题，则由商业银行自行结算和央行统一结算两种方式一起解决。

资料来源：Allen Chen. 中国的支付清算体系是怎么玩的？[EB/OL].［2020-10-05］. https://zhuanlan.zhihu.com/p/21249493?utm_id=0.

（二）中国现代化支付系统（CNAPS）的结构

中国现代化支付系统建有两级处理中心：国家处理中心（NPC）；全国省会（首府）及深圳城市处理中心（CCPC）。

中国人民银行清算总中心建设运行的支付清算系统是我国支付清算体系的核心，它将各商业银行连通在一起，构成一个覆盖全国、四通八达的跨行汇划网络。央行支付清算系统由大额实时支付系统、小额批量支付系统、网上支付跨行清算系统、境内外币支付系统等组成。

1.大额实时支付系统

大额实时支付系统是我国重要的金融市场基础设施，具有资历老、功能强、处理金额大、覆盖面广等特征。它为银行业金融机构和金融市场提供高效的清算服务；业务逐笔发送、实时清算，实现跨行资金零在途；处理资金无限制，少到 1 分钱、多到 100 亿元均可传送。

2.小额批量支付系统

小额批量支付系统为广大企事业单位和居民个人提供全天候、低成本、大业务量的支付清算服务。资金清算批量发送，轧差净额清算资金。水、电、煤气代扣代缴业务以及工资和养老金代发业务等都是通过小额支付系统完成的。

3.网上支付跨行清算系统

网上支付跨行清算系统支持网上支付等新兴电子支付业务的跨行资金汇划处理，支持单笔限额 100 万元以下的资金划汇。该系统逐笔实时处理业务、轧差净额清算资金，时效性比肩大额支付系统。

4.境内外币支付系统

境内外币支付系统是为中国境内的银行机构和外币清算机构提供外币支付服务的实时全额支付系统，支持英镑、欧元、日元、加拿大元、澳大利亚元、瑞士法郎和美元等多个币种的支付业务结算，满足了国内对多个币种支付的需求，提高了结算效率和信息安全性。

☑ **实践操作 6-1**

请登录网站搜索中国清算支付系统，学习并了解关于中国清算支付系统的最新知识及相关情况。

二、第三方支付的清算系统

（一）第三方支付的定义

第三方支付（Third-Party Payment）是指具备一定实力和信誉保障的独立机构，通过与银联或网联对接而促成交易双方进行交易的网络支付模式，本质上是一种支付托管行为。随着科学技术的发展，在经济发展的驱动下，为了有效解决商品或服务交易过程中的信用风险问题，第三方支付应运而生。

2017年1月，中国人民银行发布了支付领域的新规定《中国人民银行办公厅关于实施支付机构客户备付金集中存管有关事项的通知》，明确了第三方支付机构在交易过程中产生的客户备付金今后将统一交存至指定账户，由央行监管，支付机构不得挪用、占用客户备付金。

2018年3月，网联清算有限公司下发42号文督促第三方支付机构接入网联渠道，明确2018年6月30日之前所有第三方支付机构与银行的直连都将被切断，之后银行不会再单独直接为第三方支付机构提供代扣通道。

（二）第三方支付的作用与常见工具

1.第三方支付的作用

第三方支付平台扮演的是中介的角色，客户将商品或服务的价款打到第三方支付平台，由第三方支付平台通知商家准备货物、寄出货物，等客户收到货物并确认收货后，再由第三方支付平台将钱款打给商家，这样就有效避免了买卖双方的信用风险问题。因此，能够提供第三方支付服务的公司必须具有非常良好的信用、先进的技术以及强大的实力。第三方支付平台的中介作用如图6-1所示。

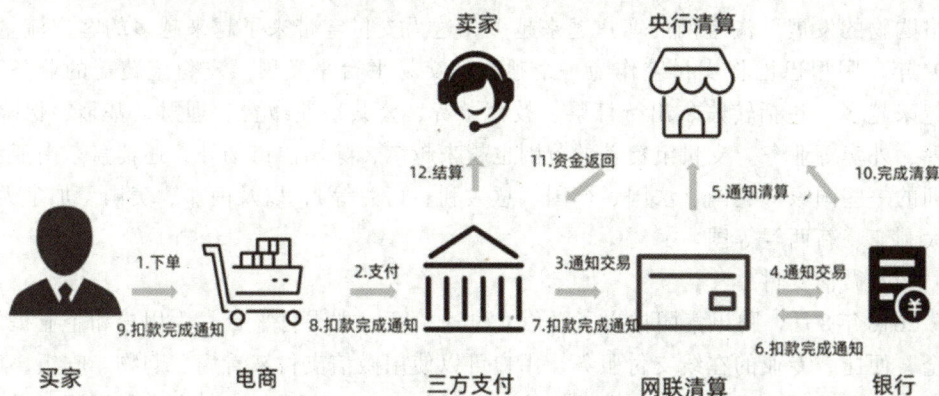

图6-1　第三方支付的中介作用

资料来源：书丰. 一文带你全面了解电商在线支付 [EB/OL]. [2021-09-23]. https：//www. woshipm.com/pd/5148079.html.

微课 6-1

支付新纪元：
银行刷脸支付

2.第三方支付的常见工具

国内主要的第三方支付工具有：支付宝（Alipay）、微信支付（WeChat Pay）、财付通（Ten pay）、银联、京东钱包、QQ钱包等。国外主要的第三方支付工具有：PayPal、Stripe、Amazon Pay、Google Wallet、X-Payments、Braintree 等。其中，PayPal 是全球使用最广泛的第三方支付工具。图 6-2 展示了常用的第三方支付工具的页面。

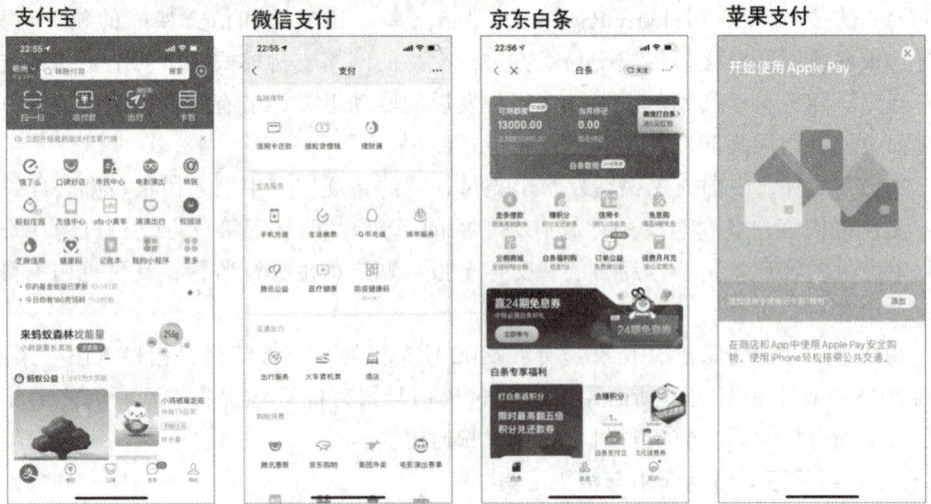

图6-2　常用第三方支付工具

资料来源：书丰. 一文带你全面了解电商在线支付［EB/OL］.［2021-09-23］. https://www.woshipm.com/pd/5148079.html.

（1）支付宝

2003年，阿里巴巴集团创立了一个第三方支付平台——支付宝。支付宝创立之初服务于淘宝网，主要是为了解决淘宝网商品买方和卖方之间的信用风险问题。随着网络购物的发展，淘宝网的客户越来越多，这为支付宝带来了越来越多的客户流量。2004年，阿里巴巴将支付宝作为一个独立的交易平台来发展。支付宝覆盖的业务种类越来越多，包括转账、出行订票、教育缴费、公共事业缴费、理财、基金、保险、众筹、外卖等业务。支付宝覆盖的范围也越来越广，除国内市场外，还覆盖东南亚和欧洲的一些国家（英国、法国、德国、意大利、荷兰等），以及南非、美国、加拿大、澳大利亚、新西兰等国。

（2）微信支付

2013年8月，腾讯集团推出了微信支付这一第三方支付平台，为用户和企业提供安全、便捷、专业的在线支付服务。用户可以使用微信支付来看病、购物、吃饭、旅游、交水电费等，微信支付逐渐深入人们生活的方方面面。与支付宝支付不同，微信是在人与人之间的聊天软件的基础上发展出的支付功能，并不是一个完全独立的支付平台，因此微信支付在极大程度上满足了人与人之间的支付需求，但是作为独立的第三方支付平台，它与支付宝还存在差距。

✓ **实践操作 6-2** ---

利用网络、专业图书报刊等渠道了解我国的第三方支付方式，并分析它们的优缺点。

（三）网上银行支付

1.网上银行的概念

网上银行（Online Banking Service），简称网银，是线下银行利用先进的科学技术，在互联网上构建的虚拟平台。比如，各大银行推出的银行 App 就是网上银行的表现形式，通过这一平台，客户可以办理以前只能在线下网点办理的各种业务，如转账、开户、销户、购买理财产品等。

2.网上银行的特点

第一，不受时间和空间的限制。只要登录网上银行，进入互联网，随时随地可以办理网上业务，方便快捷；而传统的银行不仅有营业时间的限制，而且有空间的限制，需要客户去线下的营业网点办理业务。

第二，可以降低成本。建立一个传统的银行网点，需要支付人工、房租、水电费等各种费用，构建网络银行则不需要这些费用，因此大大降低了银行的经营成本。

第三，对技术要求较高。为了保障客户的利益，网银采用的互联网对接模式对网络技术要求，尤其是安全技术要求比较高。

第四，可以为客户提供个性化服务。通过网上银行，银行可以分析客户数据，从而为不同的客户提供个性化服务，这在一定程度上提高了客户满意度，而传统银行则没办法提供详细又低成本的信息咨询服务。

任务二 数字货币

一、数字货币的定义和特征

数字货币是一种基于节点网络和数字加密算法的虚拟货币。数字货币的核心特征主要体现在三个方面：

一是由于来自某些开放的算法，所以数字货币没有发行主体，没有任何人或机构能够控制它的发行；

二是由于算法解的数量确定，所以数字货币的总量固定，这从根本上消除了虚拟货币滥发导致通货膨胀的可能；

三是由于交易过程需要网络中各个节点的认可，因此数字货币的交易过程足够安全。

二、数字货币与货币数字化

数字货币绝非纸币的简单数字化。支付宝之类的平台只是钱包和银行卡的一个衍生品，背后对应的还是具体的银行卡账号和实打实的纸钞，但数字货币就不一样了，数字货币是支付工具，也就是货币。

与"传统"数字货币相比，比特币、莱特币、Libra等"狭义"的数字货币或虚拟货币是货币演进过程中更大的飞跃。其特殊性不仅体现在非中心化的发行方式或者匿名性方面，更体现在它们相对于既有金融体系的独立性方面。中国相关部门一直在密切关注国内比特币业务的扩张，因为该业务对金融稳定构成潜在威胁，同时吸引了大量寻求快速获得利润的投机性个人投资者。

案例探析 6-2

比特币的运行机制

比特币是一种基于区块链技术的数字货币，它的运作机制可以分为三个方面：交易、挖矿和共识算法。

首先，比特币的交易过程类似于传统的电子支付方式，但它在可靠性、透明度和安全性方面有着显著的优势。比特币持有者可以通过一个匿名的数字地址（公钥）来接收和发送比特币。每个交易都会被写入一个公共账本，这个账本是基于区块链技术实现的，所有人都可以查询到其中的交易信息，确保交易的透明度。

其次，比特币的挖矿过程是非常重要的一环。比特币的挖矿是指利用计算机进行数学计算，以验证新交易是否合法，并将其打包成区块，将该区块添加到比特币的区块链中。挖矿需要大量的计算能力，因此需要使用专门的硬件设备，如矿机。

最后，比特币的共识算法是保证比特币网络正常运转的核心。比特币采用了一种称为"工作量证明"的算法，这意味着需要大量的计算能力来完成一次挖矿操作。当一台计算机完成挖矿后，网络上的其他计算机会验证该操作是否正确，如果正确，该区块就会被添加到比特币的区块链中。这种共识算法保证了比特币网络的去中心化和安全性。

总之，比特币的运作机制非常复杂，但它可以通过简单的方式来描述：持有者可以将比特币交易记录在一本公共账本上，而其他人则可以使用计算机来进行挖矿和验证交易的合法性，从而保证网络的正常运转。

资料来源：作者根据相关资料整理。

思考讨论：

世界上第一个由政府发行的法定数字货币是什么？

三、数字人民币

（一）数字人民币的概念

数字人民币简称"e.CNY"，是由中国人民银行发行的数字形式的法定货币，由指定运营机构参与运营并向公众兑换，以广义账户体系为基础，支持银行账户松耦合功能，与纸钞和硬币等价，具有价值特征和法偿性，支持可控匿名。上述概念可以从以下四个层面理解：

（1）从货币定位看，数字人民币由中国人民银行发行，是一种和纸钞、硬币等价的法定货币，定位于流通中现金（M0），属于基础货币范畴，其法律地位与现金相同。

（2）从发行管理看，数字人民币由中国人民银行发行，指定运营机构负责数字人民币的运营和兑换服务，并实现可控匿名，属于双层运营体系下的混合型央行数字货币。

（3）从应用客群看，数字人民币面向公众发行，可广泛地用于个人和企业的各类日常交易场景。

（4）从支付角度看，数字人民币以数字形式存在，自身具有价值，且以国家信用作为担保，支持银行账户松耦合，因此数字人民币能够作为数字化支付手段，并在一定程度上支持匿名交易。

微课 6-2

DCEP 的前世今生

知识链接 6-2

数字人民币的发展历程

2014 年，中国人民银行成立法定数字货币研究小组，开始进行相关的研发工作。2016 年，中国人民银行成立数字货币研究院，全面开展法定数字货币的研究，特别是近年来启动的 DCEP 项目（Digtal Curerery Eleroric Paymen），吸引了全球的广泛关注。到 2019 年，数字人民币基本完成了顶层设计、标准制定、功能研发、联调测试等工作，并在深圳、苏州、雄安新区、成都等地及冬奥场景启动试点测试。

2020 年，数字人民币进入了试点测试阶段。2020 年 10 月，数字人民币增加了上海、海南、长沙、西安、青岛、大连 6 个试点测试地区，试点场景也从最开始的商超、加油站等线下场景扩展到"线下、线上"相结合的综合场景。

2021 年 12 月，中国农业银行深圳分行联合华为公司完成业内首个数字人民币云侧智能合约应用场景落地。2022 年年初，数字人民币（试点版）App 上架各大应用市场，深圳、苏州、雄安新区、成都、上海、海南、长沙、西安、青岛、大连及冬奥场景"10+1"试点地区的用户不再需要邀请码即可体验数字人民币。开展数字人民币试点也是北京冬奥会的一大亮点。2022 年北京冬奥会期间，数字人民币实现交通出行、餐饮住宿、购物消费等场景全覆盖。数字人民币面向个人用户开放体验，多元化场景不断渗透，标志着我国数字人民币的推广应用进入规模化阶段，数字人民币时代全面到来。

资料来源：作者根据相关资料整理。

（二）数字人民币的核心特征

1.具有价值特征和无限法偿性

数字人民币由中国人民银行发行，由国家信用背书，是央行对公众的负债，具有官方赋予的价值特征，并且在日常支付使用时无须绑定银行账户就能实现价值转移，这与通常所用的必须绑定银行账户才能进行转账付款的微信支付、支付宝有着本质区别。另外，纸质和数字形式的人民币都属于法币，具有无限法偿性。这意味着任何机构和个人都不能拒绝接受数字人民币，在能使用电子支付的地方，都必须接受数字人民币。

2.具有M0属性，基于100%准备金发行

数字人民币能够部分代替流通中的现金，具有M0属性，不计付利息。为保证数字人民币发行和回笼不改变央行货币发行总量，银行存款准备金和数字人民币之间有等额兑换机制：在发行阶段，央行扣减商业银行存款准备金，等额发行数字人民币；在回笼阶段，央行等额增加商业银行存款准备金，注销数字人民币。

3.支持收支双方"双离线"支付

"双离线"是指收支双方设备在不具备网络的条件下也能进行支付交易。相比于需要网络支持的微信支付和支付宝，数字人民币在这一点上完全吸收了纸钞的设计理念。考虑到偏远山区的通信基础设施比较差、因地震或台风致使通信中断、地铁或地下超市人员密集造成网络卡顿等一系列不便于网络支付的情况，数字人民币的"双离线"设计展现出极大的环境适用性优势。

4.采取账户"松耦合"形式，实现可控匿名

可控匿名作为数字人民币的一个重要特征，一方面体现了其M0定位，保障公众合理的匿名交易和个人信息保护的需求；另一方面也满足了防控和打击逃税等违法犯罪行为、维护金融安全的客观需要。可控匿名首先要满足合理的匿名支付和隐私保护的需求。数字人民币采取"小额匿名、大额可溯"的设计。现行的电子支付方式，如银行卡支付、第三方支付等，都采用账户的紧耦合形式，即转账、支付和交易需要通过实名认证且与银行卡绑定。

5.采取中心化的管理体系

央行在发行数字人民币的过程中坚持中心化的地位，拥有发行数字人民币的最高权限，对数字人民币坚持中心化管理模式：一方面，可以通过央行背书为数字人民币提供强有力的信用担保，确保央行数字货币具备同人民币一样的法律效力；另一方面，中心化的管理使得央行能够及时掌握数字人民币的投放数量、投放领域及流通情况，更有利于央行精准实施货币政策和宏观审慎监管；同时，中心化的管理模式也维持了传统货币管理方式，能够有效防止货币超发。

6.唯一性与可编程性

数字人民币是由央行担保并签名发行的代表具体金额的加密数字串，包含基本的编号、金额、所有者和发行者签名。其中，编号是数字人民币的唯一标识，不能重复。数字人民币引入了智能合约机制，具有可编程性，可以附加用户自定义的可执行脚本。

7.系统无关性

数字人民币具有普适性和泛在性，能够在多种交易介质和支付渠道上完成交易，可以利用现有的金融基础设施。理论上，银行存款货币、电子货币能达到的支付网络边界，数字人民币亦可达到。

✓ **实践操作 6-3** --

请通过查找资料，了解使用数字人民币的步骤。

四、数字人民币的运营模式和发行模式

（一）数字人民币的运营模式

中国数字人民币实行"一币、两库、三中心"的数字人民币运营架构，如图6-3所示。

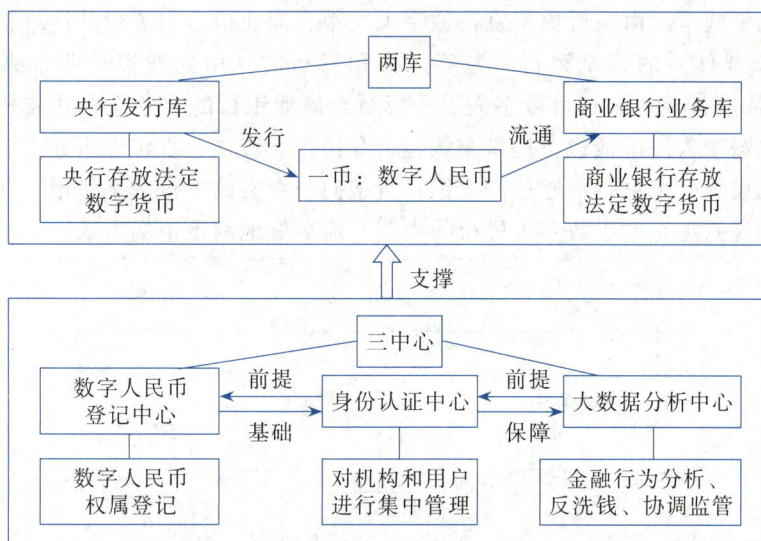

图6-3　数字人民币"一币、两库、三中心"运营架构

图片来源：叶映荷. 细说数字人民币 | 底层架构是如何设计的，有何设计用意？［EB/OL］.［2020-10-02］. https://www.thepaper.cn/newsDetail_forward_9434303.

"一币"明确了数字人民币是我国唯一由国家信用背书、央行发行的法定数字货币，与人民币等价兑换。

"两库"是指央行发行库和商业银行业务库两个数据库。数字人民币的唯一发行机构中国人民银行负责把数字人民币发行至商业银行业务库，但不直接面向公众；而商业银行负责面向终端用户，包括个人和企业，承兑数字人民币。央行发行库和商业银行业务库更贴近当前货币的"二元"发行模式，可为数字人民币的创造和发行提供安全保障，既可以防止内部非法操作，也可以防御外在攻击，是数字人民币安全保障的关键。

"三中心"指的是数字人民币登记中心、身份认证中心以及大数据分析中心。数字人民币登记中心记录用户的个人信息和流水，进行权属登记，包括对数字人民币的创造、流通、核算及消亡的全生命周期登记。身份认证中心确认用户信息，是保障整个系统安全的前提，可对法定数字货币机构和用户进行集中管理，实现可控匿名性；对金融机构或高端用户的认证可以采用PKI，对低端用户的认证可以采用基于标识的密码技术（Identity-Based Cryptograph，IBC）。大数据分析中心具有监控功能，基于大数据、云计算、区块链等技术对交易数据进行分析，可以有效监督资金运行过程，是保障数字人民币交易安全、防范违法金融交易并提升货币政策有效性的关键。"三中心"各司其职、互相配合以支撑数字人民币多项功能需求以及信息的安全隔离。

这种"一币、两库、三中心"的运营构架对坚持数字人民币发行的中心化管理有重要意义，可以抵御天秤币（Libra）等国外加密资产的侵蚀，防止货币发行权旁落，

保证货币政策独立性和数字人民币币值的稳定性、法偿性，有利于通过新的货币形式降低人民币跨境使用成本，加速人民币国际化。

（二）数字人民币的发行模式

数字人民币的发行和流通遵循现行的"央行-商业银行"二元模式，如图6-4所示。在二元模式下，由央行负责发行数字人民币，商业银行与央行共同维护数字人民币发行、流通体系的正常运行。数字人民币发行时，由商业银行向中央银行缴存100%的存款准备金，央行将数字人民币发行至商业银行的业务库，并委托商业银行向公众开立数字人民币钱包，提供充钱包、存银行、转钱、收付等服务。与二元模式相对的一元模式是指央行不通过商业银行直接向公众发放央行数字货币。与一元模式相比，二元模式更有助于数字人民币的发展，能更好地满足市场需求。

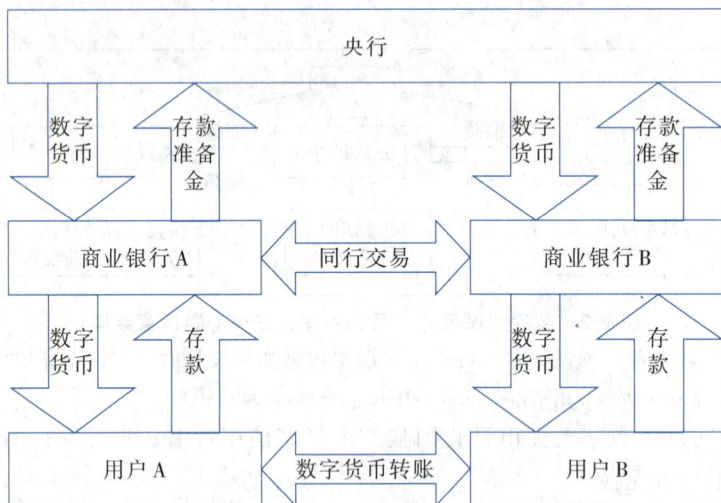

图6-4 "央行-商业银行"二元模式

图片来源：叶映荷．细说数字人民币｜底层架构是如何设计的，有何设计用意？[EB/OL]．[2020-10-02]．https://www.thepaper.cn/newsDetail_forward_9434303.

数字人民币的投放层还需要解决"发多少"的问题。在数据适当脱敏的情况下，央行可以运用大数据和人工智能技术对数字人民币的发行、流通等各环节进行详细的分析，了解货币体系的具体运行规律，为精准调控货币投放数量、投放频率提供数据支持，同时也能更好地满足货币政策、宏观审慎监管和金融稳定性调控等干预需求。这也是发行数字人民币的一个重要意义。

五、数字人民币与第三方支付工具的比较

（一）货币层次的比较

首先，互联网第三方支付工具中的存款电子货币，主要属于M1中的活期存款；而数字人民币的定位是替代流通中的现金，具有M0属性，相当于流通中的纸币和硬币的电子版。因此，互联网第三方支付工具作为金融基础设施，构建的是支付服务生态中的一环，相当于钱包；而数字人民币则具有现金替代功能和支付功能，相当于钱包中的钱。

其次，数字人民币由中国人民银行直接发行，作为国家法定货币，其功能属性与现金是完全一样的，具有价值特征和无限法偿性。

（二）与银行账户的关系的比较

支付宝、微信支付等第三方支付工具本质上仍然是用商业银行的存款货币在结算，对应的余额仍在商业银行的存款账户中，因此用户在使用第三方支付工具进行交易之前，首先要绑定自己的银行账户。但是，数字人民币与银行账户之间是松耦合的关系，只要注册具有唯一身份标识信息的数字人民币钱包即可使用。

（三）使用条件与支付方式的比较

与互联网第三方支付工具相比，数字人民币由于采用了与银行账户松耦合的关系，而且支持收支双方"双离线"支付，因此提供了更丰富的支付方式。

1.近程支付方式

"扫一扫"和"碰一碰"是两种主要的近程支付方式。"扫一扫"使用的是目前已经广泛应用的二维码支付方案，是一种近程在线支付方式，用户使用数字人民币APP扫描商户二维码或者出示付款码，即可轻松快捷地完成相关支付。

"碰一碰"则是利用NFC技术的近程支付方式，可以在线进行，也可以离线进行。在在线状态下，可以利用POS机或专用芯片进行支付，如图6-5所示。用户打开数字人民币APP，点击设置页面，打开NFC，用手机与商户POS机感应区轻轻"碰一碰"，就可以实现支付。在离线状态下，"碰一碰"仍可在安装了数字人民币钱包的交易双方间进行，用户打开数字人民币钱包上滑付款，选择"碰一碰"支付方式，点击设置页面，打开NFC，与此同时，商家也打开个人数字人民币钱包，下滑收款，同样选择"碰一碰"并设置收款金额，即可完成支付。

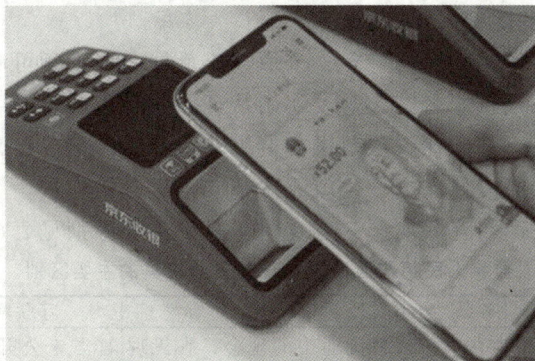

图6-5　数字人民币"碰一碰"支付

资料来源：黔浪网. 数字人民币试点一周年 京东科技集团参与数字人民币成果专题展［EB/OL］.［2021-04-25］. https://t.cj.sina.com.cn/articles/view/6244302708/174307f74001013mjp.

2.远程支付方式

远程支付方式与公众习惯的线上支付流程十分类似，用户需要先在数字人民币钱包中创建子钱包，选择推送子钱包到指定的APP，再打开相应APP，选择自己想要购买的商品，选择"数字人民币"，完成线上付款。

为支撑数字人民币丰富的支付方式，并围绕这些支付方式构建合适的金融体系，流通机构必须做出相应的技术变革，相关行业的业务流程也会发生变化。

教学互动 6-1

请下载数字人民币APP或者在支付宝中开通数字人民币服务，并使用其进行支付。

（四）对货币政策调控的影响的比较

首先，数字人民币的发行使中国人民银行对流通中货币的控制能力增强，但会使货币乘数的不确定性增加，若给数字人民币设定利率，则其可与常备借贷便利（SLF）形成利率走廊机制，从而作为一种新型货币政策工具更好地调控宏观经济。

其次，基于数字技术，中国人民银行可以快速追踪和监控发行的所有数字人民币，实时统计货币总量和结构，为货币政策制定提供数据支撑。通过运用区块链智能合约机制，中国人民银行还可以在投放数字人民币的过程中提前设置时间、数量、投向等有效条件，实现全程可追溯、可编程，降低传导时滞，畅通货币政策传导机制，使货币政策调控更加精准和有效。

最后，发行数字人民币还可以防止非央行数字货币的扩散，提高防控金融体系和宏观经济风险的能力。

从总体上看，数字人民币对货币政策存在积极正面的影响。中国人民银行通过控制数字货币生效状态引导资金流向，可以创新直达实体经济的政策工具，在一定程度上提高了货币政策传导效率，降低了时滞和监管成本，而互联网第三方支付工具在传统货币政策传导机制框架内对实体经济的调控存在时滞，中国人民银行的直接控制力较弱。

（五）匿名程度的比较

数字人民币具有可控匿名的特点，采取"小额匿名、大额可溯"的设计；而互联网第三方支付工具则是不匿名的，需要实名认证。数字人民币的可控匿名性可以保护消费者的隐私，除政府部门在权限范围内调查非法交易的情况外，商户和第三方支付平台无权获取消费者的支付数据，也就无法定向推送营销广告。

综上，数字人民币与互联网第三方支付工具的主要区别见表6-1。

表6-1　　　　数字人民币与互联网第三方支付工具的主要区别

比较维度	数字人民币	互联网第三方支付工具
货币层次	以国家信用为背书，代替流通中的现金，在无现金社会到来前为现金的部分替代物，属于M0	官方未公开统一认定标准，但一般认为属于活期存款，为M1
与银行账户的关系	松耦合关系，无须绑定银行账户，开通具有唯一身份标识信息的数字人民币钱包即可使用	必须绑定银行账户才能使用互联网第三方支付工具
使用条件与支付方式	支持在线交易和离线钱包交易，没有网络也可以通过"碰一碰"等NFC技术使用	属于互联网支付，必须接入网络才能正常使用
对货币政策调控的影响	可通过智能合约控制数字人民币的生效状态、设置分级利率体系，创新货币政策工具，实现对实体经济的直接、精准调控	在传统货币政策传导机制框架内，对实体经济的调控存在时滞，中国人民银行的直接控制力较弱
匿名程度	可控匿名，采取"小额匿名、大额可溯"的设计	不匿名，需要实名认证

注：以支付宝、微信支付为代表的互联网第三方支付工具中的余额一般被认为属于活期存款性质的M1，但是余额转入余额宝或零钱通后，本质上属于购买的货币基金，而货币基金为M2。

案例探析 6-3

数字人民币与区块链技术的关系

在我国，公众习惯性地将数字人民币、加密数字货币与区块链技术联系在一起。但事实上，数字人民币与以区块链为底层技术架构的比特币等加密数字货币存在本质区别。中国人民银行在推进数字货币的过程中保持技术中性，即不预设技术路线。中国人民银行曾试验采用非许可链架构的数字人民币，发现采用去中心化的区块链架构无法实现零售要求的高数据吞吐量。数字人民币本身是中心化的，而区块链是去中心化的，两者在底层架构上有区别。数字人民币会在确权、定价、交易等环节使用区块链作为底层技术。

资料来源：作者根据相关资料整理。

思考讨论：

请根据数字人民币的相关特征，结合"区块链与智能金融"项目所学的区块链技术相关知识，思考讨论以下问题：

（1）数字人民币与区块链技术是什么关系？

（2）不同类型的区块链（如公有链、联盟链、专有链）以及区块链的非对称加密、可追溯性、智能合约等创新特征在数字人民币的确权登记、发行、流通等环节有什么重要价值？

任务三　供应链金融

2008年全球金融危机发生以来，全球已经有上百万家企业宣告破产，这些企业的破产并非因为没有市场竞争力（如克莱斯勒），也不是因为没有创新能力（如通用汽车），而是资金链断裂造成的供应链中企业破产的连锁反应。供应链金融自诞生以来就是为了解决供应链中资金流梗阻以及资金流优化问题。

一、供应链金融的发展历史

（一）国外供应链金融的演进

美国等西方发达国家的供应链金融几乎与其他金融业务同时发展，并经过200多年的创新和发展后形成了现代供应链金融的雏形。西方发达国家供应链金融的发展大致可以分为三个阶段。

1.阶段一：19世纪中期之前

在此阶段，供应链金融的业务非常单一，主要是针对存货质押的贷款业务。例如，早在1905年的俄国沙皇时代，在丰收季节，当谷物的市场价格较低时，农民将大部分谷物抵押给银行，用银行贷款资金投入后续的生产和生活；待谷物的市场价格回升后，再卖出谷物归还银行本金利息。由此，农民可以获得比收割时节直接卖出谷物更高的利润。

2.阶段二：19世纪中期至20世纪70年代

在此阶段，供应链金融的业务开始丰富起来，承购应收账款等保理业务开始出现。但起初，这种保理业务常常是趁火打劫式的金融掠夺，一些银行等金融机构和资产评估机构进行了合谋，刻意压低流动性出现问题的企业出让的应收账款和存货，然后高价卖给其他第三方中介机构。部分金融机构恶意且无序的经营造成了严重的市场混乱，并引发了企业和其他银行的不满和抗议。为规范市场行为，1954年美国颁布了《统一商法典》，明确了金融机构开展存货质押业务应遵循的规范。由此，供应链金融开始步入健康发展时期，但这一阶段的供应链金融业务仍以"存货质押为主，应收账款为辅"。

3.阶段三：20世纪80年代至今

20世纪80年代至今，供应链金融业务开始繁荣，出现了预付款融资、结算和保险等融资产品。这要归功于物流业高度集中和供应链理论的发展。在20世纪80年代后期，国际上的主要物流业务开始逐渐集中到少数物流企业，联邦快递（FedEx）、UPS和德国铁路物流等一些专注于物流业务的巨无霸企业已经形成。

随着全球化供应链的发展，这些物流企业更为深入地楔入众多跨国企业的供应链体系之中。与银行相比，这些物流企业更了解供应链运作，它们通过与银行合作深度参与供应链融资。物流企业在提供产品仓储、运输等基础性物流服务之外，还为银行和中小型企业提供质物评估、监管、处置以及信用担保等附加服务，为其自身创造了巨大的新的业绩增长空间，同时银行等金融机构也获得了更多的客户和更多的收益。在此阶段，国外供应链金融开始形成"物流为主、金融为辅"的运作理念，供应链金融因物流企业的深入参与获得了快速的发展。

☑ 实践操作 6-4

上网搜索了解国外供应链金融的发展情况，并罗列出较为出名的5个供应链金融企业。

（二）中国供应链金融的发展

中国供应链金融的发展有赖于改革开放后制造业的快速发展，"世界制造中心"吸引了越来越多的国际产业分工，中国成为大量跨国企业供应链的汇集点。中国的供应链金融得到快速发展，在短短的十几年内从无到有，从简单到复杂，并针对中国本土企业进行了诸多创新。

与国外供应链金融的发展轨迹类似，中国供应链金融的发展也得益于20世纪80年代后期中国物流业的快速发展。2000年以来，中国物流行业经过大整合之后，网络效应和规模效应开始在一些大型物流企业中体现出来，而这些企业也在更多方面深入强化了供应链的整体物流服务。

在2004年中国物流创新大会上，物流行业推选出未来中国物流行业的四大创新领域和十大物流创新模式，"物流与资金流整合的商机"位居四大创新领域之首，而"库存商品抵押融资运作模式""物资银行运作模式""融通仓运作模式及其系列关键技术创新"分别位居十大物流创新模式的第一位、第三位和第四位。

2005年，深圳发展银行先后与国内三大物流巨头——中国对外贸易运输（集团）总公司、中国物资储运总公司和中国远洋物流有限公司——签署了"总对总"（即深圳发展银行总行对物流公司总部）战略合作协议。在短短一年多的时间里，已经有数百家企业从这项战略合作中得到了融资便利。据统计，仅2005年，深圳发展银行"1+N"供应链金融模式就为该银行创造了2 500亿元的授信额度，贡献了约25%的业务利润，而不良贷款率仅有0.57%。

☑ 实践操作 6-5

上网搜索了解深圳发展银行的供应链金融业务情况。

二、供应链金融的定义和特征

（一）供应链金融的定义

供应链金融（Supply Chain Finance，SCF）是商业银行信贷业务的一个专业领域（银行层面），也是企业尤其是中小企业的一种融资渠道（企业层面）。它是指银行向客户（核心企业）提供融资和其他结算、理财服务，同时向这些客户的供应商提供贷款及时收达的便利，或者向其分销商提供预付款代付及存货融资服务。

动画 6-1

链上金融

（二）供应链金融的特征

1.参与主体多元化

供应链不仅是一条连接供应商和用户的物流链、信息链、资金链，更是一条增值链，物料在供应链上因加工、包装、运输等过程而增加价值，给相关企业带来收益。

核心企业为供应链金融提供信用支持，其运营状况对供应链的运行状况有着至关重要的影响；物流企业则扮演"中介者"、"监管者"和"信息中心"的角色，不仅为中小企业提供专业与定制化的物流服务，还利用质押物为中小企业做担保，并为银行提供仓储监管、质押价格评估和拍卖等中间服务，充分发挥其在物流管理、资产设备以及人才上的优势，弥补了银行等金融机构在质押物监管等方面的技能缺失。

2.具有自偿性、封闭性和连续性的特点

所谓自偿性，指的是企业还款的来源主要是贸易所得的货款，通过操作模式的设计，还款企业的销售收入会自动导入银行的特定账户。

封闭性指的是银行等金融机构通过设置封闭性贷款操作流程来保证款项专用，借款人不能将贷款用于其他用途。

连续性指的是同类贸易行为在上下游之间会持续发生，在此基础上的授信行为也可以反复进行。

3.突破了传统的授信视角

供应链金融的授信针对的是整个供应链，授信方式为"1+N"模式，即围绕核心企业查找供应链中客户的资金需求，这可以大大降低客户的开发成本，也可以增加企业对银行的依赖程度。不仅如此，供应链金融还转变了银行对中小企业的授信方式，中小企业融资的门槛变低。银行等金融机构不再考察中小企业的静态财务报表，而考察其在供应链金融中的交易背景。

4.风险相对可控

供应链金融服务要求资金进行闭合式运作，也就是第二点所说的封闭性。供应链金融要对资金流、贸易流和物流进行有效掌握，使融资运用合理，限制其运用在可控范围之内，根据详细业务逐笔审核发放，并准时回收与监管将来的现金流，达到风险可控的目标。也就是说，在供应链金融服务过程中，资金流、物流都应符合合同规定的模式，这无疑削减了风险。

案例探析 6-4

京东金融发布全新供应链金融科技战略

在 2022 年京东供应链金融科技峰会上，京东科技发布了全新的供应链金融科技战略——以"数智供应链+供应链金融"的"双链联动"模式，面向政府、企业和金融机构输出供应链金融科技平台，驱动实体产业实现"通链+组网"，助力核心企业实现数字化转型。

据介绍，早在 2013 年，京东便已推出第一款基于互联网的供应链保理融资产品"京保贝"，服务京东自营供应商。此后，京东联合银行等合作伙伴，陆续推出了采购融资、动产融资、仓单融资、信用融资、融资租赁、企业支付、票据平台等多种供应链金融科技产品和服务。京东科技在供应链金融科技领域通过机器学习、多方安全计算和产业知识图谱等方式，搭建起供应链金融技术体系，覆盖产品设计、系统搭建、智能信用评估、多头贷款识别、反欺诈、反洗钱、智能化贷中风险监控和贷后风险管理等环节。

京东云数智供应链解决方案包括数智化基础设施，以及覆盖"数智采购、协同研发、智能制造、全域链接、价值服务、供应链一体化"等全链路的六大业务场景。其中，"数智供应链一体化集成交付平台"发挥着衔接内外能力与资源的重要作用。对外，平台全流程集成京东能力模块，囊括了丰富的行业生态和专家资源，可实现京东能力的全方位输出，为客户业务的快速提升筑牢能力底座；对内，平台全面集成了行业领先的合作伙伴的应用，涵盖技术架构搭建、业务分析与咨询、质量体系、集成定制开发、运维保障等交付能力，将大幅提升面向产业客户交付解决方案的效率与质量。

资料来源：壹零财经.京东科技发布供应链金融科技新战略"双链联动"——"数智供应链+供应链金融"[EB/OL].[2023-10-12].https://business.sohu.com/a/587345694_104992.

思考讨论：

从 2022 年开始，供应链金融科技的输出成为京东的重要战略方向之一，请问京东供应链金融科技服务有何优势？

三、数字化供应链金融的发展现状及趋势

（一）数字化供应链金融的定义和特征

数字化供应链金融是指将供应链管理与金融服务有效结合，通过数字化技术实现各参与方之间的信息共享和互联互通，从而提高供应链金融效率、降低融资成本和风险。数字化供应链金融的实现可以帮助企业优化供应链金融管理，提高其融资效率和

利润率，同时降低金融机构的信用风险，促进金融机构的业务发展。

数字化供应链金融的特点主要包括以下几个方面：

1.信息共享

数字化供应链金融通过将各参与方的信息进行整合和共享，实现了供应链上各环节之间的信息互通和透明化。

2.金融服务

数字化供应链金融为企业提供了多种金融服务，如融资、保险、支付结算等，使企业能够更加便捷地获取资金和降低融资成本。

3.风险控制

数字化供应链金融可以通过数据模型和风险评估等手段，对风险进行有效控制和管理，降低金融机构的信用风险和企业的融资成本。

（二）数字化供应链金融的发展现状

1.数字化供应链金融市场规模迅速发展

自2017年《国务院办公厅关于积极推进供应链创新与应用的指导意见》首次对供应链创新发展做出重要部署以来，我国供应链金融业务实现了有效创新发展，数字化渗透率显著提升。2022年，我国供应链金融数字化规模达到11万亿元，数字化渗透率约为30%，相比2018年实现了多倍的增长。到2027年，我国供应链金融数字化规模将达到30万亿元，数字化渗透率也将增长到约50%。

2.平台发展势头强劲，金融科技公司预计增加

当前，金融机构、核心企业及金融科技公司纷纷建立供应链金融数字化平台。据统计，截至2022年，行业内已经有超过200家运营平台，且这一数量仍在高速增长，预计未来有更多垂直细分领域的供应链金融数字化平台涌现。

在运营平台中，自供应链金融2.0阶段就开始兴起的核心企业建立的数字化平台数量最多，约占平台总数的一半，而金融科技公司建立的平台占比虽暂时不高，但随着技术在供应链金融领域的深度应用和行业的进一步发展，很多金融机构、核心企业和供应链服务公司将实现更深度的融合，预计未来会出现多方联合建设的综合性平台，主要以金融科技公司的形式展开，因此金融科技公司建设的平台占比预计会上升。

3.各市场主体凭借自身核心优势差异化竞争发展

供应链市场主体包括金融机构、核心企业、第三方科技公司、供应链服务商，各市场主体结合自身的发展特性，形成了核心优势：金融机构资金与产品丰富；核心企业了解用户与产业；第三方科技公司专于科技与产品；供应链服务商掌握贸易关系。各供应链市场主体如图6-6所示。

（三）数字化供应链金融发展存在的问题

数字化供应链金融主要存在三大问题：产业数字化水平偏低，数字供应链金融推广受限；金融科技融合运用不足，银行数字化水平亟待提升；监管政策法规不健全，技术实施标准和公共信息平台不统一。具体问题见表6-2。

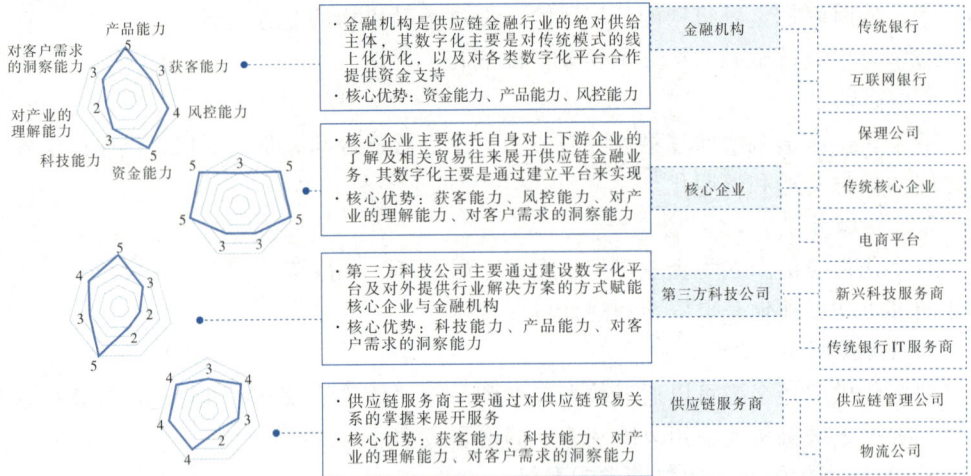

图6-6　供应链各市场主体核心优势分析

资料来源：四川物流产业研究院．浅析：数字化供应链金融发展现状及趋势［EB/OL］．［2023-10-13］．http：//www.100ec.cn/home/detail--6632733.html.

表6-2　　　　　　　　　　　　**数字化供应链金融发展存在的问题**

存在的问题	问题描述
产业数字化水平偏低，数字供应链金融推广受限	目前数字化驱动供应链金融的模式仍局限于大型互联网企业、核心供应链企业和集团公司客户，这些大中型公司的资源、资金、渠道相对丰富，具备发展数字化供应链金融的优势；而供应链上的众多小微企业的信息化、数字化程度较低，与金融机构无法深度互联互通，成为数字供应链金融难以触达的"鸿沟"
金融科技融合运用不足，银行数字化水平亟待提升	数字供应链金融必须以金融科技作为引领与支撑，而目前多数银行在大数据、云计算、区块链、AI等新兴技术方面的研发应用存在重大短板，供应链金融仅仅停留在线下业务线上化迁移的初级阶段，现有的平台架构、营销模式、服务流程、风控决策机制与金融服务智能化的目标相差甚远；同时，对外开放度不高，大多未能通过开放API真正融入产业生态、赋能产业生态，从而难以为用户提供无感、无缝、无界的全新金融服务体验
监管政策法规不健全，技术实施标准和公共信息平台不统一	目前，融资仓单技术标准未统一，企业不同动产类别，如存货、应收账款、飞机车船等权属抵质押公示登记仍分散在多个平台，未实现统一；同时，缺乏各类数据的开放共享规则，对各类数据的开放范围及权限尚不明确

资料来源：四川物流产业研究院．浅析：数字化供应链金融发展现状及趋势［EB/OL］．［2023-10-13］．http：//www.100ec.cn/home/detail--6632733.html.

1.服务领域向行业细分化发展

未来，技术进步将进一步加速产业链企业间的专业分工与协作，社会化生产活动将构成更加专业细化、衔接紧密、功能多样的循环体系，产业链供应链向链条更长、更专、更全的方向发展，这也将促使供应链金融围绕客户需求，向更专业、更细分的方向发展。比如，民生银行以大型乳制品企业为核心，围绕乳业自动化程度高、市场半径小、消费频率高等特点，打造了专门的乳业供应链金融服务链。商业银行未来应进一步提高对产业链供应链的研究能力，加强专业化、精细化管理，在细分领域提供更加专业的金融服务。

2.业务模式向产业去核化发展

当前，供应链金融的主流业务模式仍是依托供应链核心企业的信用为上下游企业提供融资服务，核心企业的信用流动无法触及二、三级或更高级的企业节点，并没有充分发挥整个供应链综合信息对任一企业节点的增信作用。真正意义上的供应链金融应该是去核心化的，企业信用源自供应链自身的闭合业务与全流程交易信息。因此，以全产业链供应链信息大数据决策平台为基础，转变传统信用评价与抵押思维，做到真正的信息决策信用，是商业银行发展供应链金融的未来方向。

3.组织形式向平台协作化发展

供应链上节点企业种类的多样化、企业间业务关系的复杂化、业务协作流程的专业化是开展供应链金融业务的主要难题。供应链金融发展是系统性工程，离不开商业银行、政府、第三方机构、核心企业以及众多中小微企业的合力协作。因此，搭建供应链金融统一协作平台、加强各机构间的交流合作、建立良好的协调交流机制，是未来供应链金融发展的又一趋势。

案例探析 6-5

2022年中国供应链金融行业规模达36.9万亿元，其中应收账款模式占比达60%，预计未来五年中国供应链金融行业规模将以10.3%的CAGR（复合年均增长率）增长，2027年将超60万亿元。供应链金融数字化的理想化终态是所有参与方实现极致协同，实现"四流合一"，做到供应链金融业务的业务流程线上化、信用评估数据化、风控决策自动化、运营管理可视化、数据交易可信化、风险监测动态化、动产监管智能化。根据融资需求方所处供应链上下游的位置及其是否为产业链中相对强势的一方，可以将供应链金融划分为三种场景。

资料来源：作者根据相关资料整理。

思考讨论：

请查阅《2023年中国供应链金融数字化行业研究报告》，对供应链金融的三个场景进行描述和分析。

任务四　数字普惠金融

一、数字普惠金融的概念与特征

（一）普惠金融的定义

根据联合国的定义，普惠金融（Inclusive Finance）的重点服务对象是小微企业、农民、城镇低收入人群等弱势群体。根据世界银行的定义，普惠金融是指能够广泛获得金融服务且没有价格、非价格方面的障碍，能够为社会所有阶层和群体提供合理、便捷、安全的金融服务的一种金融体系。

2015年，国务院发布《推进普惠金融发展规划（2016—2020年）》，将普惠金融定义为：立足机会平等要求和商业可持续原则，以可负担的成本为有金融服务需求的社会各阶层和群体提供适当、有效的金融服务。

从语义学的角度出发，普惠金融可从"普""惠""金融"三方面理解。

（二）数字普惠金融的定义

数字普惠金融（Digital Financial Inclusion，DFI）概念在2016年G20杭州峰会上发布的《G20数字普惠金融高级原则》中被正式提出。根据G20的定义，数字普惠金融指一切通过使用数字金融服务以促进普惠金融的行动。数字普惠金融的范围概括为：运用数字技术为无法获得金融服务或缺乏金融服务的群体提供一系列正规金融服务，其所提供的金融服务能够满足他们的需求，并且是以负责任的、成本可负担的方式提供，同时对服务提供商而言是可持续的。

《数字普惠金融发展白皮书（2019年）》中对数字普惠金融的定义是："数字普惠金融是在成本可控、可持续的前提下，以各种数字化技术为前提条件，为社会各阶层尤其是现有金融体系覆盖不足的城镇低收入人群、农村人口特殊群体以及小微企业提供平等、有效、全面的金融产品和服务。"

我国数字普惠金融图谱如图6-7所示。

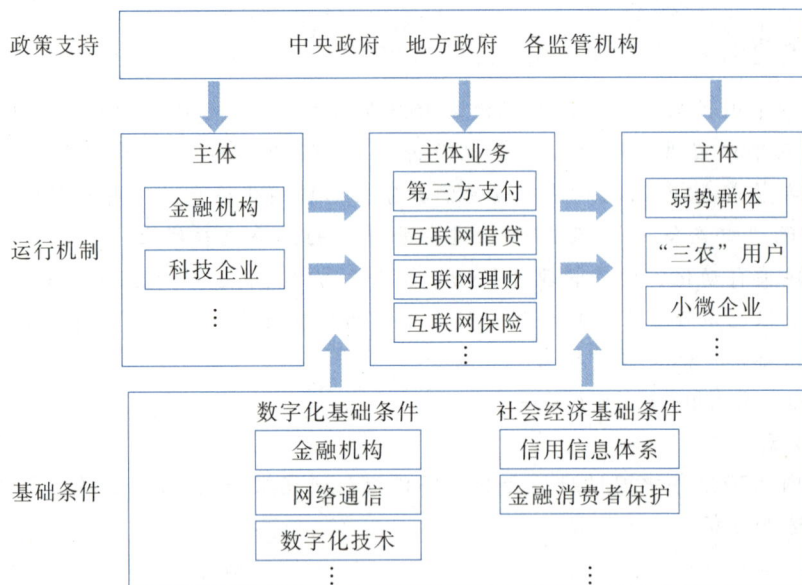

图6-7 我国数字普惠金融图谱

资料来源：中国信通院云计算与大数据研究所．数字普惠金融发展白皮书［EB/OL］．［2023-11-02］．https://baijiahao.baidu.com/s?id=1649521032223949270&wfr=spider&for=pc.

自支付宝2004年上线以来，中国开始进入数字普惠金融时代。国内新型金融机构采用先进的科学技术提高企业数字化水平，发展数字普惠金融。这对传统金融机构业务造成了一定的冲击，同时也加速了传统金融机构数字化的进程，显著提高了金融机构的运转效率和服务水平。

（三）数字普惠金融的特征

1.服务范围广泛

即使在银行网点和自动柜员机无法覆盖的某些偏远地区，客户也可以通过网络在手机、计算机和其他终端工具上完成非现金交易，从而实现更直接的金融服务和更广泛的客户覆盖范围。

2.客户群体大众化

通过互联网技术的运用，金融服务可以渗透到社会的各个角落，根据大数据分析优化资源配置，使服务和市场营销更加准确，满足了金融服务的个性化需求。

3.风险管理数据化

金融机构可以通过云计算和大数据技术对日常交易数据流和信息流进行分析，提高风险识别能力和信用审批效率，从而有效判断客户的信用水平，保障低收入、小微企业等长尾客户获得有效的金融服务。

4.交易成本低

在数字网络平台上，资金的提供者和需求者可以在线搜索定价和交易的相关信息，避免了对实体网点的依赖，从而减少了人员和设备的占用，大大降低了运营和交易成本。

微课6-3

普惠金融
惠万家

（四）普惠金融数字化转型的重要意义

1.数字化转型有利于解决银企信息不对称问题

国家实施大数据战略以来，数字基础设施不断完善，数据资源整合和开放共享加速推进，部分政府部门和机构之间的公共数据资源逐步实现了互联互通，数据孤岛被打破。大型银行能够利用互联网技术与政府部门的各类公共数据平台进行对接，自动、实时、低成本地获取工商注册、税收、海关报关、质检、司法、用水用电等重要数据，并利用大数据、云计算等技术对获取的大量外部数据进行自动化和智能化的分析，为普惠金融风险评价和信贷决策提供有力支撑，这在很大程度上解决了长期以来严重困扰大型银行的信息不对称问题。

2.数字化转型有利于解决普惠金融服务成本高的问题

互联网技术使大型银行能够通过网上银行、手机银行、微信小程序和公众号等各类线上渠道提供金融服务，在有效扩大金融服务覆盖面的同时，减少了在网点、机具、人员等方面的投入。金融科学技术则能够显著提高大型银行普惠金融服务的智能化、自动化程度。例如，标准化的线上小额贷款能够实现客户自助申请、系统自动审批、贷款随借随还，在有效提高服务效率的同时大幅降低了服务成本和管理成本，使得大型银行向处于"长尾"的普惠客户提供金融服务具有商业可持续性。

3.数字化转型有利于解决普惠贷款风险高的问题

数字化转型后，大型银行可以建立起具备信息比对校验、业务反欺诈、风险实时监控预警等功能的自动化、流程化、智能化的风险评价与防控系统，显著提高风险管理的准确性，降低普惠贷款的信用风险。自动化的信贷审批、风险防控系统还能够大幅减少人工的介入与干预，进而有效减少道德风险和操作风险。另外，数字化转型能够使大型银行有效扩大客户基数，通过大数定律分散普惠信贷业务的非系统性风险。

（五）数字普惠金融的参与主体

目前来看，我国数字普惠金融的参与主体分为两大类：

1.占有强大金融资源的传统金融机构，如各大国有银行和股份制银行

传统金融机构拥有丰厚的资金、成熟的投资和风险控制经验，以及海量的客户资源。从 2010 年开始，传统金融机构开始发展数字金融，其中走在前列的是各大银行。

当前传统金融机构的一种发展模式是与互联网公司合作开展业务。比如，一些商业银行和保险公司在金融产品的推广宣传上选择与互联网公司合作，利用互联网渠道拓宽金融产品的销售渠道，从互联网公司引流客户，实现金融服务的电子化推广。

2.积极拥抱数字科技革命的互联网金融公司，如京东金融

互联网金融公司较传统金融机构拥有更先进的技术，除了传统的互联网技术，这些公司还积极开发人工智能技术和生物识别技术，凭借强大的流量优势和充足的资源优势，纷纷跨界涉足金融行业，通过互联网支付业务迅速占领空白市场，并依托互联网支付业务发展线上金融，构建线上交易场景，创新大量金融产品，利用大数据技术对客户进行精准细分，提供个性化的金融服务，提高客户的使用体验。

这一系列变革既满足了各类消费者个性化的金融需求，也降低了金融服务的成本。依托自身良好的平台建设与用户普及度，百度、阿里、腾讯等互联网巨头涉足金融领域都取得了巨大的成功，成为推动数字普惠金融发展的中坚力量，并深受欢迎。支付宝官方消息称，截至 2019 年 6 月，支付宝已经为全球 12 亿用户提供服务。

互联网大型公司涉足金融领域，在某种意义上更加贴近了数字普惠金融的内涵，因为更多的普通群体甚至弱势群体开始认同数字普惠金融的理念，这些公司为被忽视的群体提供了获取金融服务的简单通道。

二、数字普惠金融业务现状

数字普惠金融的发展给传统金融机构（尤其是银行业）带来了巨大的影响和机遇，各互联网公司通过网络平台创新金融产品和服务，在扩大金融服务领域的同时，还促进了数字普惠金融的发展。目前，我国的数字普惠金融业务发展处于世界领先地位，在数字化支付、互联网保险、互联网理财等业务领域都取得了优异的发展成果。

（一）数字化支付

在我国，依托数字技术的数字化支付经历了五个阶段的发展。

第一阶段是传统金融机构通过计算机技术进行同业间业务办理，其业务仅限于银行同业间业务。

第二阶段是银行和其他有业务往来的金融机构通过计算机技术进行资金清结算。

第三个阶段是各商业银行广泛推广互联网的业务终端设备。

第四个阶段是对 POS 机自动化划账业务的推广，实现数字化支付在日常生活中的应用。

　　第五个阶段可以概括为互联网与移动互联网转账、清结算阶段，也就是我们目前所处的阶段。

　　由于提供支付服务的主体和支付方式发生了重大更新，众多第三方支付平台以高效率、低门槛的特点吸引了大量用户，凭借着其庞大的电商流量，成为数字化领域的主导者。央行数据显示，2015年我国网络支付市场规模仅为49.48万亿元，而2019年的规模达到近250万亿元，年均复合增长率高达186%。根据《中国互联网络发展状况统计报告》公布的历次统计数据，我国网络支付用户规模和网络支付使用率呈逐年上升趋势，网络支付网民数从2011年的1.67亿人增加至2020年6月的8亿人。

（二）互联网保险

　　互联网保险的发展使保险市场多元化，促进了保险业务的改革与创新，这对保险业的可持续发展具有重要意义。相比于传统保险服务，互联网保险简化了保险和理赔流程，缩减了因为人力、物力而产生的成本，成本的降低又进一步增加了保险公司的利润。只有在盈利模式下，保险公司才会推出更多低保险费率的保险产品，使消费者受益，并达到保险产品普惠消费者的目的。同时，通过数字技术，互联网保险大大提高了工作效率。

　　例如，阿里巴巴和众安保险在淘宝天猫网购平台推出的"退货运费险"，在减少了消费者对所购买产品的退货成本的同时也促进了更多的消费行为。关于互联网保费收入的数据显示，2011—2016年我国互联网保险行业总规模从32亿元增长到2 299亿元，复合增长率高达135%。2016年后，由于车险改进和监管趋严等原因，2017年的保险费收入有所下降，但从长远来看，市场出清和体制的改善对互联网保险行业的可持续稳定发展具有积极意义。

（三）互联网理财

　　互联网理财产品的门槛低，购买过程简单，大大降低了专业金融产品的复杂性，增强了广大群众的购买和尝试意愿。互联网理财通过大数据、云计算等数字技术能够有效地对风险进行预测和控制，使理财运行系统更加安全、高效，避免了因风险造成的损失，提高了其商业可持续。

　　根据在理财产品发售过程中发挥的作用，互联网理财平台可以分为三类：

　　（1）信息类理财平台，此理财平台只对产品作分析、比较，不进行产品的交易；

　　（2）销售类理财平台，该平台可以对其理财产品进行销售，并具有相应的销售许可证；

　　（3）三是资产管理类理财平台，通过集合客户资金、集合投资计划来帮助客户理财。

　　《中国互联网络发展状况统计报告》的数据显示，我国互联网理财用户数呈逐年增长趋势，由2014年的7 849万人增长到2019年6月的16 972万人，互联网理财使用率从2014年的12.1%增长到2019年6月的19.9%。

（四）网络借贷

根据银监会、工信部、公安部和国家网信办四个主管部门于2016年8月联合发布的《网络借贷信息中介机构业务活动管理暂行办法》，网络借贷是指个体和个体之间通过互联网平台实现的直接借贷，个体包括自然人、法人和其他组织。

网络借贷业务火爆的同时也面临着诸多问题，融资平台携资外逃等现象时有发生，不仅给人们的财产带来巨大损失，同时也影响了社会和谐稳定发展。因此，从2017年开始，政府部门出台了相关政策，打击相关违法行为，并对一些企业进行清退、降低贷款余额，对大平台进行业务转型等。所以，2018年和2019年我国网络借贷成交量和余额得到控制，并呈下降趋势。

三、数字普惠金融的发展趋势

☑ **实践操作 6-6**

上网了解中国工商银行、中国农业银行、中国银行、中国建设银行数字普惠金融的发展战略及业务开展情况，并列出表格。

未来，银行业可以从以下几个方面进一步以数字科技助力普惠金融事业攻坚突破，加快开拓普惠金融高质量发展的新路径。

（一）拓展多元化的触达渠道

当前，中国成年人的银行账户拥有率已经超过了全球中高收入经济体81%的平均水平，但覆盖率仍有提升空间。面对渗透长尾客户的新要求，银行业可深入应用"无接触"服务技术，构建协同联动的全渠道服务，破除普惠金融发展的时空限制。在进一步利用智能厅堂机具、流程机器人技术等提升物理网点服务效能的同时，借助移动互联网、物联网等数字技术，建立线上线下多元触点，为普惠客户提供"随时、随地、随心"的接入体验。

（二）完善场景化的产品体系

为使普惠领域的数字金融服务品种和服务场景日趋丰富，银行业可充分利用大数据分析能力，全面、深入地挖掘普惠客户全生命周期的关联场景，包括商业场景、金融场景、生活场景等，广泛嵌入金融服务，强化不同生态场景中客户的互联互通、相互导流、互相赋能；同时，通过配置功能组件，实现不同场景产品插拔式组装和敏捷化调用；进一步地，推动数字产品向集成一站式线上服务的"超级APP"发展，通过打造丝滑的场景体验将银行的底层数据优势转化为流量基础，打造集社交服务、内容服务和金融服务于一体的普惠金融社区。

（三）实施高效化的运营管理

银行业借助数字科技，可以构建自动化程度更高、更具韧性、响应更快的普惠金融运营体系，包括：整合内外部数据，构建数字化客户全景视图，实现智能服务匹配；建立管理分析体系，对线上业务全流程持续跟踪监控和分析，助力业务拓展、运营管理；通过规则预设开展自动化运营管理，实现对人为操作失误的最大隔离；构建数据驱动的迭代更新机制，实现业务高效运行和创新敏捷交付。

（四）开展智能化的风险防控

当前，银行机构普遍将数字科技作为筑牢风险底线的重要手段，在普惠金融业务实践中已有所体现。未来，银行业应通过强化数字化赋能、创新风控工具、增强风险前瞻，全面提升普惠金融业务的可持续能力；综合运用数据技术和场景元素，以数理模型的决策流优化人工操作的工作流，提升智能信审比例，做到实时监控预警；运用机器学习、强化学习等新技术，推动风险防控从"人防""人控"向"技防""智控"转变。

> **金融微课堂**

党的二十大报告提出，坚持以推动高质量发展为主题，着力提升产业链供应链韧性和安全水平。金融是实体经济的血脉，供应链金融是产业链与金融的高度融合。为应对变化与挑战，近年来，全国各地开展了稳链、固链、强链行动，请分析供应链金融在其中发挥了什么作用。

项目小结

1.中国现代化支付系统是为商业银行之间和商业银行与中国人民银行之间的支付业务提供最终资金清算的系统，是各商业银行电子汇兑系统资金清算的枢纽系统。

2.我国央行支付清算系统由大额实时支付系统、小额批量支付系统、网上支付跨行清算系统、境内外币支付系统等组成。

3.大额实时支付系统为银行业金融机构和金融市场提供高效的清算服务，业务逐笔发送、实时清算，实现跨行资金零在途、处理资金无限制。

4.小额批量支付系统为广大企事业单位和居民个人提供全天候、低成本、大业务量的支付清算服务，资金清算批量发送，轧差净额清算资金。

5.第三方支付是指具备一定实力和信誉保障的独立机构，通过与银联或网联对接而促成交易双方进行交易的网络支付模式。

6.国内主要的第三方支付工具有：支付宝（Alipay）、微信支付（WeChat Pay）、财付通（Tenpay）、银联、京东钱包、QQ钱包等。

7.数字人民币是由中国人民银行发行的数字形式的法定货币。

8.供应链金融是指银行向客户（核心企业）提供融资和其他结算、理财服务，同时向这些客户的供应商提供贷款及时收达的便利，或者向其分销商提供预付款代付及存货融资服务。

9.数字普惠金融是在成本可控、可持续的前提下，以各种数字化技术为前提条件，为社会各阶层，尤其是现有金融体系覆盖不足的城镇低收入人群、农村人口特殊群体以及小微企业提供平等、有效、全面的金融产品和服务。

10.数字普惠金融具有服务范围广泛、客户群体大众化、风险管理数据化和交易成本低四个特征。

项目训练

一、单项选择题

1.下列关于数字人民币的说法不正确的是（　　）。

A.数字人民币是我国的法币，其法律地位与我国的纸币和硬币相同

B.数字人民币采用松耦合的支付路径，支付路径更短

C.数字人民币是不匿名的，收款方可以获得支付方的支付数据

D.数字人民币可以用于"双离线"支付情景

2.目前在我国第三方支付机构中，市场份额最大的是（　　）。

A.财付通　　　　　　B.支付宝　　　　　　C.快钱　　　　　　D.汇付天下

3.我国规定的第三方支付机构的备付金缴存比例是（　　）。

A.10%　　　　　　　B.20%　　　　　　　C.100%　　　　　　D.50%

4.我国互联网支付发展的第四个阶段是（　　）。

A.网上银行的发展阶段

B.第三方互联网支付的快速发展阶段

C.第三方移动支付的创新发展阶段

D.移动非现金线下支付习惯的逐步形成阶段

5.下列关于数字人民币对经济金融的影响的说法不正确的是（　　）。

A.数字人民币的发行会减少商业银行的监管风险和运营风险

B.数字人民币能够助力数字经济发展，加快形成以国内大循环为主体、国内国际双循环相互促进的新发展格局

C.数字人民币的发行可以解决电子政务面临的货币追根溯源问题，监管部门也可以通过电子政务对金融机构的资金流向进行实时监管

D.数字人民币跨境支付和结算体系的构建，有助于我国摆脱跨境支付结算的外部依赖并提升国际结算效率，有助于维护我国金融安全和金融主权

6.下列说法正确的是（　　）。

A.数字人民币的试点地区包括苏州、雄安新区、上海及北京冬奥会场景

B.数字人民币采用与比特币相同的匿名机制

C.数字人民币采取二元模式，相对于一元模式，能有效防止金融脱媒，避免社会融资成本升高的风险

D.数字人民币采用"双层投放、双层运营"体系，上层是商业银行对普通用户，下层是商业银行对中央银行

7.下列关于数字人民币与互联网第三方支付工具的比较，说法不正确的是（　　）。

A.第三方支付工具和数字人民币两者都属于支付工具

B.第三方支付工具需要绑定银行账户进行使用，数字人民币可以直接使用

C.第三方支付工具的法律效力没有数字人民币强

D.数字人民币的覆盖范围比第三方支付工具更广

二、多项选择题

1.小张参加"数字王府井冰雪购物节"数字人民币红包预约活动，他在网上了解到，数字人民币是由中国人民银行发行的数字形式的法定货币，与纸钞和硬币等价。由此，下列说法正确的是（　　　）。

A.数字人民币的本质是一种移动支付工具

B.随着数字人民币使用的日益广泛，其购买力将不断提高

C.使用数字人民币可以节约纸币印刷、运输的费用，降低货币发行成本

D.使用数字人民币有助于国家了解资金流向，促进货币精准投放

2.下列对数字人民币的认识正确的是（　　　）。

A.数字人民币是加密资产，不是虚拟货币

B.数字人民币的发行必须受货币流通规律的制约

C.数字人民币的面额计入市场现金流通量

D.数字人民币将取代支付宝和微信支付

3.供应链金融运作的前提是（　　　）。

A.货物质量真实可靠　　　　　　　　B.订单交易真实可靠

C.主体信用真实可靠　　　　　　　　D.交易信息真实可靠

三、判断题

1.设立非银行支付机构，应当经中国人民银行批准。　　　　　　　　（　　　）

2.电子商务模式的"四流"是指商务流、资金流、物流和信息流。　　（　　　）

3.数字人民币的使用方法和支付宝、微信支付类似，因而数字人民币和存储在支付宝、微信中的钱是一样的。　　　　　　　　　　　　　　　　　　　　（　　　）

4.电子商务交易中卖方有对标的物验收的义务。　　　　　　　　　　（　　　）

5.电子商务较之传统商业具有全天时营业、增加商机和方便客户的特点。

（　　　）

6.数字人民币采取"一币、两库、三中心"的运营架构和"一元"运营模式。

（　　　）

7.数字人民币以区块链技术作为底层技术架构。　　　　　　　　　　（　　　）

四、简答题

1.第三方支付有哪些利弊？

2.谈谈对第三方支付的监管面临哪些困境。

3.供应链金融的本质就是利用供应链上企业之间的债权、物权进行融资。根据融资需求方所处供应链上下游的位置及其是否为产业链中相对强势的一方，可以将供应链金融划分为哪三种场景？

五、实践应用题

请分别使用数字人民币和微信支付进行实践操作，对二者进行比较，并进行分享展示（可采用PPT形式）。

项目七

金融科技的风险监管

学习目标

知识目标

掌握金融科技风险与传统金融风险的区别；了解合规科技在金融机构中的应用；了解监管机构如何运用科技监管金融行业。

能力目标

能够分辨金融科技的主要技术；通过课程学习能够对比国际与我国目前金融科技监管措施的异同；能够理解金融科技对未来金融业发展的重要意义。

素养目标

培养学生厚植中国特色金融文化"守正创新，不脱实向虚"的精神。

思维导图

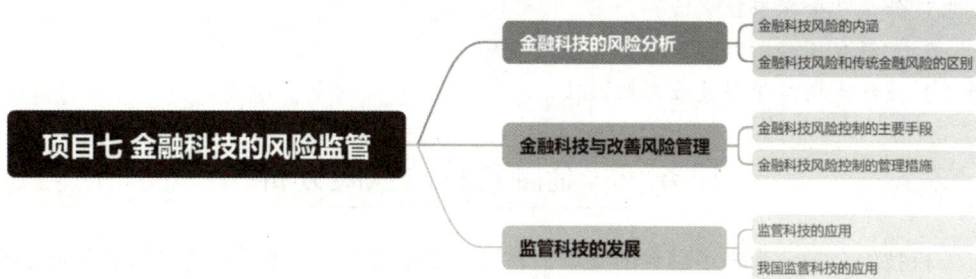

案例导入

易纲：中国大型科技公司监管实践
——在国际清算银行（BIS）监管大型科技公司国际会议上的讲话

"金融科技降低了金融服务成本，提高了金融服务效率，有效助力普惠金融，但金融科技的不断发展也给中国监管带来了新的挑战。"时任中国人民银行行长易纲在国际清算银行（BIS）监管大型科技公司国际会议上发表题为"中国大型科技公司监管实践"的讲话，对金融科技监管做了深入阐述。

在讲话中，易纲重点介绍了金融科技的发展对金融行业的积极影响，包括降低金融服务成本、提升金融服务效率等。他还重点指出金融科技的不断发展也给中国监管当局带来五大新挑战，即无牌或超范围从事金融业务、支付业务存在违规行为、通过垄断地位开展不正当竞争、威胁个人隐私和信息安全、挑战传统银行业的经营模式和竞争力。

为了应对上述挑战，中国持续弥补监管制度的"短板"，陆续出台了推动平台经济规范健康持续发展的措施。相关举措集中体现为以下监管实践：一是金融作为特许行业，必须持牌经营；二是建立适当的防火墙，避免金融风险跨部门、跨行业传播；三是断开金融信息和商业信息之间的不当连接，防止"数据—网络效应—金融业务"的闭环效应产生垄断。

在确保个人隐私和数据安全的前提下，探索实现更精准的数据确权、更便捷的数据交易和更合理的数据使用，继续激发市场主体活力和科技创新能力。

资料来源：易纲. 中国大型科技公司监管实践［EB/OL］.［2021-10-11］. https://m.thepaper.cn/baijiahao_14843938.

思考讨论：
1.什么是金融科技风险？
2.了解我国金融科技产业现有监管法规。
3.理解我国监管科技应用的做法。

任务一　金融科技的风险分析

科技给金融业带来了巨大的变革，在这一变革之下，金融风险的结构和环境也发生了巨大的变化。金融科技在减弱信息不对称，提升成本效益、金融服务效率和普惠性等方面具有革命性的意义。但随之而来的是，吸引了许多不法分子的关注，他们企图用一系列手段和技术谋取利益。金融科技机构时刻面临来自网络、数据、业务等多方位的安全威胁，对金融监管部门提出了更大的挑战。

一、金融科技风险的内涵

（一）金融科技风险的背景

近年来，金融科技的创新应用和快速发展，促进了我国金融业的快速发展。区块链技术、大数据技术、云计算技术、移动通信技术等深刻改变了传统金融机构、金融企业及互联网企业、金融消费者的金融交易习惯、交易模式，高度体现了个性化、场景化、高效化的特点。

金融科技是我国金融业服务实体经济和深化普惠金融改革的重要工具。例如，金融信用评级的改革创新，在很大程度上解决了中小微企业融资难的问题。与此同时，金融科技的风险也日益凸显，某种程度上这种风险并未受到完全约束。

金融科技在现代金融的应用并未改变金融的本质或降低金融业的系统性风险。金融风险因互联网技术、信息科技的创新应用呈现出交叉风险和更为复杂的风险形态。例如，传统金融机构操作新型信息技术的能力有限，很多时候会将技术进行外包，由于监管缺失，在实际运行中，部分第三方合作机构因其系统缺陷而导致金融企业的业务数据泄露。随着信息技术的广泛应用，一些非持牌机构出于牟利的动机，利用技术漏洞非法获取投资数据，侵犯投资者隐私。这些都体现了金融科技并未降低金融风险，甚至会引发新的风险。由于金融科技的应用，使得交易速度和交易量成倍增长，跨界金融服务日益丰富，不同业务之间相互关联、渗透，金融风险更加错综复杂，一旦发生风险，扩散速度更快、破坏性更强，甚至引发系统性金融风险，后果极其严重。

与金融科技的快速发展相比，金融科技的行业自律和金融监管具有一定的滞后性，在法律法规、实施细则、行业准则和准入门槛、信息披露、风险防范、投资者保护等方面还存在诸多空白。另外，金融科技在发展过程中处于快速变化的信息技术应用环境、经济环境、金融环境、法律法规环境、征信环境中，金融科技风险本身隐藏着高度的复杂性。

以上这些问题，迫切需要金融监管部门从监管制度、监管技术、监管模式等方面适时地进行改进和创新，对金融科技风险进行有效监管，促进和规范金融科技的健康、有序发展，以确保我国金融系统的稳定和安全。

（二）金融科技风险的概念

目前，学术界对金融科技风险的内涵还没有统一的界定。我国于2009年出台的《商业银行信息科技风险管理指引》中明确规定了科技风险的含义，即科技风险是指信息科技在金融行业的日常运转中，受自然意识、人为因素、技术漏洞和管理不善而产生的法律、声誉和操作等风险。

金融稳定理事会（Financial Stability Board，FSB）认为，金融科技是指因技术而带来的金融创新，金融科技能够产生新的商业模式、应用、过程或产品，从而对金融市场、金融机构和金融服务的提供方式产生重大影响。由此可知，金融科技风险的载体应是因金融创新而产生的新型商业模式、金融应用、金融运行过程或金融产品，金融业具有与生俱来的创新基因，且对外部环境较为敏感，外部性和敏感性为金融风险的产生埋下了伏笔。

综合整理来看，金融科技风险是指因现代信息技术在金融领域的创新性应用过程中，对包括金融产品、金融服务、金融模式、金融市场、金融机构等金融系统产生影响的不确定性。简而言之，金融科技风险是一种因信息科技的创新应用而对金融生态体系的影响，是一种信息技术与金融进行融合的耦合性风险。

> **知识链接 7-1**
>
> **关于警惕利用 AI 新型技术实施诈骗的风险提示**
>
> 　　当前，AI 技术的广泛应用为社会公众提供了个性化、智能化的信息服务，也给网络诈骗带来可乘之机。例如，不法分子通过面部替换、语音合成等方式，制作虚假图像、音频、视频，仿冒他人身份实施诈骗，侵害消费者合法权益。国家金融监督管理总局发布消费者权益保护风险提示，提醒广大金融消费者警惕新型诈骗手段，维护个人及家庭财产安全。
>
> 　　利用 AI 新型技术实施诈骗主要有"拟声""换脸"两种手段，即通过模拟他人声音或形象骗取信任，进而诈骗钱财。不法分子通常先以"网店客服""营销推广""招聘兼职""婚恋交友"等为借口，通过微信、QQ、电话等方式联系消费者，采集发音、语句或面部信息；再利用"拟声""换脸"等技术合成消费者虚假音频或视频、图像，以借钱、投资、紧急救助等借口诱导其亲友转账汇款，或提供银行账户密码等敏感信息，随后立即转移资金。此外，不法分子还可能对明星、专家、官员等的音频或视频进行人工合成，假借其身份传播虚假消息，从而实现诈骗目的。
>
> 　　资料来源：作者根据相关资料整理。

二、金融科技风险和传统金融风险的区别

　　金融风险是指经济主体在金融活动中遭受损失的可能性，金融风险的存在是金融市场的一个重要特征，金融活动的每一个参与者都是风险承担者。本节将从金融风险的特征及分类两个方面对其进行详细介绍。

（一）传统金融风险的特征

1.不确定性

　　不确定性是金融风险的本质特征，但这并不代表金融风险是不可测量的。只要掌握了一定的信息，便可通过统计学方法来预测各类风险发生的可能性，对金融风险进行度量和管理。

2.客观存在性和普遍性

　　客观存在性是指金融风险的产生是一种客观存在的、不以人的主观意志为转移的现象。普遍性是指金融风险存在于任何一个行业、经营机构、金融工具和每一次交易行为中，任何地方都有可能潜藏着金融风险。

3.潜在性、叠加性和累积性

　　由于资金提供者和资金需求者之间存在信息不对称的问题，加之金融主体所获取的金融资产价格的变化信息是不完全的，因此金融风险具有很大的潜在性。另外，在同一时间各个风险因素会交织在一起，相互作用、相互影响，并在各金融机构中不断叠加和累积，因此金融风险具有叠加性和累积性。

4.扩张性和传染性

　　在金融市场上，各类金融机构相互交织、密切联系，形成一个复杂的体系，价格

波动会在不同金融资产间传递，使不同金融机构呈现出共荣共损的特性，即表现出扩张性与传染性。另外，金融风险会通过各种途径从一国传导至另一国，呈现出跨国传染的特性。

（二）传统金融风险的分类

1.市场风险

广义的市场风险，是指金融机构在金融市场的交易头寸中因市场价格因素的变动而可能带来的收益或损失的风险。市场风险又可分为利率风险、汇率风险、证券投资风险和大宗商品风险四类。

（1）利率风险

利率风险是指在由市场利率变化导致资金交易或信贷价格波动时，投资者可能遭受损失的风险。

（2）汇率风险

汇率风险是指一个经济实体或个人在国际经济、贸易、金融等活动中，以外币计价的资产因汇率的变动而引起的价值下降或上升，从而造成损失的风险。汇率风险又可分为交易风险、经营风险和折算风险三类。

（3）证券投资风险

证券投资风险，又称股票风险，是指因股票等有价证券价格变动而导致投资主体亏损的风险。

（4）大宗商品风险

大宗商品风险是指因大宗商品（如农产品、能源产品等）合约价值变动而导致亏损的风险。

2.信用风险

信用风险是指由于各种不确定因素对金融机构信用的影响，金融机构的实际收益与预期目标发生背离，从而导致金融机构在经营活动中遭受损失的风险。信用风险又可分为违约风险、交易对手风险、信用转移风险和结算风险四类。

（1）违约风险

违约风险是指有价证券发行人在证券到期时无法还本付息而使投资者遭受损失的风险。它通常针对债券而言。

（2）交易对手风险

交易对手风险是指因交易对手未能履行契约中的义务而使交易者遭受损失的风险。

（3）信用转移风险

信用转移风险是指因债务人的信用评级在风险期内从当前评级状态转移至其他评级状态而使债权人遭受损失的风险。

（4）结算风险

结算风险是指因交易对手的信用原因导致转账系统中的结算不能按预期发生的风险。

3.操作风险

从广义上来说，除市场风险和信用风险外的所有风险，都属于操作风险，具体可分为以下四类：

（1）由流程缺陷引发的操作风险

它是指因交易、结算及日常业务流程的缺陷而造成损失的风险。

（2）由人为因素引发的操作风险

它是指因雇员及相关人员有意或无意的行为而造成损失的风险，或者因公司与其客户、股东、第三方或监管者之间的关系而造成损失的风险。

（3）由系统性因素引发的操作风险

它是指因硬件、软件和通信系统发生故障而造成损失的风险。

（4）由外部事件引发的操作风险

它是指因第三方的外部事件而造成损失的风险。

4.流通性风险

流动性风险是指经济主体因金融资产流动性不足而遭受经济损失的风险。流动性风险又可分为资产流动性风险和融资流动性风险两类。

（1）资产流动性风险

资产流动性风险是指资产头寸在市场深度不足或市场崩溃时，无法在不显著影响市场价格的情况下快速变现的风险。

（2）融资流动性风险

融资流动性风险是指金融机构在不遭受意外损失的情况下，无法筹资来偿还债务的风险。

5.其他风险

其他风险包括法律合规风险、战略风险、声誉风险、国家风险和主权风险等。

（三）金融科技风险的特征

互联网创新技术日益被深度应用于金融领域，对原有金融系统形成重构，更模糊了原有金融系统内部的界限和边界，进而实现对金融服务、金融产品、金融营销等模式和内在流程、路径的重组。因此，金融科技风险既包括传统金融风险的特点，又包括科技创新深度应用后所引发的交叉性、融合性风险。

互联网创新技术的未知性和复杂性、网络开放性和交易虚拟性，使得金融科技较之传统金融具有更为复杂的金融风险，这些风险包括网络技术与信息安全风险、网络犯罪与洗钱犯罪风险、网络借贷与众筹融资平台的信用风险和欺诈风险、影子金融机构的系统性风险和金融监管的滞后性风险。金融科技风险具有扩散路径的开放性及实时快速性、传染的全局性和交叉性、风险影响的巨大破坏性和冲击性、风险变化的未知性和复杂性等特点，需要更加系统化预警和科学监管。现将金融科技风险的主要特点总结如下：

1.金融科技风险的扩散传导具有全局性、快速性和多路径性

金融科技具有网络交叉性、开放性和无界限性等特点，直接决定了风险在扩散传导时范围更广，即从一个终端快速扩散传导至整个网络，从单个个体扩散传导至整个群体，从而影响对整体金融市场的判断，最终导致金融科技和金融系统秩序的无序和动荡。由于互联网具有多节点性、路径开放性、信息共享性等特点，因此金融信息和金融风险在扩散时，其路径选择非常复杂，扩散速度也是实时、高速的。

另外，掌握或开发金融科技的机构或组织纷繁众多，无法单独构建或满足覆盖金

融业务全流程的技术，因此多技术组织、多技术类型、多参与主体、多用户共同形成了一个庞大的、需要协调和整合的松散型网络组织。这种客观情况会导致金融科技风险呈现出开放的快速传导的特性。

2.金融科技风险具有隐秘性、潜伏性和冲击破坏的瞬时性

随着金融业务的日益电子化和网络化，金融交易的发生、过程、交易结果等均具有高度的虚拟性，金融科技风险隐含在一个节点或各个节点，并以不同的形态存在。另外，云计算、大数据、搜索引擎等新型科技具有高度的"黑箱"性。在金融领域，对这些新技术可能导致的风险，无法进行快速、准确的诊断，其风险的产生机理又具有高度的关联性和交叉性。

金融科技中的各种风险因素会通过网络进行风险的非线性叠加和不断耦合，从而将风险的影响传导给金融主体和金融客体。另外，互联网信息系统自身的"黑箱"性和复杂性，加大了对风险的预判准确性和可控性的难度，因此金融科技风险所带来的破坏性和冲击性会远超过预期。

3.金融科技风险的发展变化具有高度的未知性和系统的复杂性

金融科技的变化速度会远超人类对此类风险的监管认知和管控速度，这种变化和创新会产生越来越复杂的金融科技产品，而且信息的庞杂性和不对称性会严重影响参与者、公众、用户对信息有用性和准确性的判定。金融科技对产品或服务在交易和处理方面的高度虚拟性和"黑箱"性，超越了地域界限和物理地址，交易对象的多重性、交易主体的虚拟性、交易过程的快速性都使得识别、追踪、预警金融科技风险处于滞后状态。另外，当某一单体机构或某类领域的金融科技风险爆发后，会出现网络式的"羊群效应"，快速波及其他机构或整个领域，形成系统性风险。

金融科技风险是因信息技术本身在金融创新应用方面的尝试性和不稳定性而造成的一种特殊风险。金融科技并不会因为科学技术的进步和创新而使金融风险消失。金融科技在提供跨行业、跨市场、跨机构等金融服务的同时，让金融风险的传染性更强、波及面更广、传播速度更快。由于金融科技为参与机构提供的金融产品、金融服务和金融模式具有较强的同质性和网络性，因此单个金融机构或单一金融业务产生的风险很容易扩散到整个金融网络，影响金融系统的安全与稳健。

案例探析 7-1

警惕网络直播陷阱 远离洗钱犯罪！

在网络经济发达的时代，直播带货、直播打赏已经成为国内并不鲜见的一种商业行为。

然而，"主播们镜头前卖货、表演，人们在线下追捧、打赏"这一行为的背后，却潜藏着不被人们关注的洗钱、诈骗、网络赌博等犯罪活动。

网络直播平台的打赏机制为犯罪团伙提供了便利。粉丝可以在平台上为主播送礼物，礼物可以折算成现金收入。犯罪团伙将赃款用于打赏，赃款便得以洗白。通常情况下，电商购物交易是通过第三方支付平台完成的，收款方通过做假账将进货款照章纳税后，变成了看似合法的经营所得。

"犯罪资金→第三方支付账户→银行系统"的洗钱方式比传统的银行卡对银行卡转账的洗钱方式更为隐蔽。在明知打赏币是使用非法资金购买的情况下，以低买高卖的方式牟利，助长了违法犯罪资金的清洗和转移行为，也严重侵害了行业的健康发展。

案例一

2022年3月，江西警方发现某家传媒公司接入了几百条宽带，经查该公司的主业竟是给主播刷礼物，1个月资金流水达上千万元。经过深入调查，该公司负责人张某从李某处购买的折扣直播币涉及境外"黑灰"产业。诈骗犯罪团伙搭建了一个"跑分"平台，表面上做直播平台币的买卖，实际上是帮助境外犯罪分子洗钱。

案例二

上海警方在多地公安机关的支持配合下，抓获犯罪嫌疑人21名，捣毁一条寄生于网络直播平台、非法转移资金等新型洗钱犯罪产业链，涉案金额近亿元。诈骗犯罪嫌疑人为转移和隐匿犯罪所得，结识了在某网络直播平台担任主播的李某等人，通过利用和主播们的合作，把"黑钱"变成"打赏金"，再私下收回到自己的个人账户。而主播们不仅可以通过对方打赏的礼物抬高直播人气和曝光率，来赚取直播平台的榜首奖励，还可以从"打赏金"中收取佣金作为报酬。

资料来源：佚名. 反洗钱小课堂［EB/OL］.［2024-03-07］. https：//baijiahao.baidu.com/s？id=1794029549014453977&wfr=spider&for=pc.

思考讨论：

结合案例，简要分析利用网络直播洗钱的危害。

知识链接 7-2

增强风险防范意识 遏制预防洗钱犯罪

"洗钱"手段看似花样百出，但万变不离其宗，不法分子要将"黑钱"洗白，最终利用的还是银行账户、支付账户、收付款二维码等个人信息。因此，普通人防范"洗钱"的关键就在于保护好自己的个人信息。

在从事网络直播行业或观看网络直播时，尽量选择正规、合法的直播平台，不要轻信所谓的"免费升级""低价礼物""低价金币"等信息。

存款、理财、借贷都要选择合法的金融机构。如果大家接触了地下钱庄、非法网络支付、跑分平台这类非法机构，不仅可能会成为犯罪分子的帮凶，而且自己的个人信息极有可能被利用。

不要以任何理由出租或出借自己的身份证、银行账户、支付账户、收付款二维码等，因为这一行为不仅可能会协助他人完成"洗钱"犯罪活动，还可能成为金融犯罪者的"替罪羊"，自己在银行的诚信状况和信用记录都有可能受损。

资料来源：作者根据相关资料整理。

（四）金融科技风险的类型

互联网创新技术深入应用在传统金融领域，形成了现阶段的金融科技，因此传统金融的市场风险、信用风险、流动性风险、监管风险、安全风险、操作风险，依旧是金融科技存在的风险。金融科技在对传统金融场景进行创新的同时，也给金融体系带来了新的潜在风险。

1. 新的高风险客户群进入金融市场

金融科技的广泛运用在提高金融服务的便捷性与可及性的同时，也引入了大量的金融认知水平较低的客户。这些客户原本由于风险水平较高而被排除在金融服务范围之外，但由于新的信用评估与风险控制技术的运用，其风险水平落入金融服务的可接受范围内，因此这些客户得以进入金融市场。虽然这些新客户扩大了金融服务的范围和金融机构的收入来源，但是也相应地提高了整个金融体系的风险水平。一方面，金融机构的风险存在外部性，通过吸纳这些高风险客户来增加利润的行为，可能会让整个金融业的系统性风险大大上升；另一方面，高风险客户的行为模式可能与常规客户存在显著区别，而基于机器学习的客户管理及其他业务标准，都是依托于以往常规客户的行为模式形成的数据，这会造成风险管理的漏洞。

2. 缺乏金融风险控制能力或无金融从业资质的机构加入金融供给侧

传统金融市场有着严格的准入标准，这对于控制金融风险有着重要的作用。金融科技的运用改变了金融市场的形态，使得金融业务与非金融业务的边界变得模糊，尽管介入金融业务流程或分工环节的科技公司在形式上从事的是非金融业务，但其经营活动可能会对金融风险产生重要影响。如果这类科技公司未被金融监管所覆盖，则可能导致潜在的风险。与此同时，虽然一些从事新型金融业务的科技公司通过了资质审查，获得了金融牌照，但是其风险管理意识和内控制度的完善程度与传统金融机构相比仍有较大的差距。更有甚者，一些科技公司打着金融科技的名义，借机非法从事金融业务，成为金融市场上的重要风险隐患。

3. 技术复杂性使得操作风险凸显

金融科技中，许多技术的算法实际上仍处于"黑箱"状态，即使是设计者也不了解结论的生成机制，一旦算法出现问题，排查错误并加以纠正的成本将会非常昂贵。如果系统在交互性、容错性、稳健性和可扩展性等方面存在缺陷，就很容易影响金融服务的效率和稳定性，甚至引发市场动荡。

4. 技术泡沫导致的宏观金融风险

当前，有大量的企业和投资者想进入金融科技研发领域。然而，金融科技研发有较强的基础条件要求，如有特定的专业技术、行业积累与监管环境，因此企业和投资者贸然介入金融科技领域很可能会招致投资损失。与此同时，一些投资者对金融科技的发展前景过于乐观，甚至认为它将取代现有的金融体系，带来巨额的回报。这种过分乐观的预期容易导致金融科技项目的泡沫化。另外，一些冠以金融科技名义的不规范金融活动增加了整个金融系统的风险，它们的迅速膨胀很可能会危及金融科技的发展，给经济体系带来宏观金融风险。

☑ **实践操作 7-1** --

通过网络搜索，了解金融科技风险形成的原因。

任务二　金融科技与改善风险管理

在金融科技浪潮的推动下，越来越多的非金融机构开始涉足金融领域，使得传统金融产品或服务以及商业模式发生了巨大改变。与此同时，新的问题也在不断涌现。

一、金融科技风险控制的主要手段

（一）政策手段

金融科技发展方兴未艾，世界各国对此进行了大量投入，金融科技在世界范围内带来了革新、发展，但也给各国加强对金融科技风险控制提出了前所未有的挑战。国际组织和一些西方国家的监管部门以政策为先，提出了一系列有关金融科技的法律法规，旨在建立以风险防范为核心、以标准规范为基础的符合各国法律法规的政策体系。

在全球范围内，英国的金融科技行业是典型的"监管驱动型"，于 2014 年率先提出了有关金融科技的监管政策。英国针对金融科技设立了"创新中心"，英国金融行为监管局（FCA）发布了有关金融科技的监管创新计划，该计划成为其他国家学习的蓝本。随后，国际保险监督官协会（IAIS）于 2015 年 11 月发布了《普惠保险业务准则》，旨在加强对金融科技领域的消费者保护和数据保护；国际证监会组织于 2017 年 2 月发布了《金融科技研究报告》，全面评估了金融科技在证券市场和资本市场的运用效果及影响。

作为金融科技强国，美国也出台了相应的政策，引导金融科技生态圈健康成长。例如，美国国家经济委员会于 2017 年 1 月发布的《金融科技框架》白皮书，列出了 10 条指导性原则，为监管机构思考、参与和评估金融科技生态圈提供了政策依据。美国货币监理署（OCC）通过了向金融科技企业发放许可牌照的草案，以向美国金融科技公司发放银行牌照的方式，加强对这些金融科技企业的监管。美国财政部于 2018 年 7 月 31 日发表金融科技专题报告《一个创造经济机遇的金融体系——非银机构、金融科技与创新》，内容涉及金融监管体系改革、金融科技业态监管、监管沙盒和监管科技等。美国议会代表在 2019 年 3 月和 10 月，分别提交了《金融科技保护法案》和《金融科技法案 2019》，旨在构筑针对金融科技的法律框架，在创设新的监管议事机构、厘清监管协调机制的基础上，加强对金融科技的监管。美国国会代表在 2020 年 5 月提交了推进区块链法的提案。2021 年 3 月，美联储等五部门宣布了金融领域 AI 技术应用的意见征询，覆盖征信、个性化服务等方面。

近年来，我国在金融科技领域发展迅猛，国家相关部门相继出台了一些政策，引导和规范金融科技的发展，防范和化解金融科技带来的风险。2017 年 1 月，中共中央办公厅、国务院办公厅印发了《关于促进移动互联网健康有序发展的意见》，明确提出通过提升网络安全保障水平、维护用户合法权益、打击网络违法犯罪、增强网络管理能力等手段有效防范和化解移动互联网迅猛发展带来的风险隐患，切实保障网络数据、技术、应用等的安全。2020年，金融科技行业进入了强监管时代。2021年的政府工作报告明确提出，要强化金融控股公司和金融科技监管，确保金融创新在审慎监管的前提下进行。同时，在"十四五"规划纲要中，也提出探索建立金融科技监管框架，稳妥发展金融科技，加快金融机构数字化转型，强化监管科技运用和金融创新风险评估，探索建立创新产品纠偏和暂停机制。2022年1月，中国人民银行印发的《金融科技发展规划（2022—2025年）》中，把加快监管科技的全方位应用、强化数字化监管能力建设、对金融科技创新实施穿透式监管、筑牢金融与科技的风险防火墙，作为重点任务进行建设。2022年10月，中国人民银行印发了《金融领域科技伦理指引》，对金融机构提出履行伦理治理主体责任、落实金融持牌经营要求、践行服务实体经济使命、秉持科技赋能金融定位、坚持诚信履约行为准则、严格恪守依法合规底线、切实维护各方合法权益七大要求。

放眼全球，各国都对金融科技风险的监管进行了自我革新和有效探索。2021年1月，新加坡金管局发布了《技术风险管理指南》，旨在对金融机构和第三方服务提供商之间开展的合作进行严格监管；2021年4月，英国竞争和市场管理局（CMA）加大了对大型数字企业的监管力度，目标直指科技巨头；2021年6月，德国联邦金融监管局提出了大数据和人工智能的监管原则，形成监管底线要求；2021年8月，韩国金管局发布了MyData数据服务指南，发放了28张MyData运营商牌照，授权企业在标准化API的金融领域开展数据服务沙盘测试。

✓ **实践操作 7-2** ---------------------------

通过上网搜索，了解我国近两年在金融科技领域出台的政策文件。

（二）技术手段

通过技术手段将金融科技转变为合规科技，以提升监管机构的监管效率，以及金融机构、企业部门的管理水平和风险控制能力。具体来说，监管机构可以使用人工智能等技术手段，对相关金融机构的资金往来进行监控，并将获得的财务报表与其历史数据相比对，以判断相关金融机构是否存在财务造假、篡改财务数据等违规行为；监管机构还可以通过构建图谱分析、"风险大脑"来加强对金融科技风险的预警能力，并将风险有针对性地分级、分类处理。金融机构可以推广更强大的数字加密传输技术，切实保障客户数据不被窃取，还可以使用无监督机器学习建模方式，快速识别申请欺诈、交易欺诈等风险事件。企业部门可以运用金融科技整合内外部数据，构建知识图谱，理清企业上下游关联，以帮助相关机构有效地防范和化解风险。综合来看，使用技术手段来控制金融科技风险，就是将金融科技转变为合规科技，利用金融科技把监管机构的监管规则以及金融机构和企业部门的内控规则嵌入管理流程，摒弃以往传统的风险管理方式，将大数据和人工智能等技术应用于整个管理流程，进而提高风险控制水平，使风险管理机制更具有前瞻性和有效性。

知识链接 7-3

监管科技如何推动反洗钱工作的数字化转型

反洗钱措施旨在防止犯罪分子通过隐秘手段掩盖非法所得的来源和性质，包括但不限于客户身份验证、大额及可疑交易监测以及识别非自然人客户背后的受益所有人。在金融业与互联网深度融合、金融科技迅速发展的今天，交易者身份验证变得更加困难，洗钱手法也更加隐蔽和复杂。面对这些挑战，基于规则的反洗钱监测显得力不从心。幸运的是，机器学习、知识图谱等金融科技手段展现出在反洗钱监测应用中的杰出优势。

机器学习——分析海量交易数据

机器学习可以对客户身份、行为信息、交易环境等多维数据进行归类和关联，降维分析海量交易数据，精准暴露潜在风险。机器学习还可以在传统的专家规则基础上，自主学习历史案例，打造智能规则库，提高可疑侦测预警的精度，降低误报率，减少反洗钱的运营成本。

知识图谱——识别可疑交易场景

基于知识图谱的网络分析技术，可挖掘并还原包括交易主体、主体间关系、交易数据等信息的资金网络，重点识别过渡性账户频繁、资金集中与分散转移等可疑交易场景，将反洗钱工作的关注重点从"可疑交易"提升到"可疑网络"维度，更宏观地识别洗钱活动。

资料来源：编委会. 监管科技白皮书：科技向善 数实共创［EB/OL］.［2022-06-28］. https://www.doc88.com/p-48047033369832.html.

二、金融科技风险控制的管理措施

（一）建立健全金融科技相关基础法规体系

从法律视角来看，金融科技催生的金融科技风险在很大程度上是由金融科技相关法律的缺失、权责界定的模糊等原因引起的。具体来看：一是大数据相关权责界定不清。近年来，随着金融科技快速发展，金融大数据呈现几何级增长，但是与大数据相关的所有权、交易权、收益分配权等权责界定模糊。目前，我国尚未有关于金融大数据的立法保护，无法为界定大数据相关权责提供依据。二是金融科技违法犯罪司法溯源取证难度大。当前，金融科技的发展加大了金融交易的隐秘性，很多交易行为都游离在现有监管框架之外，不受现行金融法规监管。同时，金融大数据技术的应用促使金融交易数据呈现几何级膨胀，在海量数据中查找违法违规证据难度加大。此外，金融科技发展还加大了跨境金融交易的便利程度，国际经济金融往来增多，但国家间的数据政策壁垒限制较多，使得跨境取证的难度加大。三是金融科技背后的法律责任认定不明确。人工智能等金融科技参与金融交易决策，同样可能会产生损失风险。由于无法直接对金融科技进行法律责任认定，因此金融机构极有可能因为"技术中性"而规避法律责任认定。四是智能化合约的法律有效性存在争议。智能合约与传统意义上的合同不同，智能合约能否视为法律意义上的合同仍存在很大争议。

在推进金融科技发展的过程中，要用法治手段加强金融科技风险防控，为金融科技高质量发展保驾护航，守住不发生系统性金融风险的底线。一是建立健全金融科技相关基础法规体系。加快我国金融科技安全立法，适应金融科技快速发展变化的需要，保障金融科技行业安全发展。借鉴韩国、英国和新加坡等国家的监管沙盒法案，制定我国的监管沙盒法案。对于能够纳入我国现行基本法律的金融科技法律制度，可在维持现行法律制度的基础上增设新的法律规定。对传统金融业务因科技手段应用而形成的金融科技业务，可直接修改相应的金融法律规则，在基本法律中增加允许从事金融科技业务和互联网金融业务的原则性规定。二是强化对金融消费者和交易信息的安全保护。金融消费者保护是金融科技健康发展的前提和基础，是金融科技产业发展应遵循的基本原则。要从消费者保护视角完善金融科技相关法规，突出坚持金融消费者保护的基本理念，强化交易信息安全保护。持续完善金融纠纷调解的法律制度，明确银行、证券、保险等金融机构对金融消费者的保护义务，保障金融消费者的合法权益。三是完善金融科技风险监管制度防范体系。进一步明晰金融科技和监管科技的定位，构建清晰合理的金融科技发展框架。从监管科技的本质出发，明晰监管科技定位以提高监管效率。补充完善数据安全等监管标准，合理制定定性和定量的监管指标，打破行业数据孤岛，加强合规审计。四是完善金融科技行业内部监管机制。探索建立金融科技行业内部的自律性组织或行业协会，在制度上保障自律性组织或行业协会的法律地位。强调行业内部的"自律性原则"，提高行业内部的技术风险准入规则等。引导自律性组织或行业协会等加强对金融消费纠纷多元化解决机制的研究，探索建立金融失信人惩戒制度等。

（二）完善金融科技监管的基本规则

为促进金融科技健康可持续发展，应构建金融科技监管的长效机制，重塑金融科技监管理念，充分利用监管科技的发展来匹配金融科技的创新应用，对于大型的科技金融平台注重创新发展和强化监管，加强金融科技监管的统筹协调。

一是适度监管。虽然金融科技存在风险，但是不能以偏概全、为防风险而扼杀金融科技的发展，尤其是在面临经济下行的压力时，需要在金融科技领域不断探索合适的监管规则，为经济下行提供新的引擎。因此，在金融科技监管上要做到张弛有度，既要规避监管过松而引发过多的伪创新，又要规避监管过度而扼杀金融科技的发展。

二是分类监管。由于金融科技业务在市场业态、业务类型和专业技术上存在本质的不同，因此监管机构应制定有差异性、专业性的分门别类的监管规则，以提升监管效率。比如，对于那些金额小、复杂程度低的金融科技业务，监管机构可以按照法律授权对金融科技业务进行监管程序上的简化。

三是创新监管。对新兴的金融业态进行穿透式监管和透明度监管，明确金融业务的性质，强化行为监管，防止监管空白地带的出现。

四是统筹协同监管。在明确各监管部门职责的同时，努力打破监管部门之间的壁垒，加强监管部门之间的交流与合作，提高跨行业、跨市场的协同监管能力。具体而言，首先将各类金融科技业务全面纳入监管框架，明确监管主体，建立市场准入标准和监管规则，避免监管死角；其次，切实发挥金融监管委员会的作用，统筹协调重要性金融机构和各类金融基础设施的建设，统筹协调监管机构之间、监管机构与其他部门之间、中央和地方的风险分担与监管职责；再次，深化金融科技监管的区域和国际合作，积极参与金融科技国际标准的制定，增强金融科技发展与监管领域的国际话语权；最后，大力推进金融科技的配套基础设施建设，尤其是加强信息系统的整合与共享，通过基础设施的建设来推动金融科技应用的规范化，防范金融风险。

（三）大力发展监管科技

目前，多个国家的研究和实践证明，科技手段不仅可以提高监管效率、降低监管成本，还可以培育良性的监管科技生态圈。与发达国家相比，我国的监管科技还有很大的改进空间。在这种情况下，我国应当加快监管科技的试点推广，培育良性的监管科技生态圈，对监管科技进行积极探索和建设。从金融监管的角度来看，我国可借鉴国际监管科技的成功做法，研究金融科技的目标转换及监管态度；从网络支付行业的角度来看，金融科技企业不断扩大在全球的业务范围，严重影响了金融监管的格局，我国应借鉴国际经验，构建具有中国特色的金融监管制度。

知识链接 7-4

监管科技是什么？

监管科技（regulatory technology，RegTech）由监管（regulatory）和科技（technology）组成。它就像一个混血儿，是科技与金融监管全方位融合的产物，也是金融科技（financial technology，FinTech）的一个分支。

监管科技最早由英国提出。在受到金融危机的冲击后，英国政府决心调整金融监管体系，专门设置了监管金融行为的金融行为监管局（Financial Conduct Authority，FCA）。FCA在监管科技方面积极开展了一系列探索，推动英国成为全球监管科技创新的源头。

目前，由于全球监管科技仍处于初期发展阶段，各国发展情况差异显著，对于监管科技这一概念的内涵尚无统一规范的定义。FCA认为，监管科技是指金融科技企业为金融机构提供的自动化解决方案，利用新技术更有效地解决监管合规问题，减少不断上升的合规费用。国际金融协会（Institute of International Finance，IIF）则认为，监管科技是为高效地解决监管与合规问题而使用的新技术。

资料来源：作者根据相关资料整理。

任务三　监管科技的发展

英国是最早开始系统研究金融科技发展和监管的国家。2014年，英国金融行为监管局提出"创新计划"，旨在支持为消费者提供产品或服务的金融创新，并于2016年正式启动监管沙盒。自英国之后，新加坡、中国香港、荷兰、澳大利亚等国家和地区纷纷借鉴英国监管沙盒制度，展开金融科技监管。

2019年12月，中国人民银行批复北京市率先在全国开展金融科技创新监管试点，探索构建符合我国国情、与国际接轨的金融科技创新监管工具，即中国版监管沙盒，引导持牌金融机构在依法合规、保护消费者权益的前提下，运用现代信息技术赋能金融提质增效，营造守正、安全、普惠、开放的金融科技创新发展环境。

一、监管科技的应用

（一）监管沙盒的概述和引入

1.监管沙盒概述

与传统监管不同，沙盒监管不是传统意义上的监管方式，而是一种监管的创新、一种新的监管理念。监管沙盒的特点是动态化、包容性和过渡性。监管沙盒为金融科技提供了一个安全的环境，在这个环境下法律法规是相对宽松的，金融科技可以获得一定的豁免权。这种监管模式可以使金融创新与金融安全达到一种相对的平衡，与现在金融行业监管的趋势大体一致。

2.监管沙盒的含义

"沙盒"一词刚开始只用于计算机领域，它具有虚拟化的特点。监管沙盒首次由英国金融监管机构提出。从监管测试的角度来看，金融科技企业发挥主体作用，能够在极具包容性的监管沙盒条件下对测试客体（如金融产品或服务）进行监测。在监管沙盒内，金融科技企业不会因为违反法律法规而被叫停或者受到惩罚。在测试过程中，监管机构会对金融科技企业降低标准，放宽监管规则。在测试结束后，如果测试成功通过，测试的产品或服务即使不符合现行法律法规的监管，只要经过监管机构的许可，就可以进入市场推广；如果测试失败或者损害了消费者的合法权益，监管部门有权叫停该产品或服务，避免造成更大的损害。监管沙盒的运作模式，如图7-1所示。

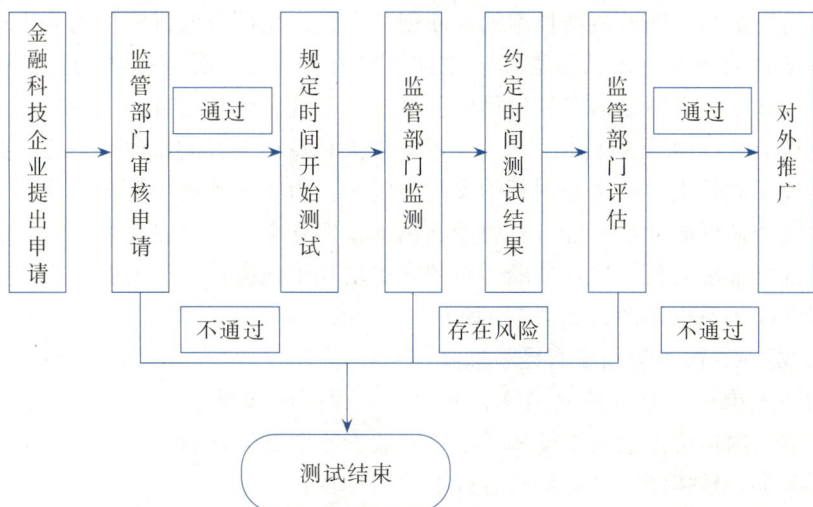

图7-1　监管沙盒运作的模式

动画7-1

什么是监管沙盒？

3.监管沙盒制度的实质

（1）监管沙盒是"试验性"监管理念的体现

监管沙盒摒弃了"一刀切"的监管理念，形成了一种"试验性"监管理念。监管沙盒运用在金融监管机构实行一项新的监管政策之前，即在一个受控制的环境下支持金融创新，以一种试错的方式来认识金融创新，从而制定出科学有效的政策。借助"试验性"监管理念，有利于在监管主体与监管机构之间形成平等关系，进而进行有效沟通；有利于监管机构更加深层次地调查分析金融创新的运营规律，从而制定具体的监管标准，有效地管控风险。

由于科技创新有着不可控的风险，因此金融监管需要"试验性"监管理念。设立试验标准、监控试验过程、评判监管主体是否中立，是"试验性"监管理念实施的关键。"试验性"监管理念有很多优点，主要体现在：有助于将金融创新取得的创新成果迅速地推广到市场上，让更多的消费者获益；有助于监管者了解金融创新的规律，及时发现风险，从而制定出科学的监管政策；有助于在金融创新的过程中，最大限度地降低创新风险。

（2）监管沙盒是一种监管制度的创新

监管沙盒体现出以下特点：一是实施监管暂不干预。经过审核，符合准入标准的企业进入监管沙盒后，无须受现行法律法规的严苛限制，企业的业务就可正常运营。监管机构会对处于测试环境中的金融创新项目暂不干预，目的是将更加成熟的金融创新项目推广进入市场。这种监管暂不干预不是永久不干预，而是待测试结束时解除。二是注重监管沟通。监管沙盒的目的主要是增强监管机构与金融科技企业之间的有效沟通，让监管部门提前进入以了解金融创新的全过程，并且进行政策辅导。

对监管机构来说，监管沙盒的作用主要体现在以下方面：第一，监管机构为了制定科学、有效的监管法律制度，需要深层次地认识新兴技术。第二，灵活的监管措施被监管机构所重视。随着科技技术的不断创新变化，大部分监管机构的认识也在不断进步，逐渐持有开放、多元的态度。之前监管机构放松对监管主体的监管被指责为"不作为"，如今监管沙盒的实施使得监管机构对监管主体的监管有法可依。监管沙盒的实施不仅能考虑到监管主体的利益，还能平衡利益相关者的权益。总之，监管沙盒的实施体现了监管机构对金融创新的支持与包容。为了达到吸引更多企业的目的，一些金融科技企业可能并没有进入监管沙盒测试，但是它们也可以在相对宽松的法律法规环境下进行金融创新，这种鼓励创新的方式增强了地区性的金融竞争力。金融科技协同监督管理体系框架图，如图7-2所示。

（二）境外监管沙盒制度的经验总结

英国率先推广了监管沙盒制度，并取得了很好的效果。部分国家和地区紧跟其后，在借鉴英国监管沙盒制度的基础上，对监管沙盒制度进行了一些调整来适应国家和地区的需求。整体而言，它们具有以下共同特性：

1.监管主体

部分国家和地区特别重视监管沙盒制度，明确监管主体，助力金融科技的发展。

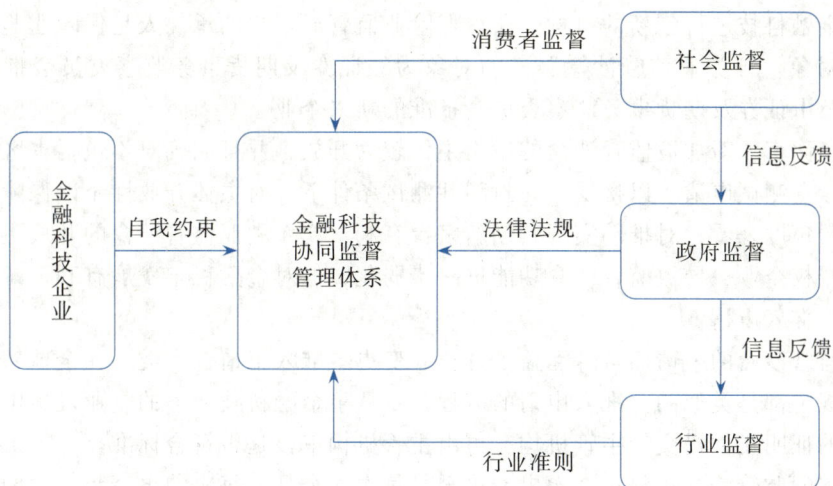

图7-2　金融科技协同监督管理体系框架图

在监管主体方面，各国所做的努力主要体现在：英国发布了法案《监管沙盒》，指定监管机构设立并施行监管沙盒制度；澳大利亚出台了《监管指南》等一系列监管制度，引导监管沙盒机制的建立，并实施了《国家消费者信贷保护（金融科技沙盒澳大利亚信贷许可证豁免）条例》等相关法规，这些法规在构建监管沙盒法律体系方面发挥着十分重要的作用；新加坡出台了《金融科技沙盒监管指引》，设立金融科技创新中心，由其负责监管沙盒机制的创建和运行。

2.监管沙盒的申请

（1）申请主体

监管沙盒的适格主体不尽相同。英国的监管沙盒机制向所有金融机构及非金融服务提供者开放，将参测企业划分为四类：未经授权、限制性授权、全授权及技术支持型企业，对参测企业提供差异化策略；同时提供五大监管工具赋能金融创新：限制性牌照授予、个性化指导、法规豁免与调整、无异议函件以及非正式指导路径。参测企业可根据自身实际需求，灵活选用这些工具，享受授权流程简化、监管环境透明的诸多优势，从而显著降低监管审批的成本与复杂性。就新加坡而言，金融机构以目前实施的金融监管体制为依据，有权对新产品或服务进行测试。金融科技突飞猛进的发展，使创新产品变得越来越复杂，产品能不能对监管需求予以满足，存在不确定性。新加坡的监管沙盒制度适用的主体更广，包括授权机构、金融创新企业以及与此类企业合作的公司等。因为新加坡要构建金融科技中心，且初创公司也渴望发展金融业务。

从澳大利亚的监管沙盒来看，其开放主体仅有非授权企业。澳大利亚的监管沙盒制度对服务对象的限制较大，因此能够进入监管沙盒的主体相对较少。只有那些没有获得金融服务许可证或者信贷许可证，并且想要提供金融服务的企业，才可以进入监管沙盒，而拥有金融许可证的企业无法申请进入监管沙盒。这反映了解决金融科技企业的合规性问题是澳大利亚监管沙盒设立的侧重点。

中国香港在实行分业监管的基础上，构建了保险业、证券业、银行业监管沙盒，其适格主体各不相同。就银行业监管沙盒而言，其开放主体只有授权机构，且该机构是通过金融科技进行创新的机构。获得保险业监管局授权的承保人是保险业监管沙盒服务的对象。证券业监管沙盒服务的对象为经证券及期货事务监察委员会批准的企业，以及由证券及期货事务监察委员会批准的新兴企业。

比较而言，新加坡监管沙盒的适格主体较为开放，并且明确对不包括本区域在内的监管沙盒测试申请予以接受。在封闭性测试条件下，对主体开放性予以保障。从监管沙盒的角度来看，对推动实现其创新宗旨有利。澳大利亚监管沙盒的开放主体只限定于非授权企业，导致监管沙盒功能进一步弱化，但对金融稳定发展有利。

（2）准入申请

就监管沙盒的申请而言，涵盖了延长、变更、准入申请三大类。在全球领域，准入申请规定都是类似的。准入申请的流程是：从事金融科技业务的企业发出申请，并将有关的证明文件提交给主管机构，再由主管机构审核是否符合标准。

英国的监管沙盒每年有2次申请机会，每次6个月。每次的申请都有主题，与主题相符合的企业优先通过申请。审核通过后，申请企业被分配一名专属于自己的负责人进行设计与测试，可以在相关规定框架下让负责人帮助企业进行创新。

新加坡的监管沙盒制度明确强调，在提交申请前，申请企业提交的创新产品或服务应该符合监管沙盒制度规定的目标、原则和特定标准，并且要明确与监管沙盒相关的所有问题。在审查完成后，新加坡金融管理局（MAS）应该将初步审查的情况告知申请企业。初步的审核结果有利于申请企业进行业务处理与整合资源。若申请企业没有通过审核，则申请企业可以和新加坡金融管理局（MAS）进行探讨，通过对创新测试进行调整的方式，确保与监管沙盒准入标准相符，基于此重新进行申请。就此而言，这样能够将监管沙盒的探索性反映出来。

澳大利亚监管沙盒的准入申请与前两个国家有较大不同。满足适格要求是唯一条件，满足适格要求的企业将可获得12个月的豁免权。金融科技许可证豁免不需要申请，只要在使用之前通知主管机构，并提供特定的信息即可。

（3）延长与变更申请

英国、中国香港对于变更和延长测试期限并没有具体的规定。如果申请延长的企业与特定标准相符，在主管机构审批之后，就能够延长测试期，这是澳大利亚关于申请延长的规定。

从新加坡的监管沙盒了解到，在测试时间段，如果测试企业变更了其创新金融业务，那么向主管机构申请的时间一定要提前1个月，同时将变更原因与具体信息一并提供。主管机构对变更请求进行审核，只有审核通过了，测试企业才可以继续开展目前的创新金融服务。就其他更改内容而言，测试企业需要在未作出更改前通知主管机构，且在确有必要时，通知沙盒使用人员。在测试过程中，如果测试企业需要额外时间结合用户反馈情况对缺陷作出纠正或更改，或对有关的法律法规要求予以遵守，则主管机构可根据用户反馈来决定是否提供支持。主管机构有权逐案审查，并对延期请求的决定有最终决定权。

3.审查标准

监管沙盒的审查就是主管机构根据审查标准对申请企业进行审查评估，基于此对监管沙盒的准入标准、参考数据与申请企业测试环境予以明确。

英国的监管沙盒制度在审查沙盒方面有着一致性的标准。具体来讲，英国金融监管机构有四项审查标准：一是产品具有创新性，产品具有明显的不同；二是创新产品或服务可以给消费者带来利益；三是企业为创新产品或服务进入监管沙盒做了充足的准备；四是具有获得创新中心支持的切实需要。

4.监管方式

对于监管的方式，在企业准入上，新加坡与英国都适用审批制，审批制意味着金融科技企业首先应该向监管机构提出申请，经过监管机构审核是否符合标准。一般情况下，审核标准主要包括两个方面：是否具有创新性；是否有利于切实保护消费者的合法权益。如果符合审核标准就可以进入监管沙盒进行测试。澳大利亚采用备案制，企业不需要持有许可证，但是沙盒准许的条件较为复杂、严格。金融企业必须向金融机构登记备案才可以进行测试，这是测试的前提。中国香港地区与前面三个国家不同，金融企业必须持有相应的金融牌照才能进行监管沙盒测试，对于持牌的条件可以经金融企业和监管机构协商决定。

5.退出机制与落地

在沙盒测试期结束后，测试人员必须离开沙盒，除非存在特殊情况并获得相应许可。通常在退出之后存在终止与继续运行两种情况。

整体而言，澳大利亚、新加坡与英国都规定，在过了测试时间之后，测试企业不得违反有关的金融法律规定或条件，否则测试企业必须离开沙盒，并结束运作。根据新加坡监管沙盒制度的规定，测试企业一定要保证在离开沙盒之前，对其服务客户方面的退出义务进行了全面处理或履行。若测试企业企图在市场大环境下对其创新的金融业务进行部署，则一定要对下述条件予以满足：首先，不管是测试企业，还是主管机构，均认定沙盒实现了预期目的；其次，测试企业需要对有关法规予以完全遵守。

在监管沙盒方面，落地与退出是其预期收益得以实现的有力保障，也是设计监管沙盒的难点和重点所在。只有退出协议切实有效，才能够让测试企业在监管沙盒的大环境下做到适者生存，充分地保护消费者的权益，避免金融市场发生大的波动。在金融市场方面，只有落地机制切实有效，才能够让金融科技在更大范围内推广使用，最大程度地发挥金融科技的优势，并将制度转化为生产力。监管沙盒的实践表明，监管沙盒并不是申请人逃脱监管的工具。不符合监管沙盒的相关权限规定的企业，一定要退出沙盒。申请企业在测试成功之后，退出沙盒时一定不能违反相关规则。

6.消费者保护

监管沙盒旨在对金融科技行业的创新进行刺激与推动，并对金融客户的权益提供保障，防止金融市场出现巨大波动。监管沙盒一定要做到审慎性与包容性。英国和澳大利亚均为创新项目提供监管豁免支持，这体现了包容性。比如，英国灵活的豁免条款；澳大利亚金融监管局提供金融和信贷服务，有7种产品受益于金融技术许可证豁免。在金融消费者的权益保护方面，英国的监管沙盒已建立了更全面的保障措施。英国金融行为监管局明确指出，对于消费者群体，测试对象应对其开展风险教育，签订书面协议，同时有针对性地编制赔偿方案。新加坡金融监管局要求测试对象提前向消费者告知可能会出现的主要风险、项目测试时间、与他人享有的权利等内容，测试对象还必须建立有效机制来解决客户的投诉、提问、查询与反馈，并编制详细的风险缓解方案。各国监管沙盒比较，见表7-1。

表7-1   **各国监管沙盒比较**

项目 国家 （地区）	主管部门	对申请主体的要求	对申请测试项目的要求	测试中的授权
英国	英国金融行为监管局（FCA）	适用于传统金融机构以及包括金融科技创新机构在内的非金融机构	在《金融服务和市场法案》（FSMA）范围内的金融产品服务所有的创新	对持牌金融机构可采取"无异议函""个别指导意见""豁免"；对非持牌金融机构可采取"限制性授权"
澳大利亚	澳大利亚证券和投资委员会（ASIC）	金融业与非金融业企业均可	禁止测试设计复杂、流动性差、回报期长及针对弱势消费者的金融产品	未细分
新加坡	新加坡金融管理局（MAS）	金融机构、科技公司和专门为上述企业提供技术和服务的相关企业	适合于金融科技方面的技术创新及新方法应用	根据MAS制定的相关法律法规可一定程度放宽
中国香港	香港金融管理局（HKMA）	香港本地银行	银行相关业务	可由监管当局经过商议后做弹性安排

微课7-1

各国金融科技的监管沙盒比较

✓ **实践操作7-3**

请以小组为单位，每个小组选取一个国家，通过查找书籍、网络等资源，了解该国金融科技监管沙盒的优缺点，并在课堂上分享。

二、我国监管科技的应用

2020年年初，我国开始了首批金融科技监管试点工作，标志着我国迈出了金融监管范式转变的重要一步。当前，我国监管沙盒仍属于试点阶段，我国监管沙盒的构建不仅要吸收全球金融科技监管沙盒的经验，还要符合我国现行金融监管体制以及金融科技发展的现实。

（一）我国金融科技监管历程

我国经历了网络金融和金融科技发展两个不同的阶段。在电商突飞猛进发展的基础上，相应地诞生了第三方支付服务，有力地推动了国内经济的进一步发展。然而，大部分开展第三方支付业务的金融科技企业在2010年之前处于监管范围之外。但在该业务日新月异发展之后，影响群体规模越来越大，不断出现泄露信息等问题。就第三方支付而言，需要通过标准化准则与合法性证明对其进行规范。因此，2010年中国人民银行针对第三方支付行业，发布了《非金融机构支付服务管理办法》。央行等十部委于2015年7月联合出台了《关于促进互联网金融健康发展的指导意见》，这意味着网络金融规则开始步入总体规划发展阶段。为将互联网支付指导原则和规定落到实处，2015年12月，中国人民银行发布了《非银行支付机构网络支付业务管理办法》，以确保更加安全地进行网络支付，对消费者利益提供保护，为金融行业的身份识别技术的发展提供了法律依据，为不断深化金融创新奠定了良好基础。

与此同时，互联网借贷平台获得迅猛发展。2005年，国内诞生了许多互联网借贷平台，其准入门槛不高，成本支出少，再加上利润丰厚等特点，在短时间内引入了大量的投资者。经过短期的野蛮增长，互联网借贷平台非法集资的风险与问题开始爆发。2016年，相关部门陆续发布了《网络借贷信息中介机构业务活动信息披露指引》《网络借贷信息中介机构业务活动管理暂行办法》《网络借贷资金存管业务指引》等一系列制度文件，为我国网贷行业的创新、风险预防和控制奠定了基础，也加快了行业合规的流程，标志着国内金融科技的发展进入了严管阶段。

中国人民银行于2019年8月发布了《金融科技（FinTech）发展规划（2019—2021年）》（以下简称《规划》）。在金融科技工作方面，《规划》明确了指导思想、核心任务、发展目标与保障措施，致力于推动金融监管创新，编制相应的监管规则，促进监管渗透性、一致性与专业性的进一步提升。为将《规划》要求落到实处，北京市政府印发了《北京市促进金融科技发展规划（2018—2022年）》，央行上海总部印发了《关于促进金融科技发展支持上海建设金融科技中心的指导意见》（以下简称《金融科技指导意见》）。《金融科技指导意见》指出，在金融科技领域上海支持创新实验室的创建，且在监管机构指导的基础上，以金融创新企业为切入点，基于此开展小规模测试。在主管机构评估的前提下，遵循安全与风险控制基本理念，根据有关规定推广与复制。此外，在金融科技监管方面，《金融科技指导意见》强调要探讨构建相应的监管沙盒机制。从《国务院关于全面推进北京市服务业扩大开放综合试点工作方案的批复》可知，中国人民银行将在北京启动首批金融科技监管创新试点项目。该试点项目旨在根据国内法律与金融发展实际情况，充分考虑全球金融技术监管创新方面的相关经验做法，基于此构建创新的、极具本土特点的监管模式，让金融创新发展拥有一个更好的条件。在金融市场方面，支持其不断开放、持续发展，基于此促进消费者权益的进一步增强。2021年4月，《国务院关于同意在天津、上海、海南、重庆开展服务业扩大开放综合试点的批复》意味着在金融科技监管方面，北京市初步获得了试点成功。

我国金融科技监管脉络图，如图7-3所示。

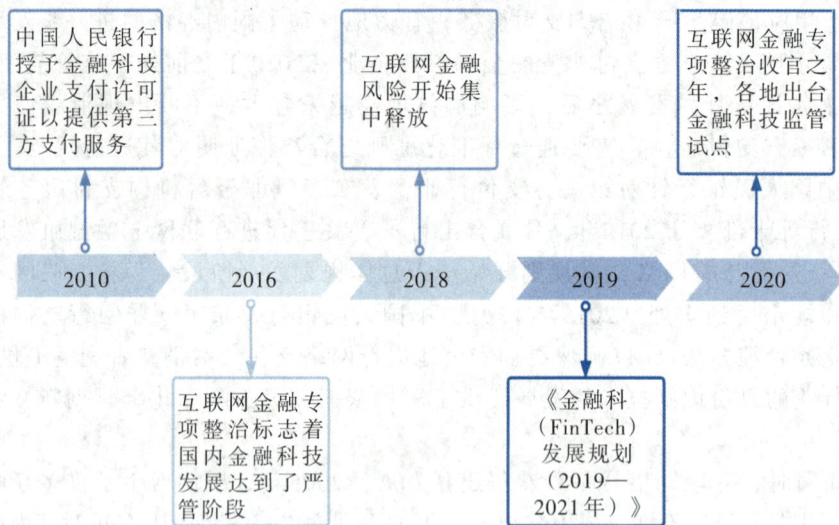

微课 7-2

中国金融科技
监管的趋势与
变化

图7-3　我国金融科技监管脉络图

案例探析 7-2

桔子互联成功"入盒"，东疆"监管沙盒"取得新突破

日前，在中国（天津）自由贸易试验区政策与产业创新发展局、滨海新区金融工作局统筹指导下，东疆金融科技"监管沙盒"试点项目取得阶段性进展。所谓金融科技"监管沙盒"，就是通过解决金融科技、金融监管、金融创新三者之间的平衡，创建一个"缩小版"的真实市场和一个宽松版的监管环境。

东疆金融科技"监管沙盒"试点项目是依托国家互联网应急中心为东疆打造的"监管沙盒"系统，东疆为"入盒"的试点产品个性化定制监管方案，在切实有效保障金融消费者权益的同时，为金融科技企业提供一个创新产品试验的安全空间，降低试错成本，探索行业标准。金融科技企业在东疆试点内，可开展基于真实交易场景的精准导流和智能风控的创新产品试验。

天津桔子互联作为金融市场数字化营销技术的服务商，目前主要为银行、持牌消费金融公司和大型互联网机构提供场景消费金融数字化营销服务。通过建立"优质流量入口与金融机构产品"的互联融合，实现优质客群白名单池的挖掘构建和优质客群在自营产品中的转化，让传统金融机构的经营决策从经验、流程驱动转向自动化决策和数据化驱动，从而实现降本增效，目前已取得了数十个典型应用案例。

此次"入盒"的桔子互联用户精准筛分模型项目，是桔子数科旗下子公司天津桔子互联在业务合规的基础上，采用联邦学习、多方隐私计算等金融科技创新技术，为交易模式、盈利方式、客群营销、风险控制等相关信息数据在沙盒内开展真实性校验提供样板，有效解决消费金融行业客户下沉带来的获客成本高、优质客户找不到流量入口的行业痛点，形成天津特色的"监管沙盒"创新运营经验，为天津金融创新运营示范区持续稳定发展提供有力支撑。

资料来源：作者根据相关资料整理。

思考讨论：

东疆金融科技"监管沙盒"有哪些特点？

（二）构建我国金融科技监管沙盒的具体建议

1.建立中国人民银行主导下的分业监管沙盒

由于我国金融业采取的是分业经营体制，因此依据金融监管体制建立分业监管沙盒。同时，鉴于我国银行业地区发展不均衡，沿海及发达地区银行业发展水平较高，监管较为成熟，可以考虑优先在金融业较为发达的地区设立银行业监管沙盒。随着监管沙盒经验的积累以及金融科技的发展态势，陆续构建和完善保险、证券行业的金融科技监管沙盒，健全金融科技监管沙盒发展生态。

为了与我国的金融监管体制相适应，在监管机构的选择上，由中国人民银行负责牵头建立金融科技监管沙盒，国家金融监督管理总局和中国证券监督管理委员会负责管理监管沙盒的具体运行。中央金融委员会办公室负责监管机构关于监管沙盒工作的协调。

中国人民银行牵头建立的金融科技监管沙盒既具备法律基础，又具备一定的实践优势。一方面，中国人民银行有权发布与履行其职责相关的规章。2018年，在国务院机构改革方案中，原中国银行业监督管理委员会和原中国保险监督管理委员会负责制定重要法律法规草案和审慎监管基本制度的权限被归入中国人民银行。该举措强化了中国人民银行在监管和规则制定方面的牵头和引导作用，有利于保持监管的兼容性和一致性。另一方面，中国人民银行已出台了金融科技发展3年规划，中国人民银行科技司已牵头在北京率先启动了金融科技创新监管试点。中国人民银行在金融科技监管方面具有一定的基础和经验。中国人民银行牵头建立监管沙盒有助于做好顶层设计，构建监管沙盒的配套措施，促进监管资源的有效分配。

由于金融科技的创新发展模糊了金融业务的界限，监管沙盒要求增强监管机构之间以及监管机构与其他相关机构之间的协作。中央金融委员会办公室负责部署与监管沙盒相关的协作事宜，有助于弥补金融监管的漏洞和缺陷，促进测试项目之间的合作。除宏观层面的指导和协调，监管沙盒制度需要监管机构予以执行，负责处理与监管沙盒运行相关的具体事务。

2.监管沙盒目标定位于促进金融创新与金融普惠

目前，我国金融发展仍存在金融服务不均衡、普惠金融服务体系不健全、法律法规体系不完善、金融基础设施建设有待加强、商业可持续性有待提升等问题。在金融业务方面，金融科技与传统金融机构既存在竞争，也存在合作与互补。金融科技较多关注传统金融机构中空白或覆盖面较小的业务，为这部分金融群体提供服务。因此，除促进金融创新外，我国金融科技监管沙盒应将金融普惠作为监管沙盒目标之一，引导金融科技助力我国普惠金融发展。2020年1月，中国人民银行营业管理部向社会公示了首批6个金融科技创新监管试点应用，包括金融机构和科技企业涉及的数字金融等多项创新服务，致力于提升金融服务水平，扩大金融服务范围，解决小微企业融资问题。

（1）重视监管沙盒的消费者保护

科技的快速发展带来了金融市场的深刻变革，同时增加了金融消费者的脆弱性。在这一背景下，加强金融消费者保护显得尤为关键，它不仅是对消费者个人权益的维护，还是对金融稳定的重要保障。我国的金融消费者权益保护工作可以追溯到 2013 年，当时中国人民银行发布了《中国人民银行金融消费权益保护工作管理办法（试行）》（银办发〔2013〕107 号文印发），这标志着金融消费者保护开始走向规范化和系统化。该办法为后续的法规建设奠定了基础。2015 年，国务院办公厅印发了《关于加强金融消费者权益保护工作的指导意见》（国办发〔2015〕81 号），为金融消费者权益保护提供了更高层次的政策支持，与《中华人民共和国中国人民银行法》《中华人民共和国消费者权益保护法》《中华人民共和国商业银行法》《中华人民共和国网络安全法》等法律法规相互衔接，共同构建了我国的金融消费者权益保护法规体系。2020 年，随着金融市场的进一步发展和变化，中国人民银行令〔2020〕第 5 号《中国人民银行金融消费者权益保护实施办法》正式施行，该办法包括七章六十八条，全面覆盖了金融机构行为规范、消费者金融信息保护、金融消费争议解决、监督与管理机制以及法律责任等多个方面。该办法的实施，不仅明确了金融机构和金融消费者的定义，也为金融消费者的合法权益提供了更为坚实的保护，促进了金融市场的公平、公正和稳定。我国在金融消费者权益保护方面的法规体系正日益完善，体现了对金融消费者权益保护的持续加强和对金融市场健康发展的坚定承诺。

监管沙盒有别于传统的金融消费者保护，对消费者的保护更注重金融科技创新对消费者金融生活的优化和改善，即金融科技消费者保护已从保护金融消费者权益的单一价值转向消费者金融事务的权益保障和体验优化并重的双重价值。由于我国金融消费者的多样性，消费者的利益促进尤为重要。如前所述，国际监管沙盒中消费者保护的主要措施包括金融科技测试的消费者利益、及时准确的信息披露、参与客户类型和人数限制、充分的补偿机制和高效的争端解决机制。

因此，我国监管沙盒制度应更加注重金融消费者保护。监管沙盒的消费者保护应以一般的金融消费者保护为基础，且高于一般金融消费者保护。具体包括五个方面：一是我国监管沙盒应确保金融科技测试中消费者的利益，这有利于金融消费者作为监管沙盒的准入条件之一；二是保障消费者的知情权，确保消费者参与前明确知晓监管沙盒的相关风险；三是限制沙盒消费者的类型和人数，明确规定个人投资者和机构投资者的投资类型和人数限制等；四是为消费者提供充分的保险，在测试失败情形下给予一定的补偿；五是提供便捷高效的争端解决机制。在此基础上，监管沙盒还应赋予主管机构根据创新测试风险提高沙盒消费者保护水平的自由裁量权，完善消费者保护。

知识链接 7-5

"代理维权"靠谱吗？

近年来，我国金融领域出现了包括"减免债务""代理退保"等服务的"代理维权"现象。"代理维权"真的靠谱吗？"代理维权"，实际上以"维权"之名，行"牟利"之实。消费者一旦签署所谓的"代理维权"协议，不但需要支付高额维权费用，还有可能被非法侵占维权退还资金，甚至被套取贷款、信用卡资金，面临资金损失。有的已经形成有组织的黑色产业链，侵害消费者合法权益，扰乱市场秩序。国家金融监管总局在 2024 年 5 月 11 日发布了消费者权益保护的风险提示，明确指出消费者在维权时应通过正规渠道，依法、理性地表达自己的诉求。同时，消费者需要提高警惕，重视个人信息和财产的安全。

据透露，一些不法分子通过网站、自媒体平台等渠道发布信息，声称可以提供"优化债务""修复征信""全额退保"等服务。他们利用"维权不成功不收费""成功处理众多案件"等宣传手段，虚构案例，误导消费者。这种行为实质上是一种非法的"代理维权"行为，消费者应加以识别并避免受骗。

资料来源：国家金融监督管理总局. 关于警惕涉金融领域"代理维权"风险的提示 [EB/OL]. [2024-05-13]. https://www.gov.cn/lianbo/bumen/202405/content_6950654.htm.

（2）增强监管沙盒参与者的互动

监管沙盒中监管机构与测试者的互动应贯穿监管沙盒整个流程，包括申请咨询、运行交流和结果反馈。首先，金融科技委员会可以下设专门的金融科技工作小组，负责解决测试者关于监管沙盒的具体问题。其次，在监管沙盒运行过程中，监管机构与测试者应保持密切联系。测试者负责定期向监管者提交报告，报告应包括创新测试的运行数据与成果、运行中的重大事件以及解决该事件采取的行动、消费者保护情形等。最后，监管机构也应密切关注测试者的运行情况，必要时可以采取现场检查等方式，一旦测试者出现威胁金融稳定或消费者安全的情形且难以控制和解决时，应立即通知测试者终止测试，退出沙盒。在监管沙盒测试期结束后，无论测试者测试成功与否，都应向主管机构提交测试报告。报告应解释其测试目的是否已达到，法律法规的遵循情况、测试过程中的经验教训，是否继续经营以及相关计划等，为监管者理解和评估沙盒测试提供丰富的材料。监管沙盒为监管者理解金融科技，为金融科技者寻求法律和政府支持提供了双赢的环境，有利于加速金融科技健康发展，增强金融监管者对金融科技风险的识别与控制。

微课 7-3

中国金融科技监管面临的挑战

》 金融微课堂

国家金融监管总局局长李云泽在十四届全国人大二次会议上表示，我们要树立正确的风险观，用发展的眼光看待风险，用辩证的思维审视风险，在服务经济社会高质量发展的进程中，实现金融自身的高质量发展。请问如何理解这段话？

项目小结

1.金融科技风险是指因现代信息技术在金融领域的深度和创新性应用过程中，对包括金融产品、金融服务、金融模式、金融市场、金融机构等金融系统产生影响的不确定性。

2.金融科技风险的特征包括：金融科技风险的扩散传导具有全局性、快速性和多路径性；金融科技风险具有隐秘性、潜伏性和冲击破坏的瞬时性；金融科技风险的发展变化具有高度的未知性和系统的复杂性。

3.金融科技风险的类型包括：新的高风险客户群进入金融市场；缺乏金融风险控制能力或金融从业资质的机构加入金融供给侧；技术复杂性使得操作风险凸显；技术泡沫导致的宏观金融风险。

4.金融科技风险控制的管理措施包括：建立健全金融科技相关基础法规体系；完善金融科技监管的基本规则；大力发展监管科技。

5.监管沙盒的含义：金融科技企业发挥主体作用，能够在极具包容性特点的监管沙盒条件下对测试客体（如金融产品或服务）进行监测。在监管沙盒内，金融科技企业不会因为违反法律法规被叫停或者受到惩罚。在测试过程中，监管机构会对金融科技企业降低标准，放宽监管规则。在测试结束后，如果测试成功通过，测试的产品或服务即使不符合现行法律法规的监管，只要经过监管机构的许可，就可以进入市场推广；如果测试失败或者损害了消费者的合法权益，监管部门有权叫停该产品或服务进入市场，避免造成更大的损害。

项目训练

一、单项选择题

1.（　　　）是一种因信息科技的创新应用而对金融生态体系的影响，是一种信息技术与金融进行融合的耦合性风险。

A.信用风险　　　　　　　　　　B.金融科技风险
C.操作风险　　　　　　　　　　D.市场风险

2.以下说法中，错误的是（　　　）。

A.对金融科技风险进行有效监管，能促进和规范金融科技健康、有序地发展，以确保我国金融系统的稳定和安全

B.金融科技在行业自律和金融监管方面还存在一定的滞后性

C.国际金融联系日益密切，金融风险会通过各种途径从一国扩散至另一国，呈现出跨国传播的特性

D.外部事件引发的操作风险是指由于硬件、软件和通信系统发生故障导致的风险

3.下列选项中，不属于金融科技风险的特征的是（　　　）。

A.金融科技风险的扩散传导具有全局性、快速性和多路径性

B.金融科技风险具有隐秘性、潜伏性和冲击破坏的瞬时性

C.金融科技的广泛运用会引入大量金融认知水平较低的客户

D.金融科技风险的发展变化具有高度的未知性和系统的复杂性

4.（　　　）的金融科技行业是典型的"监管驱动型"，在2014年率先提出了有关金融科技的监管政策。

A.英国　　　　　　B.美国　　　　　　C.中国　　　　　　D.新加坡

5.如果系统在交互性、容错性、稳健性和可扩展性等方面存在缺陷，那么系统很容易影响金融服务的效率和稳定性，甚至引发市场动荡。在复杂的技术运用背景下，体现了（　　　）的重要性。

A.信用风险　　　　B.市场风险　　　　C.操作风险　　　　D.流动性风险

二、多项选择题

1.传统金融风险包括（　　　）。

A.市场风险　　　　B.信用风险　　　　C.操作风险　　　　D.流动性风险

2.下列说法中，正确的有（　　　）。

A.汇率风险是指一个经济实体或个人，在国际经济、贸易、金融等活动中，以外币计价的资产因汇率的变动引起价值下降或上升，从而造成损失的风险

B.金融科技风险既包括传统金融风险的特点，又包括科技创新深度应用后所引发的交叉性、融合性风险

C.传统金融风险因素主要通过网络进行风险的非线性叠加和不断耦合，从而将风险的影响传导给金融主体和金融客体

D.监管沙盒是英国给出的定义，诞生于英国

3.金融科技风险的类型包括（　　　）。

A.新的高风险客户群进入金融市场

B.缺乏金融风险控制能力或无金融从业资质的机构加入金融供给侧

C.技术复杂性使得操作风险凸显

D.金融科技风险的发展变化具有高度的未知性和系统的复杂性

4.在借鉴英国监管沙盒制度的基础上，部分国家和地区对监管沙盒制度进行了一些调整来适应国家和地区的需要。但就整体而言，监管沙盒具有的共同特性包括（　　　）。

A.监管主体　　　　　　　　　　　B.监管沙盒的申请

C.审核标准　　　　　　　　　　　D.消费者保护

5.关于我国金融科技监管历程的说法，正确的有（　　　）。

A.2020年年初，我国开始了首批金融科技监管试点工作，中国人民银行在深圳启动了首批金融科技监管创新试点项目

B.中国人民银行于2019年8月发布了《金融科技发展规划（2019—2021年）》

C.2010年，央行为了授予金融科技企业支付许可证发布了《非金融机构支付服务管理办法》

D.2015年12月，中国人民银行发布了《非银行支付机构网上支付服务管理办法》，明确了指导思想、核心任务、发展目标和保障措施

三、判断题

1.金融科技在现代金融的应用改变了金融的本质，并降低了金融业的系统性风险。　　　　　　　　　　　　　　　　　　　　　　　　　　　（　　）

2.金融科技并不会因为科学技术的进步和创新使得金融风险消失。（　　）

3.传统金融的市场风险、信用风险、流动性风险、监管风险、安全风险、操作风险，依旧是金融科技存在的风险。　　　　　　　　　　　　　　（　　）

4.金融科技的广泛运用在提高金融服务的便捷性与可及性的同时，引入大量金融认知水平较高的客户。　　　　　　　　　　　　　　　　　　（　　）

5.不规范金融活动增加了整个金融系统的风险，它们的迅速膨胀很可能会危及金融科技的发展，给经济体系带来微观金融风险。　　　　　　　　（　　）

6.监管沙盒是一种"试验性"监管理念，运用在金融监管机构实行一项新的监管政策之前，即在一个受控制的环境下支持金融创新，以一种试错的方式来认识金融创新，从而制定出科学有效的政策。　　　　　　　　　　　　　　　　（　　）

7.当前我国"监管沙盒"已经正式进入落地阶段。　　　　　　　（　　）

四、简答题

1.简述金融科技风险的特征。

2.简述监管沙盒的含义及各国开展监管沙盒的共同特性。

五、实践应用题

蚂蚁集团暂缓上市

作为最大规模的融资平台，蚂蚁集团的IPO注定将成为一个里程碑。然而，离拟挂牌上市日还有3天，即2020年11月2日，形势"迅速转折"——中国人民银行等四部门联合约谈蚂蚁集团有关人员。同一天，银保监会会同央行发布《网络小额贷款业务管理暂行办法（征求意见稿）》，给史上最大IPO增加了变数。

2020年11月3日，上交所、港交所相继宣布蚂蚁IPO暂缓，蚂蚁集团骤然停下了上市步伐。对于暂缓蚂蚁IPO的理由，上交所公告称，原因在于金融科技监管环境发生了变化，相关重大事项可能会导致发行人不符合上交所科创板相关发行上市条件或者信息披露要求，如图7-4所示。

此后，蚂蚁集团实际成本控制人与相关公司管理层接受了中国人民银行等四部门的监管约谈。蚂蚁集团会深入贯彻落实约谈意见，继续沿着"稳妥创新、拥抱监管、服务实体、开放共赢"的十六字指导方针，继续提升普惠服务社会能力，助力我国经济和民生建设发展。

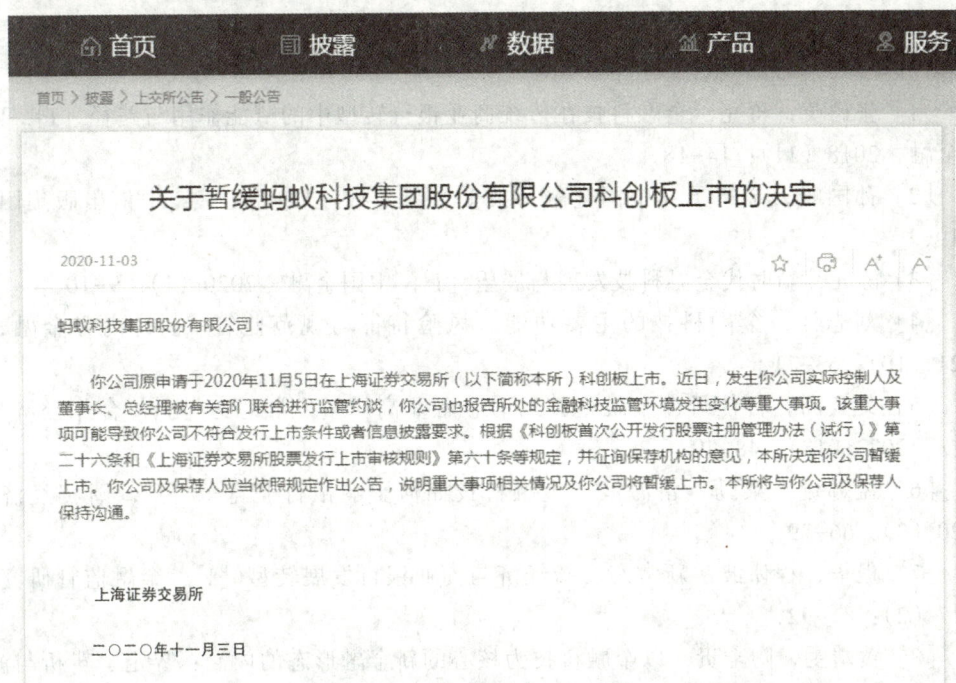

图7-4　上海证券交易所官网截图

资料来源：上海证券交易所. 关于暂缓蚂蚁科技集团股份有限公司科创板上市的决定［EB/OL］.
［2020-11-03］. http://www.sse.com.cn/disclosure/announcement/general/c/c_20201103_5253315.shtml.

思考讨论：

结合案例，试述IPO概念，并分析蚂蚁集团为何会暂缓上市。

[1] 张德茂，蒋亮. 金融科技在传统商业银行转型中的赋能作用与路径 [J]. 西南金融，2018（11）：14-18.

[2] 孙国峰，金钉子：中国金融科技变革新坐标 [M]. 北京：中信出版集团，2019.

[3] 陈元. 新时代金融科技发展与展望 [J]. 中国金融，2020（1）：9-10.

[4] 刘志洋. 金融科技的主要功能、风险特征与规范监管 [J]. 南方金融，2021（10）：63-71.

[5] 艾鑫洲，百佳丹. 金融科技助力金融业高质量发展思考 [J]. 合作经济与科技，2023（18）：48-49.

[6] 孟娜娜，粟勤，雷海波. 金融科技如何影响银行业竞争 [J]. 财贸经济，2020（3）：66-79.

[7] 程华，程伟波. 新常态、新经济与商业银行发展转型 [J]. 金融监管研究，2017（2）：81-92.

[8] 黄靖雯，陶士贵. 以金融科技为核心的新金融形态的内涵：界定、辨析与演进 [J]. 当代经济管理，2022，44（10）：80-90.

[9] 郭雪寒. 金融科技应用如何影响商业银行——基于效率、业务与风险的视角 [D]. 上海：上海财经大学，2022.

[10] 李杨，程斌琪. 金融科技发展驱动中国经济增长：度量与作用机制 [J]. 广东社会科学，2018（3）：44-52.

[11] 吴水炯. 金融科技内涵简析和未来展望 [J]. 中国信用卡，2019（6）：66-68.

[12] 宋晓玲. 数字普惠金融缩小城乡收入差距的实证检验 [J]. 财经科学，2017（6）：14-25.

[13] 庄雷，王烨. 金融科技创新对实体经济发展的影响机制研究 [J]. 软科学，2019，33（2）：43-46.

[14] 周苏，王文. 人工智能概论 [M]. 北京：中国铁道出版社，2020.

[15] 王伟超. 商业银行背景下金融科技的发展前景及应用 [J]. 中国集体经济，2022（33）：83-85.

[16] 谢治春，赵兴庐，刘媛. 金融科技发展与商业银行的数字化战略转型 [J]. 中国软科学，2018（8）：184-192.

[17] 袁勇，王飞跃. 区块链技术发展现状与展望 [J]. 自动化学报，2016，42（4）：481-494.

[18] 徐明星，田颖，李霁月. 图说区块链 [M]. 北京：中信出版集团，2017.

［19］朱兴雄，何清素，郭善琪．区块链技术在供应链金融中的应用［J］．中国流通经济，2018，32（3）：111-119．

［20］李芳，李卓然，赵赫．区块链跨链技术进展研究［J］．软件学报，2019，30（6）：1649-1660．

［21］路爱同，赵阔，杨晶莹，等．区块链跨链技术研究［J］．信息网络安全，2019（8）：83-90．

［22］尹春霖．大数据技术在人工智能中的应用探讨［J］．电子技术与软件工程，2022，241（23）：214-217．

［23］王祥兵，林巍，喻彪．大数据技术与金融业融合发展研究［J］．贵州工程应用技术学院学报，2019，37（5）：105-113．

［24］钟慧安．金融科技发展与风险防范研究［J］．金融发展研究，2018（3）：81-84．

［25］孙波．金融大数据的处理以及在银行业中的应用［J］．中国管理信息化，2022，25（5）：144-147．

［26］周苏．大数据导论（微课版）［M］．2版．北京：清华大学出版社，2022．

［27］丁廉业．大数据金融：小微企业金融服务的创新与思考［J］．西南金融，2021（7）：62-73．

［28］方匡南．大数据与人工智能提升小微企业金融服务研究［N］．金融时报，2021-10-25．

［29］吕知新．大数据技术在普惠金融发展中的应用［J］．全国流通经济，2021（28）：150-152．

［30］王艳梅，李泽昱．区块链金融监管模式研究：问题，借鉴，路径［J］．商业研究，2020（3）：145-152．

［31］董俊峰．应对金融科技新挑战 构建监管科技新设施［J］．金融电子化，2017（12）：33-35．

［32］周昆平．如何通过发展金融科技优化金融服务？［J］．银行家，2017（1）：116-117．

［33］李伟．金融科技发展与监管［J］．中国金融，2017（8）：14-16．

［34］杨东．监管科技：金融科技的监管挑战与维度建构［J］．中国社会科学，2018（5）：70-91．

［35］王奕翔．人工智能在金融领域的应用分析［J］．财经界，2020（28）：29-30．

［36］张文婷，赵大伟，丁明发．人工智能在金融领域的应用及监管［J］．金融纵横，2020（6）：12-17．

［37］金莫涵．人工之智能在金融领域的应用研究［D］．长春：吉林财经大学，2019．

［38］陈维君，许纯纯．论人工智能在金融领域的应用风险和防范对策［J］．重庆理工大学学报（社会科学版），2019，33（9）：90-98．

［39］巴曙松，白海峰．金融科技的发展历程与核心技术应用场景探索［J］.清华金融评论，2016（11）：99-103．

［40］许衍会．金融科技在供应链金融风险控制中的应用研究［D］.南宁：广西大学，2019．

［41］赵洁汝．浅析大数据金融发展的风险与挑战［J］.商展经济，2021，36（14）：62-65．

［42］漆铭．商业银行数字普惠金融发展策略研究——基于长尾理论的视角［J］.金融纵横，2019（4）：35-41．

［43］肖宇，李诗林，梁博．新冠肺炎疫情冲击下的银行业金融科技应用：理论逻辑、实践特征与变革路径［J］.金融经济学研究，2020，35（3）：90-103．

［44］何大安．金融大数据与大数据金融［J］.学术月刊，2019，51（12）：33-41．

［45］王国强，杜影，吴秋月．大数据技术是如何发展的？［J］.张江科技评论，2017（2）：68．